Les mots de la
Marine

Du même auteur

L'Aurore : frégate légère de 22 canons, 1697-1720
Bourg-en-Bresse, Marines, 1994.

Naissance de la marine américaine
Paris, Rigel, 1995.

Les Secrets du modélisme naval
(illustré par Henri Simoni), Heyrieux, J2P, 1999.

La Guerre russo-japonaise sur mer : 1904-1905
Nantes, Marines, 1999.

***La Légende du* Cutty Sark**
Paris, Del Prado, coll. « *Construire le* Cutty Sark », 2000 (cet ouvrage traduit en espagnol, italien et anglais a été présenté sous forme de fascicules ; il constitue le second volume de la collection).

Trois Siècles de croiseurs français
(illustré par Henri Simoni), Nantes, Marines, 2001.

Voiliers et Hommes de mer
(en collaboration avec Serge Legendre),
Vanves, Hachette collections, coll. « Référence du collectionneur », 2002.

Pirates
(illustré par Richard Roussel), Paris, Mango-Sport, 2002.

Gérard Pioufffre

Les mots de la Marine

LAROUSSE

21, rue du Montparnasse 75283 Paris cedex 06
www.larousse.net

Direction éditoriale
Michel Guillemot

Édition
Gilbert Labrune
Avec la collaboration de
Apolline de Lassus
Marielle Bruant

Iconographie
Christian Limouzy

Maquette
Conception graphique
henri-françois Serres Cousiné
Mise en page
Dominique Dubois et Didier Pujos

Fabrication
Nicolas Perrier

Musée national
de la Marine

Ouvrage réalisé avec le concours du musée national de la Marine
Jean-Michel Brunner, documentaliste
Dominique Salva, responsable de l'agence photographique
Karine Bomel, photothécaire
Marjolaine Mourot, conservateur en chef du patrimoine
Bruno Ponsonnet, chef du service culturel
Virginie Duchêne, chargée des éditions

ISBN : 2-03-505364-1

Distributeur exclusif au Canada
Messageries ADP, 1751 Richardson, Montréal

PROLOGUE

Il y a plusieurs milliers d'années, un homme primitif découvrait qu'en chevauchant un tronc d'arbre flottant au fil de l'eau, il pouvait commodément traverser une rivière ou un lac. Notre lointain ancêtre avait inventé la navigation ; il lui restait à trouver les mots pour désigner l'eau, le courant, le vent, mais aussi les différentes parties de son tronc d'arbre ainsi que la branche utilisée pour le faire avancer.

Ce premier vocabulaire technique a suivi une évolution parallèle à celle du bateau et l'apparition de la voile l'a considérablement enrichi. Il a néanmoins toujours conservé la précision, la sobriété et la concision qui le caractérisent. Pour éviter de laisser le désordre s'installer à son bord, le marin s'est attaché à saisir l'essentiel en trouvant le mot juste. Il en est résulté, non pas un jargon, mais une véritable langue qui, aujourd'hui encore, continue d'évoluer.

En France, cette langue est longtemps restée ignorée des terriens. Rabelais a été le premier à en révéler sa richesse et si la plupart des termes qu'il emploie sont depuis longtemps tombés en désuétude, ils n'en restent pas moins une source très précieuse pour tous ceux qui s'intéressent à la marine du Moyen Âge et de la Renaissance.

Dès cette époque, deux langages maritimes coexistent. Il y a le parler du Levant et celui du Ponant qui, à partir du XVIIe siècle, deviendront la langue des galères et la langue des vaisseaux. Ces deux terminologies entièrement différentes fusionneront après la dissolution du corps des galères en septembre 1748. Les marins du Ponant en recueilleront quelques mots et expressions qui nous sont parvenus, le plus souvent par l'intermédiaire d'autres langues. Car le vocabulaire maritime a subi de nombreuses influences et si le latin a fourni l'essentiel, le grec a apporté à l'espagnol de nombreux termes savants que le français a repris par la suite. Directement ou à travers des influences étrangères, des mots arabes, turcs, italiens, portugais, espagnols, catalans, basques, bretons, scandinaves, néerlandais, allemands, et bien sûr anglais, ont enrichi un glossaire nautique qui a su également intégrer des termes exotiques.

« Voici donc la France réduite à pagayer à contre-courant, dépensant de plus en plus d'énergie pour avancer de moins en moins vite, sous les orages qui se lèvent et les lames qui déferlent, tandis que les grains déchirent le pavillon fièrement hissé d'une exception française qui ne cesse de perdre de sa substance. »

Dominique de Villepin

Le cri de la gargouille.

Dans les dernières années du XVIIIe siècle, le langage maritime se stabilise. La plupart des termes médiévaux ont cédé la place à des mots nouveaux qui désignent de manière extrêmement précise, tout ce qui concerne la marine. C'est l'époque où, jugeant l'œuvre de Diderot et d'Alembert trop succincte, le libraire Panckoucke publie une monumentale *Encyclopédie méthodique* dans laquelle la marine entre pour trois volumes de texte et un atlas de planches. Le vocabulaire maritime a alors atteint un tel niveau de perfection que la Révolution et l'Empire n'auront sur lui qu'une influence éphémère. Au moment du passage de la voile à la vapeur, le marin conservera les nombreux termes relatifs à la manœuvre, à la navigation et à la construction. Il ajoutera, généralement sans les changer, les mots techniques concernant la mécanique, puis plus tard l'électricité, la radio et l'électronique.

À partir des années 1850, la marine accueille un grand nombre de spécialistes issus de l'industrie et du transport ferroviaire. Progressivement, ces « étrangers » vont faire sortir le langage maritime de son isolement en l'étendant à de nombreux autres secteurs de l'activité humaine. Le marin a ainsi offert au cheminot le *ballast*, à l'aviateur le *pilote*, à l'architecte la *nef*, au sportif les *agrès*, à l'automobiliste le *phare* et au théâtre la *relâche* ! La liste est, bien entendu, loin d'être exhaustive tant sont nombreuses les professions qui utilisent des mots et des expressions maritimes, parfois en modifiant leur signification. Mais si la précision technique est toujours très appréciée, l'aspect poétique des mots de la marine ne laisse personne indifférent. C'est ainsi qu'aujourd'hui, l'orateur s'exprime devant une assemblée *houleuse,* le ministre *tient la barre* d'une main ferme, rassemble ses collaborateurs pour un *tour d'horizon,* et se réjouit de voir l'opposition partir *à la dérive*. Et pendant que les entreprises créent des *bassins* d'emploi, le commerçant aligne ses produits-*phares* dans des *gondoles* !

Face à cette *déferlante* linguistique, le marin laisse à chacun sa *liberté de manœuvre*. Comme le terrien, il s'est parfois laissé aller à trop d'anglomanie, mais il sait que comme tout phénomène de mode, celui-ci n'est qu'éphémère. Le *yachtman* n'a-t-il pas déjà fait un effort méritoire pour devenir un *plaisancier* ?

Note de l'éditeur

L'astérisque après un mot signale que ce mot fait l'objet d'une définition et d'un développement dans un des chapitres de l'ouvrage.

Remerciements de l'auteur

Le langage des marins n'est pas un simple jargon technique, mais une véritable langue dont les mots n'ont pas toujours été faciles à collecter. Qu'il me soit donc permis d'exprimer toute ma gratitude à ceux qui m'ont aidé dans cette difficile mais passionnante entreprise :

contre-amiral Georges Prud'homme,
directeur du musée national de la Marine

son équipe
Bruno Ponsonnet, Marjolaine Mourot, Dominique Salva,
Karine Bomel, Virginie Duchêne, Jean-Michel Brunner

Jacques Taglang
historien de la plaisance

Marc Fardet
conservateur en chef du patrimoine,
conservateur du Service historique de la Marine à Rochefort

Geneviève Roussel
étudiante

François Chevalier
architecte naval

Luc Feron
historien de la marine de l'ère industrielle

Guy Garnier
ancien marin de l'État

Michel Métivier
historien et modéliste de marine

Joël Pierre
chercheur

Pierre Tendron
skipper professionnel

Richard Roussel
artiste-peintre

Je tiens également à remercier l'équipe éditoriale
– Michel Guillemot, Gilbert Labrune, Apolline de Lassus,
Marielle Bruant, Christian Limouzy,
Dominique Dubois et Didier Pujos –
pour son efficacité durant toutes les étapes
de l'élaboration de cet ouvrage.

SOMMAIRE

STOP
LENTE
DEMI
TOUTE
ARRIERE
LENTE
DEMI
TOUTE

·I·

La plaisance

Naviguer pour son plaisir est une distraction très ancienne qui, jusqu'au début du XIXe siècle, est restée l'apanage des rois. Avec la révolution industrielle des années 1830, apparaît une nouvelle catégorie de yachtsmen, aristocrates, chefs d'entreprise et négociants fortunés. Plus sportifs que leurs prédécesseurs, ces riches plaisanciers* recherchent des bateaux rapides avec lesquels ils pourront « régater », c'est-à-dire faire la course. De tels bateaux existent de l'autre côté de l'Atlantique ; ils sont utilisés par les pêcheurs américains et canadiens pour effectuer de rapides traversées entre Terre-Neuve et les ports* de la côte* est. Convertis en yachts*, ces ketchs* et ces schooners vont recevoir de luxueux emménagements*, mais pour les désigner, leurs propriétaires conserveront la plupart des termes anglo-américains d'origine.

PAGE PRÉCÉDENTE : à bord de *Shenandoah,* un trois-mâts goélette. Avec son pont en teck, et ses acajous vernis, ce superbe voilier évoque irrésistiblement la grande époque de la « belle plaisance ». C'est le type même de bateau que les amateurs adorent photographier.

La construction* navale a relativement bien résisté à cette invasion du franglais, peut-être parce qu'elle s'est pratiquée depuis des temps immémoriaux dans les ports de notre littoral. Jusqu'au début des années 1950, le bois* a été pratiquement le seul matériau disponible et le vocabulaire employé pour décrire la charpente est d'une grande richesse. L'apparition des coques* en métal, en résines synthétiques ou en ferrociment a eu très peu d'incidence sur le glossaire nautique, le marin* se contentant d'adopter les nouveaux mots techniques sans changer leur signification.

Nous sommes sur le port en quête d'un embarquement. Encore faut-il que nous choisissions le bon bateau, celui qui « portera bien la voile » tout en étant « fin voilier » et dont les mouvements ne fatigueront* ni le gréement*, ni... l'équipage* ! C'est donc par le chantier naval que nous allons commencer notre visite.

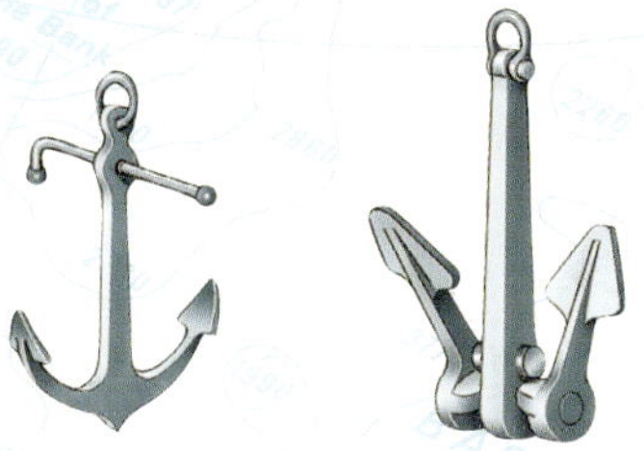

▲▼ Ancre à jas et ancre Marrel. Apparue au tout début du XIXe siècle, l'ancre à jas mobile (en haut à gauche) était moins encombrante que ses homologues à jas fixe en bois. C'est pourquoi elle est encore utilisée de nos jours, comme le montre l'ancre du 4 mâts barque, *Ceaob.*

accastillage À l'origine, ce mot dérivé de l'espagnol *castillo* désignait les châteaux d'avant* et d'arrière* des anciennes nefs* médiévales. Comme ces superstructures étaient richement décorées, le mot accastillage a progressivement changé de sens en devenant synonyme d'ornementation*, puis d'élégance. Tombé en désuétude vers la fin du XIXe siècle, l'accastillage a été repris par les plaisanciers, mais avec une signification différente puisqu'il désigne aujourd'hui l'ensemble des accessoires de pont*. Curieusement, le commerçant spécialisé dans la vente de ces accessoires n'est pas l'accastilleur mais le shipchandler*.

agrès Ce mot d'origine scandinave est apparu au XVe siècle sous l'orthographe de « aggrais ». Il ne s'employait qu'au pluriel et il désignait, à l'époque, l'ensemble de la mâture, vergues*, voiles*, manœuvres* dormantes et courantes, poulies* et rechanges. Pour des raisons non élucidées, les agrès, qui suivirent les aggrais, disparurent au XVIIe siècle au profit du gréement, mot qui a sensiblement la même signification. Après une longue éclipse, les agrès réapparaîtront dans le vocabulaire de la gymnastique au cours du XIXe siècle. Ils reviendront enfin dans le langage de la plaisance au début du XXe siècle sous une signification légèrement plus restrictive que celle d'origine. Actuellement, le mot agrès ne désigne plus que les manœuvres du gréement dormant* et du gréement courant*.

ancre Ce fut, pendant longtemps, la pièce de fonderie la plus considérable et les étapes de sa fabrication ont été longuement détaillées dans de nombreux traités anciens. L'ancre traditionnelle se compose d'un axe, la « verge », portant à l'une de ses extrémités des « bras » terminés par des « pattes » formées de lames de fer triangulaires. À l'opposé se trouve « l'organeau », gros anneau auquel on attache le câble d'ancre. Juste au-dessous de cet organeau, un « jas », assemblage de bois ou tige métallique, est disposé sur un plan perpendiculaire à celui des bras, de manière à ce que l'ancre ne puisse rester à plat en raclant le fond*. De nos jours, on utilise des ancres sans jas de type « soc de charrue » ou à pattes articulées dont le poids est réglementé en fonction des dimensions du bateau. Signalons enfin que le marin ne « jette » pas l'ancre mais qu'il mouille*.

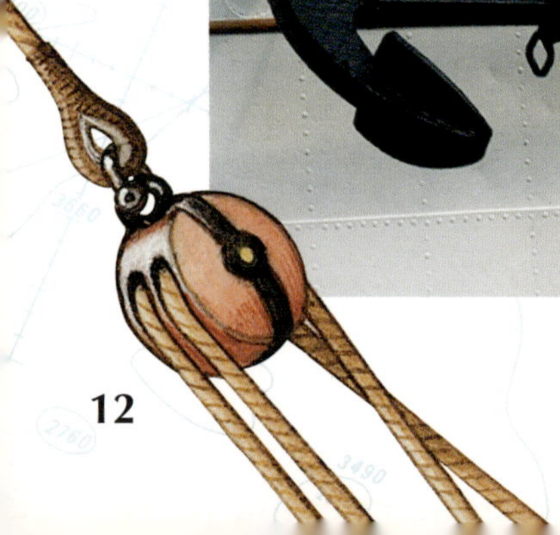

ancre flottante C'est un tronc de cône en toile très résistante que l'on maintient ouvert par un anneau. Reliée au bateau par un câble, l'ancre flottante permet de ralentir considérablement la dérive occasionnée par le vent* ; c'est pourquoi elle équipe tous les canots* de sauvetage pneumatiques. On peut également l'employer pour aider à tenir la cape, mais uniquement sur des bateaux de faible tonnage.

annexe Du latin *annexus* (attaché à), le mot annexe est apparu dans la marine* de guerre de la fin du XIXe siècle pour désigner un navire ravitailleur, signification qu'il conserve encore aujourd'hui. À peu près à la même époque, l'annexe est entrée dans le langage des marins-pêcheurs avec un sens différent puisqu'il s'agit d'une embarcation que l'on prend en remorque. Les plaisanciers ont à leur tour repris ce terme en l'élargissant aux embarcations pouvant être hissées* à bord. Ils ont en cela suivi l'Administration qui impose à l'annexe de porter le nom et l'immatriculation du bâtiment principal. Le youyou, très petite embarcation à une ou deux paires d'avirons*, est fréquemment utilisé comme annexe.

apparaux Ce mot dont les marins ont fait le pluriel d'appareils n'existe pas dans le langage terrien. Longtemps synonyme d'agrès*, il s'applique aujourd'hui à l'ensemble du petit matériel d'équipement que l'on trouve chez le shipchandler. On l'utilise également pour désigner un ensemble d'appareils utilisés conjointement, apparaux de pêche, apparaux de mouillage, apparaux de dragage par exemple.

appareil à gouverner Du latin *appariculum* (machine), le mot appareil est utilisé dans la marine pour désigner un engin fait de plusieurs éléments. L'appareil à gouverner correspond parfaitement à cette définition puisqu'il s'agit de l'ensemble des dispositifs transmettant les mouvements de la barre* à roue au gouvernail*. Sur les petits yachts, cette transmission se fait généralement par une vis sans fin, des servomoteurs équipant les appareils à gouverner des bâtiments plus importants.

arc Emprunté au langage terrien, le mot arc a une signification maritime légèrement différente puisqu'il désigne une courbure résultant d'une déformation. Quand le navire est à flot, ses extrémités plus fines sont moins soutenues que la partie centrale et elles ont tendance à s'affaisser. Le phénomène est accentué par le tangage qui place régulièrement l'avant ou l'arrière du bateau dans le vide et à la longue, cette déformation devient permanente. On lui donne alors le nom d'arc en l'appelant indifféremment « arc de quille » ou « arc du navire ». L'arc ne concerne pratiquement que les coques en bois d'assez grandes dimensions. Il est le signe le plus visible de vétusté.

▼ À Lelystad, petite ville située au nord d'Amsterdam, des charpentiers de marine hollandais ont entrepris de reconstruire le Zeven Provinciën, vaisseau de guerre du XVIIe siècle qui a été le navire-amiral de Michel de Ruyter. L'arcasse que l'on peut admirer sur cette photo est un véritable chef-d'œuvre de compagnonnage.

arcasse Terme générique qui s'applique à une partie de la charpente de l'arrière. L'arcasse est constituée de plusieurs barres assemblées sur l'« étambot », pièce terminant la quille* que l'on place verticalement ou à angle obtus. Disposées transversalement, les « barres d'arcasse » fournissent une assise robuste au bordé*. Leur découpe est un travail difficile, car elles sont généralement courbes dans le plan vertical et dans le plan horizontal, d'où le nom d'arcasse qui vient du mot « arc » pris dans son sens général. L'arcasse supporte la « voûte » et le « tableau » qui ferme l'arrière.

▼ **Arrières de voiliers. De haut en bas : 1. Arrière rond ou canoë ; 2. Arrière à voûte ou cul-de-poule ; 3. Arrière à tableau inversé ; 4. Arrière norvégien.**

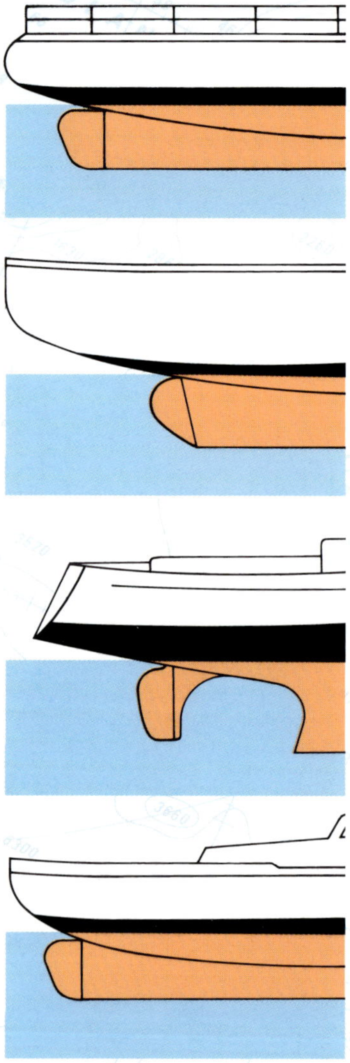

architecture navale C'est l'art de concevoir un bateau en privilégiant les qualités requises pour sa future utilisation. L'architecte naval commence par dessiner le « plan de formes » qui comporte une vue longitudinale et deux représentations de la coque découpée selon des tranches verticales et horizontales. Ces dessins qui définissent la coque dans les trois dimensions servent à tracer « l'épure », plan en vraie grandeur à partir duquel le bateau sera construit. Le dossier constitué par l'architecte naval comprend également le plan des « emménagements », le plan de pont et le plan de voilure. Les logiciels d'architecture navale sont aujourd'hui d'usage courant, mais la conception d'un bateau reste toujours une affaire de talent.

arrière C'est la partie postérieure du bateau que l'on confond souvent à tort avec la poupe*, mot dont le sens est différent. L'arrière est la portion située entre le centre de gravité et le gouvernail. C'est la partie « noble » du bateau, car dans l'ancienne marine, les officiers y avaient leurs quartiers. En matière de construction, l'arrière peut être à tableau, à cul-de-poule, à voûte, rond ou norvégien (voir figures). L'extrémité supérieure de l'arrière est le couronnement, terme toujours en usage chez les plaisanciers. À noter que « cul » est synonyme d'arrière et que dans le langage maritime, ce mot n'a rien de grossier.

avant Au sens où l'entendent les marins, l'avant englobe toute la partie du bateau située devant le mât* (ou le grand mât s'il y a plusieurs mâts). La partie extrême de l'avant est « l'étrave », autrefois prolongée par la « guibre ». Parler de la proue* pour désigner l'avant est une faute que l'on doit se garder de commettre, car les deux mots ont des significations différentes.

aviron C'est par ce mot que les marins désignent une rame. Les avirons sont généralement en hêtre, frêne ou sapin. Ils se composent d'une « poignée » que prolonge le « manche », lui-même terminé par une « pelle ». Lorsque chaque banc d'embarcation contient deux canotiers, les avirons sont montés « à couple ». Avec un seul homme par banc, on dit qu'ils sont montés « à pointe » ou, pour employer une tournure plus récente, « en pointe ». Signalons que le marin ne « rame » pas mais qu'il « nage », alors que le galérien « vogue ». Bien que fort peu « marine » l'expression « ramer à contre-courant » s'est fait une place de choix dans le langage « terrien ».

barque Au Moyen Âge, ce mot désignait des navires très différents, mais généralement d'assez petites dimensions. Par la suite, la barque deviendra synonyme d'embarcation et au XIXe siècle, est apparu l'adjectif « barque » qui s'applique à un type particulier de gréement, trois-mâts barque par exemple. Aujourd'hui, le terme barque n'est pratiquement plus employé que sous cette forme. Le mot vient du grec *baris*. Il est entré dans notre vocabulaire maritime par l'intermédiaire du latin *barca* et il a donné naissance à de nombreux autres termes parmi lesquels on retrouve embarquer, embarcation, barquette (petite barque), barcarolle (chanson du batelier) et barcasse (terme péjoratif désignant un mauvais bateau).

beaupré C'est un mât placé plus ou moins obliquement sur l'avant d'un grand voilier. Le beaupré que l'on ne compte jamais dans le nombre de mâts est souvent prolongé d'un bout-dehors et plus rarement d'un bâton de foc*. Sur les bâtiments de petites dimensions, il n'y a pas de beaupré mais un simple bout-dehors disposé à peu près horizontalement et souvent rétractable.

boëjer Péniche hollandaise à fond plat et à dérives latérales. Ses qualités nautiques sont plutôt médiocres, mais les plaisanciers apprécient son excellente habitabilité. C'est pourquoi il continue d'être construit en assez grand nombre, avec parfois une coque en acier. Le mot boëjer n'a pas vraiment réussi à s'implanter dans notre vocabulaire maritime, les plaisanciers préférant parler d'une péniche ou plus souvent d'un yacht hollandais.

bois Jusqu'au début des années 1950, l'immense majorité des bateaux de plaisance et de pêche était construite en bois. On employait essentiellement le chêne ou plus rarement l'orme pour construire la coque. Les ponts étaient en teck et les roufs en acajou, ces deux bois étant imputrescibles. Les mâts et les vergues qui devaient conserver une certaine élasticité étaient principalement en pin ou en spruce. Après avoir fortement décliné, la construction en bois connaît aujourd'hui un nouvel essor grâce à de nouvelles techniques qui ont permis d'abaisser sensiblement les coûts de fabrication et d'entretien.

Aujourd'hui comme hier, les aliments liquides de l'équipage sont entreposés dans la cale. Une note manuscrite conservée aux Archives nationales (série B-5) précise que le 25 décembre 1781, la frégate l'Astrée a eu son « armement suspendu faute de vin ». Il est également indiqué que le 27, « le manque de vin l'empêche d'aller en rade ».*

bordé C'est l'ensemble des planches que l'on place sur les membres* pour assurer l'étanchéité de la coque. Chacune de ces planches porte le nom de « bordage » et les lignes formées par les bordages mis bout à bout sont appelées « virures ». Le bordé est à franc-bord lorsque les virures se joignent bord à bord ; il est à clin si elles se recouvrent à la manière des tuiles d'un toit. Autrefois, il était nécessaire de « calfater » la coque en introduisant « à force » une filasse de chanvre entre les virures. Les colles modernes à hautes performances et les résines synthétiques ont remplacé l'ancien calfatage, mais de nombreux plaisanciers continuent à utiliser ce terme pour désigner le joint en résine assurant l'étanchéité. Signalons que les bordages intérieurs prennent le nom de « vaigres ».

bossoir Sur les grands voiliers d'autrefois, le bossoir était une forte pièce de bois de section rectangulaire saillant hors de la coque et permettant de manœuvrer l'ancre* sans heurter le bord. Les yachts modernes n'ont plus de bossoirs, mais le terme est toujours employé pour désigner l'endroit où il se trouvait, c'est-à-dire à l'avant et légèrement en travers. Sur les bâtiments de grandes dimensions, on trouve des bossoirs d'embarcations, sortes de potences métalliques que l'on peut faire pivoter pour mettre les canots à la mer ou pour les hisser à bord.

bouchain Ce terme de construction navale est apparu vers la fin du XIXe siècle dans le langage des charpentiers de marine. Il désigne la partie de la coque comprise entre les « fonds » à peu près horizontaux et les « hauts » sensiblement verticaux. Le bouchain peut être rond mais il forme parfois un angle vif et dans ce dernier cas, on parlera d'une coque à « bouchain vif ». Ne pas confondre avec l'ancien mot « bouchin » tombé en désuétude, qui exprimait la plus grande largeur du bateau.

cabestan Ce treuil vertical est utilisé pour les manœuvres de force, telles que notamment le relevage des ancres. Il ne doit pas être confondu avec le « guindeau » qui est un treuil horizontal. Les plaisanciers utilisent de petits cabestans appelés « winches » pour embraquer* les drisses et les écoutes. Peut-être à cause de son sens trop général, le treuil, qui est la traduction française du winch, n'a pas réussi à s'imposer dans le vocabulaire maritime. Pour signifier qu'ils actionnent ces appareils, les marins disent qu'ils « virent* » au cabestan, au winch ou au guindeau. Dans l'ancienne marine, les hommes accompagnaient leur effort de « chansons à virer », dont certaines figurent encore dans notre patrimoine musical.

cabine À bord des petits yachts, la cabine est l'unique logement emménagé. C'est la pièce à vivre du bateau qui sert à la fois de salle à manger et de chambre à coucher. Pour augmenter sa hauteur, on surélève souvent sa toiture au-dessus du pont par une superstructure appelée « rouf » mais que de nombreux plaisanciers persistent à orthographier « roof ». La cabine n'existe pas dans la marine de guerre : il y a seulement des « chambres* ».

cale Espace compris entre le pont le plus bas et les fonds. Sur les petits yachts, la cale se situe sous le plancher de la cabine*. On ne peut guère y loger que quelques objets peu encombrants. Le reste prend place dans des « caissons », terme vieillissant qui cède de plus en plus la place au mot « soute », toujours associé à un objet, soute à voiles par exemple.

canot Le *t* se prononce, sauf dans le cas d'un mot composé où le second mot commence par une consonne, canot de sauvetage par exemple. Au sens général, le canot est une embarcation non pontée que les règlements administratifs définissent comme « non habitable, d'une longueur inférieure à 5 m ». Dans le langage courant, le canot est souvent synonyme d'annexe* et parfois même de « bateau en bois », ce qui est une faute lorsque celui-ci est ponté. Le « canot de sauvetage », stationné dans certains ports, est une embarcation insubmersible que l'on tient toujours prête à prendre la mer pour secourir les navires en détresse*.

catégorie En France, les bateaux de plaisance entrent dans l'une des quatre « catégories de conception » définies par la réglementation. Les « catégories de navigation » sont au nombre de six. Elles sont déterminées par l'éloignement maximum autorisé et par le matériel de sécurité obligatoire à bord.

Catégories de conception	
A	force du vent supérieure à 8 (échelle de Beaufort) ; lames de plus de 4 m
B	vent jusqu'à force 8 ; lames jusqu'à 4 m
C	vent jusqu'à force 6 ; lames jusqu'à 2 m
D	vent jusqu'à force 4 ; lames jusqu'à 0,5 m

Catégories de navigation (éloignement maximum d'un abri)	
1re catégorie	aucune limitation
2e catégorie	200 milles
3e catégorie	60 milles
4e catégorie	20 milles
5e catégorie	5 milles
6e catégorie	2 milles

▲▼ **Comme le montre la photographie du haut, les coques en matière plastique sont construites sur des moules réutilisables, ce qui permet d'obtenir des séries de bateaux identiques. Le bois a toujours ses adeptes, comme le montre la photographie du bas prise au chantier du Guip sur l'île aux Moines, Golfe du Morbihan.**

chaloupe Dans l'ancienne marine, la chaloupe était la plus grosse embarcation du bord. Le terme a été repris au XIXe siècle pour désigner des bateaux de pêche non pontés ou partiellement pontés, les plus connus étant les chaloupes sardinières et les chaloupes maquereautières. Le sinagot du Morbihan est une « chaloupe de pêche » très robuste qui a pratiquement disparu dans les années 1950. Les quelques rares exemplaires qui subsistent ont été convertis en chaloupes de plaisance.

cockpit Littéralement « trou du coq ». Ce terme anglais n'a aucun équivalent en français. Il s'applique à la partie creuse située entre la barre du gouvernail et la cabine. Le cockpit ne se trouve que sur les yachts ; c'est pourquoi dans le vocabulaire maritime, ce mot est surtout employé par les plaisanciers.

construction Le déclin de la construction traditionnelle a porté un coup sévère à la profession autrefois florissante de charpentier de marine. Pour ne pas disparaître, les chantiers ont dû s'adapter aux nouvelles techniques. Ils ont appris à travailler l'acier, l'aluminium, le ferrociment et surtout le plastique qui a permis la construction en série de coques identiques obtenues par application de résines synthétiques sur des gabarits en bois réutilisables. Les plaisanciers ont aujourd'hui le choix entre diverses finitions qui vont de la coque nue au bateau entièrement emménagé et gréé.

coque C'est le corps du bateau, charpente, bordé et roufs. Sans les superstructures, la coque est dite « principale », mais ce terme n'est presque plus utilisé. La partie située sous la flottaison est la « carène » également appelée « œuvres vives », cette expression étant toujours employée au pluriel, tout comme son opposé, les « œuvres mortes » ou parties émergées. Les côtés des œuvres mortes sont les « murailles », mais ce mot n'est guère employé que sur les grands bâtiments. Pour les autres, on préfère généralement parler du « bord », bien que ce terme ne soit pas exactement synonyme. Quand le bateau est moins large au niveau du pont qu'en dessous, on dit qu'il a de la « rentrée » ou du « frégatage », mot exclusivement employé par les plaisanciers.

▲ **Partiellement détruite au cours de la Seconde Guerre mondiale, la corderie de Rochefort a été restaurée de manière exemplaire.**

cordage Celle de la cloche exceptée, il n'y a pas de corde à bord d'un bateau. On y trouve en revanche des cordages en grand nombre. Ceux-ci portent, selon les cas, les noms des manœuvres auxquelles ils correspondent ou des noms particuliers selon leur grosseur, c'est-à-dire leur circonférence. Les filins sont des cordages en fibres végétales ou synthétiques. Il existe également des cordages métalliques qui servent pour le gréement dormant. À grosseur égale, ils sont six fois plus résistants que leurs homologues en fibres.

corderie C'est un bâtiment tout en longueur dans lequel on fabrique les cordages*. L'élément de base est le « fil de caret » que l'on obtient en torsadant les fibres. En commettant plusieurs fils, c'est-à-dire en les entortillant ensemble avec une « machine à corder », on fait du « toron » (grosseur variable), du « fil à voiles » (3,5 à 4,5 mm de circonférence), du « lusin » (5 à 7 mm), du « merlin » (5 à 7 mm), du « bitord » (5 à 10 mm), de la « ligne » (15 à 27 mm), du « quarantenier » (27 à 45 mm), de l'« aussière » (80 à 300 mm), du « grelin » (150 à 360 mm) et du « câble » (320 à 650 mm). Au temps de l'ancienne marine à voiles, les corderies étaient très actives. Celle de Rochefort a été magnifiquement restaurée. Elle abrite aujourd'hui des bureaux et une salle d'exposition ouverte au public.

cotre Apparu au XVIIe siècle sous le nom de « cutter » en Angleterre, le cotre est un petit bâtiment à un mât gréant une grand-voile et plusieurs focs. Il a donné naissance au « sloop », voilier qui ne possède en principe qu'un seul foc, et au « yawl », sloop portant un petit mât appelé « tapecul » à l'arrière. Le gréement marconi ou plutôt « bermudien » qu'affectionnent les plaisanciers est très proche de celui du sloop.

croiseur Dans le vocabulaire de la plaisance, il s'agit d'un voilier habitable permettant des sorties en mer de plusieurs jours. Généralement classé en 1re ou 2e catégorie, le croiseur est pratiquement toujours muni d'une quille lestée. D'où le nom de « quillard » qui est particulier à la plaisance.

déplacement C'est le poids du volume d'eau que le navire « déplace » lorsqu'il est à flot. Si on le place dans un bassin plein à ras bord, l'eau qui déborde donne la valeur du déplacement. On distingue le déplacement « lège » (à vide), du déplacement en charge. Le déplacement s'exprime toujours en tonnes.

◄ Départ au lof spectaculaire et gîte importante du Class J *Velsheda* en Baie de Douarnenez, Finistère, en juillet 1988.

dériveur Dériver, c'est dévier de sa route* sous l'effet du vent, des courants* ou des lames*. Sur les bateaux dépourvus de quille, on réduit la dérive en installant un aileron escamotable paradoxalement nommé « dérive ». Cet aileron pivote dans un « puits de dérive », caisse étanche installée verticalement dans l'axe du bateau. Lorsque la dérive ne pivote pas, mais coulisse de bas en haut, on parle d'une « dérive sabre ». Le bateau équipé d'une dérive est un « dériveur » ; sa longueur n'excède guère 10 m.

écubier Ouverture circulaire pratiquée à l'avant pour le passage des chaînes ou des câbles d'ancre. Les petits yachts n'ont pas d'écubiers mais des « chaumards », fortes ferrures à demi refermées par des « oreilles », qui servent à guider les chaînes ou les amarres*.

équipet Ce mot tombé en désuétude vers le milieu du XIXe siècle a été repris par les plaisanciers qui lui ont conservé sa signification d'origine. Il s'applique à une étagère munie d'une tringle sur le bord pour empêcher les objets qu'on y place de verser.

foc Voile triangulaire axiale située entre le mât de misaine et le beaupré*. Sur les petits yachts qui n'ont qu'un seul mât et pas de beaupré, le foc est endraillé sur l'étai qui va de l'avant à la tête du mât. La plaisance dispose d'un vocabulaire étendu pour nommer ses focs. Elle a conservé la « trinquette » et le « tourmentin » de l'ancienne marine, mais elle a aussi créé des néologismes. C'est le cas notamment du « génois », foc parfois plus grand que la grand-voile, du « yankee » un peu moins grand, du « flying jib » ou foc en l'air qui, comme son nom l'indique, est établi au-dessus des autres et surtout du « spinnaker », énorme voile ballon dont le nom viendrait de sa ressemblance avec la feuille de l'épinard (*spinach* en anglais).

À l'origine, la gîte était synonyme de « souille », enfoncement formé dans la vase ou dans le sable par un navire échoué. On disait alors que le bateau « gîtait » ou mieux, qu'il « faisait sa gîte ». Le mot gîte a changé de sens dans le dernier quart du XIXe siècle, pour prendre la signification qu'on lui connaît aujourd'hui.

gîte Dans le langage maritime, ce mot s'emploie toujours au féminin. Il désigne l'inclinaison que prend le bateau par l'effet du vent. Contrairement à la « bande » qui survient à la suite d'un déplacement intempestif du chargement ou d'une voie d'eau*, la gîte est normale, même si elle est importante, puisque le bateau se redressera. Les plaisanciers ont inventé l'adjectif « gîtard » pour nommer un voilier qui prend facilement de la gîte. Mais si un bateau gîtard n'est pas nécessairement mauvais, tel n'est pas le cas du « bateau volage » qui prend de la bande dès que l'on déplace légèrement un poids. Signalons que l'instrument permettant de mesurer la gîte (ou la bande) est un clinomètre.

goélette Ce mot viendrait de *gwellean,* nom que les Bretons donnent à un oiseau marin. La goélette n'est pourtant pas née en Bretagne mais aux Antilles où elle était connue sous le nom de *balaou.* Il s'agit d'un voilier à deux mâts avec voiles auriques et parfois un hunier carré au mât de misaine. Les Américains ont découvert la goélette vers la fin du XVIIIe siècle et en la voyant bondir sur les flots, ils la rebaptisèrent *schooner,* du vieux verbe écossais *scon, scoon* (ricocher). En France, ce terme n'a jamais été réellement adopté, les marins préférant conserver l'ancien nom qu'ils orthographient parfois « goëlette ».

gouvernail Appareil installé à l'arrière du bateau que l'on peut faire pivoter pour changer de direction. Le gouvernail est constitué d'une surface plane, le « safran », assujetti à un axe, la « mèche », dont la « tête » est traversée par la « barre » que l'on actionne directement ou par l'intermédiaire d'un appareil à gouverner. Le gouvernail est fixé à l'étambot par des ferrures appelées « pentures ».

gréement Ce mot, plus général qu'agrès, a deux significations. On l'utilise pour désigner l'ensemble des mâts, vergues, voiles et manœuvres. On l'emploie également dans un sens plus étendu pour définir la disposition de la voilure. Les principaux types de gréement sont :

◄ La *Candida* à Cannes. Sur ce magnifique yacht, la barre à roue a été traitée de manière particulièrement luxueuse. Bien sûr, les cuivres et les bois précieux nécessitent un entretien quotidien, mais le propriétaire de la *Candida* peut de toute évidence, compter sur les nombreux marins qui effectueront ce travail à sa place !

– le gréement « carré » où les voiles sont en majorité... trapézoïdales et rectangulaires !
– le gréement « au tiers » où la voile quadrangulaire est supportée par une vergue assujettie au mât par son premier tiers (d'où son nom) ;
– le gréement « houari » où la voile quadrangulaire a sa partie supérieure tenue sur une petite vergue appelée « corne » ;
– le gréement « latin » où la voile triangulaire est soutenue par une très longue vergue nommée « antenne » ;
– le gréement « marconi », ainsi nommé parce que la voile triangulaire a son grand côté soutenu par un mât très haut qui ressemble aux anciennes antennes TSF. Signalons que ce dernier type de gréement est actuellement le plus répandu dans le monde de la plaisance.

▼ **Gréement.**
De haut en bas :
1. Gréement marconi ;
2. Gréement houari.

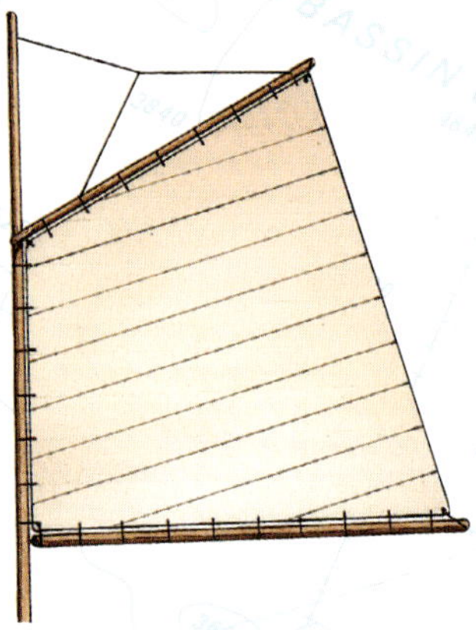

gréement courant

Terme générique regroupant l'ensemble des manœuvres destinées à orienter les vergues et les voiles. Les « balancines » servent à faire pivoter les vergues dans le plan vertical et les « bras » dans le plan horizontal. On hisse les vergues et les voiles avec les « drisses ». Les voiles sont retenues par leurs coins inférieurs avec des « amures* » ; elles s'orientent avec les « écoutes » et se rentrent (ou s'amènent*) avec des « cargues ». On agit sur ces manœuvres directement ou par l'intermédiaire d'un palan*.

gréement dormant

Dans le langage maritime, le mot dormant a le sens de fixe. Le gréement dormant est donc le gréement fixe auquel on ne touche jamais, sauf pour le retendre (les marins disent « raidir »). Ce gréement comprend les « haubans » et les « galhaubans » qui soutiennent les mâts latéralement et sur l'arrière. Ils sont solidement fixés à la coque par des chaînes ou des lattes métalliques appelées « cadènes ». On les raidit avec des « rides », cordages passant entre deux poulies lenticulaires nommées « caps de moutons », système qui est aujourd'hui remplacé par des « ridoirs à vis ». Les « étais » soutiennent les mâts sur l'avant. Les plaisanciers nomment « guignol » l'étai intermédiaire d'un mât marconi qui empêche ce dernier de s'arquer sur l'avant.

jauge

C'est la capacité intérieure de la coque. À l'origine, elle s'estimait d'après le nombre de tonneaux que le bateau pouvait contenir. La méthode s'est largement perfectionnée depuis mais la jauge s'exprime toujours en tonneaux. Un tonneau correspond à 100 pieds cubes anglais, soit 2,83 m^3. On distingue :
– la « jauge brute » qui correspond au volume intérieur de la coque sans aucune déduction ;
– la « jauge nette » ou volume commercialement utilisable ;
– la « jauge de course », établie d'après des formules complexes, qui égalise les chances des concurrents. Le résultat est appelé « rating ». Il s'exprime en mètres mais cette mesure ne correspond en rien aux dimensions du voilier.
La jauge ne doit pas être confondue avec le « déplacement » qui représente le poids indiqué en tonnes métriques.

ketch

Voilier à deux mâts assez comparable à la goélette* mais qui possède un grand mât à l'avant et un mât d'artimon à l'arrière, devant la barre.

lancement

Opération qui consiste à mettre à l'eau le bateau nouvellement construit en le faisant glisser sur un plan incliné. Autrefois, on « abreuvait » la coque avant le lancement en la remplissant d'eau pour vérifier qu'elle était bien étanche. Le lancement lui-même était l'occasion d'une cérémonie au cours de laquelle on « baptisait » le bateau en brisant une bouteille de champagne sur son étrave. Le nom était alors systématiquement précédé d'un article s'accordant en genre et en nombre (exemple : La *Marie-Joseph* et non « Le » *Marie-Joseph*). De nos jours, les petits yachts

ne sont plus lancés mais simplement mis à l'eau au moyen d'une grue et la tradition du baptême a malheureusement tendance à se perdre.

ligne de flottaison C'est une ligne peinte sur la coque qui sépare les œuvres vives des œuvres mortes. Elle permet de vérifier d'un simple coup d'œil que le lest et le chargement ont bien été répartis. On dit alors que le bateau est « dans son assiette », ou mieux, « dans ses lignes ».

liston Moulure décorative en demi-rond qui ceinture la coque. On dit aussi « listeau ».

manœuvre En plus de son sens général qui est synonyme d'évolution, le mot manœuvre s'applique aux cordages du gréement dormant et du gréement courant. Une manœuvre courante a une extrémité fixe, le « dormant », qui va jusqu'à une poulie. Son « retour » sur lequel on agit est le « courant » dont l'extrémité se « tourne » sur un taquet* ou un cabillot et la partie qui reste libre est le « balant ». Enfin, le cordage qui passe entre les poulies d'un palan est un « garant ».

mât C'est une longue pièce de bois ou de métal que l'on dresse verticalement ou un peu obliquement au-dessus du pont. De l'avant vers l'arrière, on trouve le « mât de misaine », le « grand mât » et le « mât d'artimon ». Ce dernier, appelé *mizzen mast* en anglais, est un faux ami classique qui n'a pas fini de déconcerter les traducteurs ! Les mâts des petits yachts sont généralement tirés d'un seul arbre ; on dit alors qu'ils sont « à pible ». Pour réduire le « fardage », c'est-à-dire le poids dans les hauts, les mâts métalliques et certains mâts en bois sont creux. Pour contrôler et changer les éléments usagés du mât, on s'assied sur une planchette suspendue par deux pattes d'oies qu'on hisse au moyen d'un palan. Curieusement, ce siège ne s'appelle pas « chaise de gabier » mais « chaise de calfat ».

▲ **Lancement.** **Cette réplique d'un cotre du premier Empire va être lancée par l'arrière. Aujourd'hui, les bâtiments de faible tonnage sont mis à l'eau à l'aide d'une grue. L'efficacité y gagne ce que la tradition y perd.**

membre Dans une coque en bois, les éléments transversaux de la charpente sont faits en deux épaisseurs, d'où leur nom de « couples ». Cette disposition qui renforce la rigidité de l'ensemble ne s'impose pas dans le cas d'une charpente métallique, ni dans celle d'une petite embarcation. On devrait donc parler de membres mais de nombreux marins préfèrent employer (à tort dans ces deux cas) le mot couple. Du bas vers le haut, les différentes parties d'un membre, ou de l'un des deux plans d'un couple, sont la « varangue », le « genou » et l'« allonge » que prolonge éventuellement une « jambette ».

monotype Mot particulier à la plaisance qui désigne un yacht faisant partie d'une série. Les chantiers proposent aujourd'hui différentes gammes de monotypes en matériaux plastiques que, par dérision, les puristes surnomment « tupperwares », en référence à une entreprise américaine célèbre pour ses récipients alimentaires en plastique.

moteur Si le terme « hors-bord » s'est imposé pour définir un moteur amovible, son contraire « en-bord » n'existe que dans le langage administratif, les plaisanciers préférant parler d'un moteur « in-bord ». Dans le cas le plus fréquent, le moteur entraîne une « hélice » qui, en se vissant dans l'eau, fait mouvoir le bateau. Il est important de connaître le sens de rotation de l'hélice, car elle exerce en tournant une force qui tendra à déporter l'arrière du bateau sur un bord ou sur l'autre. On pourra utiliser cette particularité pour réussir des manœuvres délicates.

▲ **Promenade devant Monaco sur un canot automobile. La « belle plaisance » des années 1930 ne concernait pas que les voiliers. Les cuivres étincelants et l'acajou verni se retrouvaient aussi sur les canots à moteur de cette époque. Tout juste peut-on regretter que le modernisme du moteur hors-bord soit ici un peu trop voyant.**

motonautisme Néologisme qui ne désigne pas uniquement la compétition mais l'ensemble des activités pratiquées avec des bateaux ou engins à propulsion mécanique. Les bateaux de plaisance à moteur sont des « cabin-cruisers » lorsqu'ils sont habitables, sinon on les appelle tout simplement canots. Les mots « runabouts » et « Chris-Craft » qui désignaient des embarcations à moteur ne sont plus guère employés. De même, le terme « vedette » est passé de mode dans le monde de la plaisance. On continue en revanche à utiliser le mot « racer » pour désigner les engins de compétition.

multicoque Terme générique qui s'applique à tous les bateaux possédant plusieurs coques. Ce type de construction est inspiré du radeau indigène que les pêcheurs indiens appelaient *catimaron.* Devenu « catamaran » dans notre langue, ce mot désigne un bateau à deux coques. Il a servi à forger le néologisme « trimaran », nom que l'on donne à un bateau à trois coques. Les multicoques sont des bateaux très rapides, mais aussi relativement fragiles. Pour accroître leurs performances, on installe parfois des « ailes sous-marines » qui, à une certaine vitesse, font entièrement sortir la coque de l'eau. On nomme « hydroptères » les navires ainsi équipés.

palan Appareil composé de deux poulies à un ou plusieurs réas et d'un filin appelé « garant ». Le palan multiplie la force exercée sur le garant, c'est pourquoi les marins emploient des palans pour toutes les manœuvres de force.

pavois Fait assez rare dans le vocabulaire maritime, ce mot a deux significations totalement différentes. En terme de construction, le pavois est la partie du bordé située au-dessus du pont et que l'on applique sur les jambettes prolongeant les membres. Des ouvertures nommées « dalots » sont percées à la base pour permettre une évacuation rapide de l'eau accumulée sur le pont et sur les grands bâtiments ; on interrompt le pavois vers le milieu pour faciliter l'embarquement. De là vient le mot « coupée » que l'on retrouve dans l'« échelle de coupée » et la « passerelle de coupée », l'ouverture du pavois étant appelée la coupée. Dans sa seconde signification, le mot pavois désigne l'ensemble des pavillons* que l'on arbore les jours de fête. Le « petit pavois » se compose des pavillons nationaux hissés en tête des mâts. Le « grand pavois » est une guirlande constituée des pavillons du Code international des signaux que l'on fait courir de l'avant à l'arrière.

peinture Dans la Marine nationale, les marins ont coutume de dire que sur un bateau : « On salue tout ce qui bouge et l'on peint tout ce qui ne bouge pas » ! Le plaisancier ne salue pas, mais il passe beaucoup de temps à peindre et à repeindre les éléments en bois ou en métal de son yacht. Les œuvres vives sont protégées par une peinture « antifouling » dont la composition toxique empêche la fixation de la faune et de la flore marines. Les autres parties du bateau reçoivent plusieurs couches de peintures classiques ou de vernis. Cet entretien indispensable mais fastidieux a été considérablement réduit avec l'apparition des coques en plastique qui n'ont pas besoin d'être peintes.

pinasse Cet ancien bateau de pêche à fond plat du bassin d'Arcachon tire son nom du pin, bois que l'on a longtemps utilisé pour sa construction. Les pinasses modernes sont à moteur ; leur longueur varie de 12 à 15 m et elles sont souvent utilisées pour la plaisance, car elles sont très spacieuses. Le terme anglais *pinnace* (grande chaloupe*) a donné naissance au mot français « péniche ».

piton Boulon métallique dont la tête est en forme d'anneau. On y accroche une poulie.

pointu Petit voilier de la Méditerranée utilisé pour la pêche et pour la plaisance.

pont Sorte de plancher reposant sur des poutres transversales appelées « baux » ou « barrots ». Les ponts ont de la « tonture », courbure concave dans le sens longitudinal, et du « bouge », courbure convexe dans le sens transversal. Les yachts ont souvent leurs bordages de pont en teck, ce bois imputrescible ayant une très belle apparence. La virure centrale est la « virure droite » ; les deux virures latérales sont les « fourrures de gouttière ». L'unique pont des petits yachts se compose de la « plage avant », des deux « passavants » situés de part et d'autre du rouf et de la « plage arrière ». Quand il n'y a pas de pavois*, on installe à l'avant une rambarde métallique appelée « balcon ». Par sécurité, on place également une « filière », cordage métallique soutenu de part en part par des « chandeliers ». Dans l'ancienne marine, les ponts étaient poncés avec une brique, ce qui a enrichi le glossaire nautique du verbe « briquer* » qui est presque synonyme d'astiquer.

Aujourd'hui comme hier, les proportions des poulies dépendent de la grosseur ou circonférence du cordage qui y passe. Le diamètre du réa est égal à deux fois cette circonférence. La largeur de la caisse est égale au diamètre du réa plus deux fois son épaisseur. Sa longueur est celle du diamètre du réa plus trois fois et demie son épaisseur. Ces proportions indiquées dans les anciens traités de gréement du XVIIIe siècle, n'ont pratiquement pas varié.

poulie Appareil permettant de modifier la direction d'un cordage. Une poulie se compose d'une « caisse » dans laquelle sont pratiquées des mortaises destinées à recevoir des roulettes nommées « réas ». Les « joues » sont les faces extérieures de la caisse. Elles sont légèrement entaillées pour le passage de l'« estrope », boucle de cordage ou de fer permettant de « frapper » (fixer) la poulie sur un piton*. L'essieu est un cylindre métallique à tête carrée sur lequel tournent les réas. Il traverse la caisse de part en part. Selon le nombre de réas qu'elle porte, la poulie est simple, double ou triple. Il existe aussi des poulies « baraquettes » ou « violons » dont les réas sont superposés et des poulies « coupées » dont une joue est coupée pour que l'on puisse y glisser facilement un cordage. On fait aujourd'hui des poulies entièrement métalliques, mais de nombreux plaisanciers préfèrent les poulies classiques en bois d'orme.

poupe Ce mot s'applique à des assemblages bien précis de la charpente de l'arrière. Il n'est plus guère employé que dans l'expression « pavillon de poupe », mais comme il sonne très « marin », certains auteurs persistent à placer leurs personnages à la poupe ! De la même manière, « avoir le vent en poupe » est une expression purement terrienne qui n'existe pas dans la marine.

proue En matière de construction navale, la proue englobe les éléments de charpente formant le « massif de l'avant ». Ces assemblages complexes n'existant plus sur les bateaux modernes, le mot proue est pratiquement tombé en désuétude, sauf dans l'expression « figure de proue » et, bien sûr, dans les romans où le héros, fatigué d'être à la poupe, se dirige vers la proue !

qualités (du bateau) Les marins affectionnent particulièrement l'adjectif fin qu'ils emploient dans de nombreuses expressions. Un bateau rapide et qui monte bien au vent sera donc « fin voilier ». Si de plus il peut conserver un maximum de toile par vent fort, on dira qu'il « porte bien la toile » et il sera « très marin » s'il possède de bonnes qualités nautiques. Il lui faudra également être « ardent* », c'est-à-dire avoir tendance à remonter au vent quand on lâchera la barre, car un voilier « mou » (contraire d'ardent) pourrait s'avérer dangereux. Toutes ces qualités auxquelles s'ajoute la bonne habitabilité ne sont pas nécessairement compatibles. L'architecte naval* devra donc réaliser un dosage subtil qui tiendra compte des préférences de l'acheteur.

quille La construction d'un bateau commence toujours par la pose de la quille. Il s'agit d'une forte pièce de bois de section rectangulaire dans laquelle on pratique deux entailles latérales, les « râblures », pour encastrer les bords inférieurs des premières virures. Le dessous de la quille est généralement protégé par une fausse quille, l'adjectif faux étant pris ici dans le sens de supplémentaire. Intérieurement, la quille est recouverte d'une « contre-quille » échancrée pour le passage des membres. Aux extrémités de la quille, on élève l'étrave et l'étambot.

racage Collier garni de boules de bois appelées « pommes de racage ». Il sert à relier une vergue à un mât et à la faire glisser ou à l'orienter pratiquement sans frottement. L'écartement des pommes est parfois maintenu par de petites planchettes de bois nommées « bigots ». Le filin sur lequel les pommes sont enfilées est le « bâtard ».

scooter des mers Apparu en 1973, cet engin conçu par l'entreprise japonaise Kawasaki est l'intermédiaire entre la moto et le bateau. Il est utilisé pour la compétition, la promenade côtière, la surveillance des plages et le sauvetage. Lors de sa conception, la sécurité a été le critère majeur, c'est pourquoi l'hélice a été remplacée par une propulsion par jet d'eau. À l'origine, le scooter des mers était monoplace mais les constructeurs proposent aujourd'hui des modèles à trois ou quatre places.

sharpie Petit dériveur* à bouchain* vif inspiré d'un bateau ostréicole du Connecticut. Dans un sens plus moderne, le sharpie est un yacht de 6 à 7 m à fond presque plat et toujours à bouchain vif. Le mot sharpie s'emploie également comme adjectif dans l'expression : « une coque sharpie ».

stabilité Sous l'effet de la houle*, le bateau est soumis à des mouvements latéraux, le « roulis », et longitudinaux, le « tangage ». La stabilité est la faculté de se redresser et de résister aux mouvements de la mer. On distingue la « stabilité de formes » obtenue par la largeur de la coque et la « stabilité de poids » due à l'importance du lest et à sa position. Les multicoques* bénéficient d'une excellente stabilité de formes, mais comme on ne peut leur donner aucune stabilité de poids, ils ne peuvent pas se redresser après chavirement.

taquet Pris dans son sens d'origine, ce mot signifie « qui supporte » et il s'appliquait autrefois à une pièce de charpente qui en soutenait une autre. Aujourd'hui, il est employé uniquement pour désigner une pièce de bois ou de métal portant deux « cornes » ou « oreilles » qui permettent de « tourner » des manœuvres. Les plaisanciers utilisent des « taquets coinceurs » composés d'un filoir métallique et de deux mâchoires. Ils permettent de tirer une manœuvre à soi et de la laisser se coincer par sa propre traction. Pour dégager le filin, il suffit de le tirer légèrement en arrière et vers le haut. Le taquet ne doit pas être confondu avec le « cabillot », cheville de bois ou de métal qui sert également à tourner les manœuvres.

Du mot vergue est venue « l'envergure » que le marin a cédée à l'ornithologue, puis à l'aviateur. Les politiques ont repris ce terme en affirmant que leurs adversaires n'ont « aucune envergure » alors qu'eux-mêmes possèdent une « envergure nationale » ou même internationale !

teugue C'est, à l'avant d'une petite embarcation, l'abri que recouvre un petit pont appelé « gaillard* ». La teugue est aussi la surélévation du pont à l'avant, dans le prolongement du rouf. Cette disposition est appelée « avant à teugue ».

vergue Dans son sens général, la vergue est une sorte de perche (les marins disent « espar ») qui soutient une voile « enverguée » (assujettie) par un laçage appelé « transfilage » ou par un « chemin de fer ». Les gréements marconi n'ont qu'une seule vergue, la « bôme », également appelée « gui ». Aujourd'hui, cette vergue est souvent « à rouleau », ce qui permet de diminuer la surface de la voile en l'enroulant. L'espar qui permet de « déborder » le spinnaker, c'est-à-dire de déporter son point d'amure, n'est pas une vergue mais un « tangon ».

voile C'est un assemblage de longues bandes de toile, les « laizes », cousues les unes aux autres, de manière à former une surface qui, en recevant le vent, propulsera le bateau. Les voiles étaient autrefois en chanvre, en lin ou en coton, mais ces matériaux sont aujourd'hui avantageusement remplacés par des tissus synthétiques. On règle une voile en la « bordant » pour qu'elle prenne bien le vent ou en la « choquant* » pour l'amener à « faseyer* », ce qui signifie battre au vent. Une voile aurique a la forme d'un triangle rectangle dont le grand côté est le « guindant », le petit côté la « bordure » et l'hypoténuse la « chute ». Toutes les voiles ont un ourlet, la « gaine », sur le bord duquel on coud un cordage nommé « ralingue ». Les voiles des gréements marconi ont des lattes que l'on introduit dans des gaines pour donner plus de rigidité à leur partie supérieure. Signalons enfin que les voiles possèdent souvent des « bandes de ris » dont les « garcettes » (petits filins traversant la voile) permettent de réduire la surface. → foc

yacht Les terriens prononcent « yote » et les marins « yak ». Ce mot d'origine hollandaise signifie « bateau de plaisance » et il n'a pas d'équivalent satisfaisant en français. On continue donc d'appeler yacht tout bateau destiné à la navigation de plaisance et non pas simplement les navires luxueusement emménagés. Le « yachtsman » a toutefois fait un effort méritoire pour devenir un plaisancier et pour faire du « yachting » la plaisance.

▼ Henri Gervex (1852-1929) : ***Yachting dans l'archipel,*** **esquisse (1898).**
Dans les dernières années du XIXe siècle, plaisance rime avec élégance et les sorties en mer prennent souvent l'allure d'événements mondains. Les femmes ont revêtu leurs plus belles toilettes ; les hommes portent quant à eux, une sorte d'uniforme composé d'un pantalon blanc, d'un blazer bleu marine et d'une casquette à coiffe blanche familièrement nommée « fromage blanc ».

·II·

Les ports et les escales

Vue du ciel, la marina* ressemble à un immense parking qui afficherait « complet » tous les jours de l'année. Le plaisancier* du XXIe siècle prend en effet rarement la mer, ses sorties se comptant souvent plus en heures, voire en minutes, qu'en journées. Dans la plupart des cas, le bateau est utilisé comme une « caravane flottante » symbolisant la réussite sociale de son heureux propriétaire.

Les promoteurs

immobiliers connaissent bien ce phénomène et ils se sont empressés d'adapter leur offre à la demande en créant de véritables centres de loisir autour de leurs ports* de plaisance. Ceux qui naviguent beaucoup ne sont pas les derniers à apprécier les facilités offertes par ces marinas. Ils y trouvent en effet tout ce qu'il faut pour préparer leur croisière et comme ils sont généralement de « fins marins », ils s'efforcent d'éviter de parler comme le terrien croit que parle le marin* !

▲▼ **Après avoir accosté, il est nécessaire de bien amarrer le bateau. Le dessin du haut montre la disposition des amarres de bout et des gardes montantes. Lorsqu'on s'amarre à un autre bateau, les amarres de bout sont tournées sur les bittes ou les anneaux du quai. Les gardes montantes sont en revanche, tournées sur les bittes ou les taquets de l'autre bateau (dessin du bas).**

accoster

Dans le langage maritime contemporain, accoster, c'est se placer contre l'appontement*, le quai ou un autre bateau. Cette définition avait autrefois un sens plus large puisqu'elle signifiait également approcher, lier deux objets côte à côte ou encore naviguer à petite distance du rivage. On doit normalement accoster *le* quai, et non pas *au* quai, mais la faute est si fréquente qu'elle ne choque plus personne. Accoster un navire « à l'anglaise », c'est se placer tête-bêche contre son bord au mépris des règles de l'étiquette navale*. Lorsque l'on décrit une courbe pour aborder le quai par l'arrière*, on accoste « en dépendant », formule qui a beaucoup vieilli. Quant à l'accostage « à l'amiral », c'est tout simplement un accostage parfaitement réussi. Accoster a une signification très proche d'aborder mais ne doit surtout pas être confondu avec embosser, mouiller* ou ancrer*.

Affaires maritimes

Créée par Colbert en 1681 sous le nom d'Inscription maritime, cette institution était chargée de tenir les rôles* des gens de mer pouvant être appelés à servir dans la marine militaire. Progressivement, l'Inscription maritime a exercé de nouvelles responsabilités dans les domaines du service aux gens de mer, de l'éducation, de la formation et de l'emploi maritime, de la législation sociale maritime, de l'hygiène et de la santé. En matière de sécurité maritime, elle gère les sauvetages*, la circulation, le contrôle des effectifs et des navires, la réglementation technique et la signalisation maritime. Elle est représentée dans de nombreux ports sous le nom d'Affaires maritimes, qui est le sien depuis 1967. Les officiers* du « corps technique et administratif des Affaires maritimes » portent un uniforme semblable à celui des officiers de marine, mais avec des parements bleu azur qui permettent de les distinguer.

amarrage

Pour être correctement amarré, un bateau doit être maintenu par au moins quatre amarres. On passe d'abord les « amarres de bout » à l'avant* et à l'arrière, puis les « gardes montantes » avant et arrière dont l'action s'oppose à celle des amarres de bout. À cet amarrage suffisant pour un petit yacht*, on peut éventuellement ajouter une « traversière » que l'on place entre le quai et le milieu du bateau. On « tourne » les amarres sur des « bittes » également appelées « bollards ». Les plaisanciers parlent souvent de l'« anneau » pour désigner le poste d'amarrage qu'ils achètent ou qu'ils louent à l'année.

ancrage

Souvent confondu avec le mouillage, ce mot a une signification très différente puisqu'il s'applique aux ancres*, chaînes et poids soutenant un « coffre » ou une bouée*, l'ensemble de ces dispositifs étant le « corps-mort ». Dans le langage administratif, les « droits d'ancrage » correspondent à des taxes et le terme ancrage, pris isolément, désigne les endroits favorables pour mouiller.

appontement

C'est un flotteur en bois qui coulisse entre des poteaux pour monter et descendre avec la marée*. L'appontement contre lequel les bateaux viennent s'amarrer* est relié au quai par une passerelle. Ne pas confondre avec l'« estacade » ou le « wharf » qui sont des « embarcadères » (ou des « débarcadères ») sur pilotis. Ne pas confondre non plus avec la « jetée », sorte de digue en pierre qui protège le port des effets de la houle*. Signalons que la partie la plus avancée de la jetée est le « môle » et que son extrémité est le « musoir ».

PAGE PRÉCÉDENTE : **Marina, baie des Anges, Nice.**

arrimage Ce mot désigne la répartition du lest, des objets et des marchandises constituant la « cargaison ». L'arrimage peut se faire « en long » ou perpendiculairement à l'axe du navire. On dit alors qu'il est « en travers » ou « en breton ». Contrairement à ce que l'on croit généralement, le mot arrimage n'implique pas la « saisie* » (fixation) des objets arrimés, mais les marins eux-mêmes font souvent la confusion.

avitaillement À l'origine, ce mot s'appliquait uniquement aux vivres* embarqués à bord d'un navire. Son sens s'est progressivement étendu à tout ce qui est consommable, carburant et même pièces de rechange. Bien qu'il n'existe aucune règle formelle en la matière, l'usage veut que l'on s'« avitaille » au port et que l'on se « ravitaille » en mer ou aux escales*.

bande des 300 m C'est une bande de 300 m de largeur, comptée à partir de la limite des eaux, que l'on réserve à la baignade. Les bateaux naviguant à l'intérieur de cette bande doivent respecter une vitesse maximale de 5 nœuds (9,26 km/h). Certaines zones sont interdites à la navigation*. Elles sont matérialisées du côté du large* par des bouées sphériques jaunes placées tous les 200 m. Des chenaux perpendiculaires à la plage sont alors réservés aux bateaux et aux skieurs nautiques. Ces accès que l'on nomme « chenaux traversiers » sont soigneusement balisés et la baignade est interdite à l'intérieur de leurs limites.

◄ **La Barre d'Etel, Morbihan. Les alluvions déposées par ce fleuve forment à son embouchure, une barre sur laquelle les lames déferlent. L'accès est ici pratiquement impossible, même aux embarcations de très faible tonnage.**

barre C'est un haut-fond* situé devant une côte* ou à l'embouchure* d'une rivière sur lequel les lames* se brisent, rendant parfois le franchissement de la barre extrêmement dangereux. Le haut-fond peut être rocheux ou corallien, mais il est le plus souvent formé d'un amas de sable ou de vase. Les lames qui déferlent sur le haut-fond sont des « brisants ». Visibles de loin, ces brisants permettent de situer très exactement les parages dangereux.

bassin Ce mot, qui vient du latin *baccinus* (récipient), désigne une partie d'un port communiquant ou non avec la mer. Le flot se fait sentir dans les « bassins de marée » qui découvrent à marée basse, ce qui permet d'accéder commodément aux œuvres vives des navires échoués. Les « bassins

◄ Joseph Vernet (1714-1765) : *Le port de Marseille* (vers 1760). Bien qu'il ne s'agisse pas d'un bassin à proprement parler, le vieux port de Marseille est utilisé pour effectuer des travaux sur les bâtiments à flot.

à flot » sont fermés par une porte d'écluse, de sorte que le niveau de l'eau reste constant. Certains ports de plaisance sont de vastes bassins à flot et l'on ne peut y accéder qu'à marée haute. Les grands bâtiments sont mis au sec dans des « bassins de radoub » également appelés « formes » ou « cales sèches ». On y fait entrer le bateau à marée haute pour qu'il s'échoue lorsque la mer se retire. On ferme alors le bassin par une porte d'écluse et après avoir complètement asséché la forme en pompant les eaux résiduelles, on travaille sur la coque* aussi longtemps que nécessaire. Pour sortir le bateau, il suffit d'ouvrir la porte d'écluse à marée basse et de laisser la marée montante le remettre à flot. Comme les formes de radoub ne sont jamais parfaitement étanches, on évite de les laisser trop longtemps en eau, ce qui risquerait d'endommager la maçonnerie. Certains ports possèdent un « bassin de chasse » qui se remplit à marée haute. En libérant brusquement cette réserve à marée basse, on nettoie automatiquement le chenal situé face au bassin.

biture À l'origine, ce mot s'écrivait « bitture », mais sa signification est restée inchangée. La biture désigne la longueur de câble que l'on étend sur le pont lorsqu'on se prépare à mouiller. Cette longueur est au minimum égale à trois fois la profondeur du fond. Au figuré, « prendre une biture », c'est absorber une grande quantité d'alcool, sans obligatoirement être ivre. L'expression a légèrement changé de sens en entrant dans le langage courant puisqu'elle signifie se saouler.

▼ **Passage obligé pour les grands navigateurs, le Cap Horn est très visible du large, on y a installé un phare qui de nuit, signale le danger aux navires.**

cap Ce mot dérivé de l'italien *capo* (tête) désigne une langue de terre qui s'avance dans la mer. Lorsque cette terre est élevée, les géographes l'appellent « promontoire », mais ce terme est peu utilisé par les marins. On franchit un cap en le « doublant » et on l'« arrondit » en le contournant très au large. Le cap de Bonne-Espérance au sud de l'Afrique, le cap Horn au sud de l'Amérique et le cap Leeuwin en Australie forment les « trois caps », célèbres pour les tempêtes* qui y règnent de manière quasi permanente. Le cap ne doit pas être confondu avec la « péninsule » ou « presqu'île », portion de terre reliée au continent par une bande étroite appelée « isthme ».

capitainerie À l'origine, la capitainerie était une milice chargée de la défense du littoral*. Elle était commandée par un « capitaine garde-côtes » et elle regroupait un nombre plus ou moins élevé d'hommes provenant des paroisses voisines. Malgré la similitude de nom, la capitainerie actuelle n'a aucun lien de parenté avec l'ancienne milice garde-côtes puisque ce mot désigne le bureau du « capitaine de port », officier autrefois appelé « maître de quai », « maître de l'amirauté », puis « maître de port ». Le capitaine de port est aujourd'hui placé sous les ordres des ingénieurs des Ponts et Chaussées. Il est chargé de la surveillance et de la police du port, avec pour tâche principale de placer les bateaux. Cette importante fonction a été réglementée par Colbert, comme en témoigne cet extrait de l'ordonnance* de 1681 : « On conçoit en effet quelle confusion ce seroit et le trouble qui en pourroit résulter, si les capitaines ou conducteurs de navires étoient les maîtres de se placer en tel endroit du port ou du quai qu'ils jugeroient à propos de choisir. » Les choses n'ayant guère changé depuis cette époque, c'est la capitainerie qui désigne le poste d'amarrage.

codes et réglementation maritime Épris de liberté, le marin n'en ressent pas moins la nécessité de réglementer son activité. En France, l'ensemble des textes concernant la marine de commerce forme le Code disciplinaire et pénal de la marine marchande et certains de ses articles sont applicables à la plaisance. C'est le cas notamment des règles de navigation, du Code international des signaux et du Règlement international pour prévenir les abordages* en mer de 1972. Le chef de bord (nom que l'Administration donne au skipper*) est responsable de l'observation de ces textes et il peut être poursuivi en cas de manquement grave.

Selon **Gilbert Garrier,** le mot « biture » appliqué à l'ivresse, ne viendrait pas du vocabulaire maritime, mais d'une déformation du franco-normand *béture* ou *boiture,* qui désignait au XVIe siècle, un excès de boisson. « *Visiter la Biturie,* nous dit-il, *c'est faire la tournée des cafés.* » Les mots de la vigne et du vin. PARIS, LAROUSSE 2001.

commodore Dans les marines de guerre anglo-saxonnes, ce titre est donné à un capitaine de vaisseau commandant une division et pendant la Seconde Guerre mondiale, il a été donné à l'officier de la marine marchande responsable d'un convoi. Par analogie, on appelle commodore le président d'un club nautique, car il « commande » une flottille de yachts. Ce terme, relativement peu employé en France, est une marque de déférence très appréciée dans les « yacht-clubs » anglo-saxons.

côte En construction* navale, ce mot tombé en désuétude était autrefois synonyme de membre*. Il ne conserve plus aujourd'hui que sa signification géographique de rivage bordant la mer. La côte est dite « accore » quand elle est à pic et qu'à sa base, l'eau est profonde. Si le fond* ne permet pas le mouillage, c'est une « côte de fer », formule qui n'est plus guère employée de nos jours. La côte est « basse » quand elle est peu élevée et qu'elle se prolonge presque horizontalement sous l'eau ; elle est « saine » quand on peut l'approcher sans craindre de heurter un rocher, sinon, on dira qu'elle est « malsaine » ou dangereuse. On « range » la côte lorsqu'on navigue parallèlement à elle en la rasant de très près ; on s'« élève » ou on se « relève » de la côte en s'en éloignant. « Faire côte », c'est être jeté sur le rivage.

défense Dans le langage de la plaisance, ce mot est fréquemment remplacé par le terme « pare-battage » qui a exactement la même signification. C'est une sorte de bourrelet de protection que l'on place contre le flanc du bateau pour amortir les chocs contre le quai ou la coque d'un autre navire. Dans l'ancienne marine, on plaçait quatre ou cinq défenses en bois sur chaque bord pour protéger le bordé* du frottement, lors de l'embarquement ou du débarquement des futailles* et des canons. Ces défenses ont été, par la suite, remplacées par des tronçons de gros câbles usagés, puis par de vieux pneus que l'on laissait pendre le long du bord. Aujourd'hui, on utilise de gros ballons souples en matière plastique qui ont été spécialement conçus pour servir de défenses. Lors de l'appareillage*, il est impératif de rentrer les défenses parce qu'elles pourraient gêner la manœuvre et que de plus, elles ne sont guère esthétiques.

détroit C'est un passage naturel entre deux côtes resserrées qui permet de passer d'une mer à une autre. En règle générale, les détroits ont une largeur suffisante pour que les plus gros navires puissent les franchir sans danger, mais la présence de forts courants* et l'importance du trafic maritime rendent parfois la navigation délicate. Un bras de mer très étroit est une « passe » ou un « pertuis », ce dernier terme étant surtout utilisé en Charente-Maritime pour désigner les passages entre les îles de Ré, d'Oléron et le continent (pertuis Breton, d'Antioche et de Maumusson). On appelle « ancre de détroit » une ancre que l'on peut mouiller par l'arrière.

documents de bord Les marins appellent « acte de francisation », ou plus simplement « francisation », le certificat délivré par les services des douanes aux propriétaires des navires jaugeant plus de trois tonneaux (jauge* brute). Si, comme c'est généralement le cas, le bateau entre dans l'une des trois premières catégories* de navigation, le « journal de bord », registre sur lequel on reporte toutes les données de navigation (route* suivie, météo*, événements particuliers…), est également exigible. Les yachts jaugeant trois tonneaux et moins ont une « carte de circulation » délivrée par les Affaires maritimes* au moment de leur immatriculation.

eaux territoriales La frontière maritime d'un État ne se situe pas sur son littoral mais à une certaine distance de la côte, calculée autrefois d'après la plus grande portée de canon. On donne le nom d'eaux territoriales à la portion de mer comprise entre ces limites que la Convention des Nations unies sur le droit de la mer de Montego Bay (Jamaïque, 1982) a fixé à 12 milles nautiques (22,26 km). Cette même convention a admis la notion de « zones économiques exclusives » (ZEE) qui s'étendent jusqu'à 200 milles nautiques (371 km). Les États bénéficient d'un droit exclusif de pêche et d'exploitation du sous-sol dans les ZEE ; ils sont maîtres de leurs eaux territoriales et ils exercent une souveraineté absolue sur leurs « eaux intérieures », c'est-à-dire dans leurs ports, leurs rades et leurs baies si celles-ci ont moins de 24 milles nautiques (44,52 km) d'ouverture. Contrairement à une idée très répandue, seuls les navires de guerre sont considérés comme des portions du territoire dont ils arborent le pavillon*. L'exterritorialité n'existe pas pour les bâtiments de commerce, de pêche et de plaisance. Ils peuvent donc être contrôlés par les autorités locales lorsqu'ils se trouvent dans les eaux territoriales d'un pays étranger.

embouchure Jusque vers le milieu du XIXe siècle, les marins appelaient embouchure l'entrée d'une rivière, d'un port, d'une rade, d'une passe ou d'un détroit*. Aujourd'hui, le sens de ce mot s'est considérablement restreint puisqu'il ne désigne plus que l'endroit où un fleuve se jette dans la mer. Si cette embouchure est large, c'est un « estuaire » et si elle se termine par plusieurs bras, on parlera d'un « delta ». Les alluvions déposées par les fleuves à leurs embouchures donnent des fonds très favorables au mouillage, sous cette réserve que la vase oblige à remonter fréquemment l'ancre pour ne pas qu'elle s'enlise.

escale C'est un port ou un mouillage situé sur la route suivie par le navire et où l'on a prévu de séjourner quelque temps. Le mot « relâche » a une signification très voisine, mais avec l'idée d'arrêt imprévu. On fait escale pour visiter un lieu et éventuellement pour ravitailler ; on fait relâche dans un port pour réparer une avarie* ou pour attendre une amélioration du temps. Signalons que la marine a transmis les termes d'escale à l'aviation et de relâche au théâtre.

fjord C'est une ancienne vallée glaciaire envahie par la mer qui s'étend souvent très loin à l'intérieur des terres. La grande profondeur des fjords de Norvège permet aux yachts de toutes dimensions d'y naviguer et certains peuvent même accueillir des paquebots* de croisière. Les « calanques » de la Méditerranée ressemblent parfois à de petits fjords qui auraient été creusés par la mer et non par l'érosion glaciaire.

fond Ce mot a plusieurs significations.

– En construction navale, les fonds sont les parties de la carène comprises entre la quille* et les bouchains*.

– Le fond d'une voile* est la partie centrale qui s'arrondit sous l'effet du vent*. C'est aussi le bord inférieur de cette voile.

– En hydrographie*, le fond est la profondeur de la mer que l'on mesure avec une sonde*. On dit qu'il n'y a pas de fond lorsque la sonde ne peut l'atteindre. On perd le fond en allant au large ; on le retrouve en se rapprochant de la terre. La nature du fond détermine la qualité du mouillage. Un fond de « bonne tenue » est plat et suffisamment compact pour retenir les becs de l'ancre.

garde-rats Ce sont des disques en tôle que l'on enfile sur les amarres pour empêcher les rats de monter à bord. On ne les installe que sur les amarres des grands bâtiments et très exceptionnellement sur celles des yachts.

golfe Au XVIIIe siècle, ce mot s'écrivait parfois « golphe », mais l'ancienne orthographe n'est plus utilisée aujourd'hui. Le golfe est une avancée de la mer à l'intérieur des terres et dont l'ouverture vers le large est souvent très étendue. Ces échancrures du littoral attirent souvent la convoitise de certains États riverains désireux d'exercer leur souveraineté sur la totalité des mers intérieures. Le bras de mer qui sépare l'Arabie de l'Iran est ainsi revendiqué depuis longtemps par ces deux pays et pour ne pas relancer la polémique, on le nomme tantôt « golfe Persique », tantôt « golfe Arabique ». Un cartographe a eu un jour l'idée de simplifier les choses en créant le « golfe Arabo-Persique », terme qui a été rejeté par tous les États riverains. Aussi se contente-t-on désormais de le nommer « le Golfe » sans plus de précisions. Une « baie » est en principe plus petite qu'un golfe, mais certaines, comme la baie d'Hudson, font exception. L'« anse » et la « crique » sont de très petites baies dans lesquelles un navire peut s'abriter. Ne pas confondre avec la rade, sorte de grand bassin naturel fermé par un étroit goulet.

En 1945, **Charles Trenet** compose *La mer*, mais il retire rapidement cette chanson de son répertoire. Raoul Breton, son éditeur, a compris qu'il s'agissait d'un chef-d'œuvre et il saura convaincre l'artiste de la reprendre. Heureusement, car nous aimons tous fredonner :

« La mer,
« Qu'on voit danser le long des golfes clairs,
« A des reflets d'argent,
« La mer,
« Des reflets changeants,
« Sous la pluie. »

haut-fond C'est une élévation du fond de la mer affleurant la surface et qui « découvre », c'est-à-dire qui émerge, parfois à marée basse. L'usage veut que l'on emploie le terme haut-fond pour qualifier un plateau sous-marin dont la position est incertaine. Quand elle est reconnue, on parle plus volontiers d'un « banc » en donnant généralement sa composition, banc de sable, de roches, de corail… S'il s'agit d'un obstacle rocheux ou corallien peu étendu, on dit « récif » ou « écueil ». Signalons que « bas-fond » est synonyme de « haut-fond »,mais que ce terme est moins usité.

île On donne ce nom à une terre entièrement entourée d'eau. Les îles ont des origines géologiques très variées et quand leur surface est très réduite, ce sont des « îlots ». On appelait autrefois « archipel » les îles de la Méditerranée orientale, puis le sens de ce mot s'est élargi ; il désigne aujourd'hui un ensemble d'îles. Un « atoll » est une île corallienne en forme d'anneau qui possède un « lagon » intérieur ouvert sur la mer par plusieurs passes. En droit international, la possession d'une île est très intéressante car elle augmente sensiblement l'étendue des eaux territoriales* de l'État auquel elle appartient.

« Si vous voulez aller sur la mer, sans aucun risque de chavirer, alors, n'achetez pas un bateau : achetez une île. »
Marcel Pagnol

large Ce mot s'appliquait autrefois à la mer située derrière l'horizon et que l'on nomme aujourd'hui la « haute mer ». Le large a une signification légèrement différente puisqu'il s'agit de la zone maritime éloignée des dangers de la côte. C'est donc avec raison que les marins affectionnent l'expression « gagner l'abri du large » et lorsqu'ils passent « au large » d'une île, d'une pointe de terre ou d'un navire, cela signifie qu'ils passent à bonne distance. « Au large ! » est un commandement adressé à un autre bateau pour le faire s'éloigner. « Prendre le large » est une expression purement terrienne que les marins n'utilisent pas.

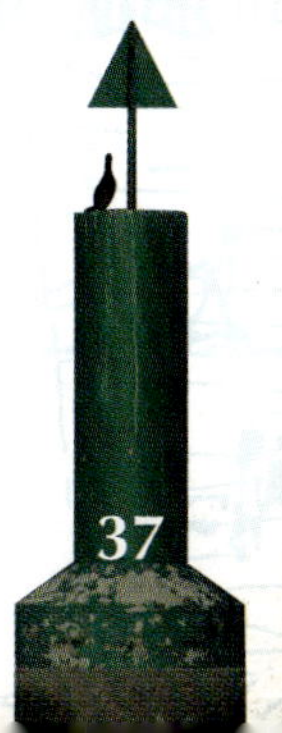

marina À partir des années 1950, le développement des loisirs et les techniques de fabrication en série ont entraîné une augmentation spectaculaire du nombre de yachts en service. Les espaces portuaires réservés aux plaisanciers se révélant bientôt insuffisants, des promoteurs avisés ont construit de gigantesques ports de plaisance qu'ils ont baptisés « marinas ». En plus des installations communes à tous les ports, on y trouve des boutiques, des restaurants et des immeubles résidentiels. La marina implique donc une idée de centre de loisir. C'est probablement la raison pour laquelle ce terme forgé par les promoteurs immobiliers a rapidement trouvé sa place dans le vocabulaire maritime.

mouillage Ce mot a deux significations différentes :
– ensemble de la chaîne et de l'ancre (à ne surtout pas confondre avec la « ligne de mouillage » qui correspond à la longueur de chaîne courant sur le pont*) ;
– endroit abrité de la houle et des coups* de vent où le bateau peut être retenu par son ancre.
On mouille aussi sur « coffre », sorte de bouée reliée par une chaîne à une grosse ancre. Dans tous les cas, il faudra tenir compte de l'« évitage », c'est-à-dire du cercle que le bateau va décrire autour de son ancre sous l'influence des vents et des courants de marée. Cet évitage aura pour rayon la longueur de la chaîne que l'on va « filer », soit au minimum trois fois la hauteur du fond. Pour diminuer le champ d'évitage, on mouille une seconde ancre en faisant faire aux deux chaînes un angle compris entre 60° et 120°. Quand l'ancre glisse sur le fond, on dit que le bateau « chasse sur son ancre ». On « empennelle » alors une petite ancre en l'amarrant à la plus grosse et en avant de celle-ci. Si l'on risque de heurter un obstacle ou un autre bateau en évitant, on s'« embosse » en mouillant une seconde ancre à l'arrière, ce qui a pour effet d'immobiliser le bateau dans une position déterminée. Signalons que le marin laisse au terrien le soin de « jeter l'ancre », mais que dans le langage administratif, il lui arrive parfois de « lever l'ancre » !

▼ On empennelle une ancre en mouillant devant elle une ancre plus petite dont le câble est frappé (fixé) sur l'ancre principale. Cette opération permet d'assurer une tenue trois fois supérieure à celle qu'aurait une seule ancre de même poids que les deux ancres empennellées.

port C'est un abri aménagé sur une côte ou à l'embouchure d'une rivière pour protéger les bâtiments qui y stationnent. On y trouve tout ce qu'il faut pour charger, décharger, entretenir et réparer les navires ; certains ports abritent même des chantiers de construction navale. Les ports sont constitués d'un ou de plusieurs bassins que divisent parfois des appontements reliés aux quais par des passerelles. Dans le langage de la plaisance, les espaces ainsi créés sont souvent appelés « darses », à tort car la darse est en réalité le bassin lui-même. Dans la « rade » ou dans le bassin ouvert qui constitue l'« avant-port », on installe parfois des « ducs-d'Albe » qui sont des pilotis servant à l'amarrage. Le « port d'attache » est le port d'immatriculation du bateau et le « port franc » est un endroit très apprécié des marins car les produits qu'on y achète sont détaxés !

presse maritime Comme toutes les autres activités de loisir, la plaisance a ses revues spécialisées. Celles qui ont les plus gros tirages s'inspirent généralement de ce qui se fait dans le domaine de l'automobile. On y trouve notamment les descriptions très détaillées des bateaux et des accessoires proposés par les divers fabricants ainsi que de nombreux articles concernant tous les aspects de la navigation. D'autres magazines, souvent luxueux, couvrent des domaines plus restreints comme les sports nautiques, le motonautisme*, la restauration des bateaux anciens, l'histoire maritime ou le modélisme naval. Certaines revues, enfin, publient uniquement des petites annonces.

SHOM Les acronymes que l'on prononce facilement tendent aujourd'hui à devenir des mots dont on connaît la signification générale sans pour autant savoir à quoi correspondent les initiales qui les composent. Ainsi, le SHOM (prononcer « chom ») est connu pour être le « Service hydrogra-

phique », mais beaucoup de plaisanciers ont oublié que le nom complet de cet organisme est Service hydrographique et océanographique de la marine. Il édite tous les documents nécessaires à la navigation, cartes marines*, annuaire des marées, livre des feux* et des radiosignaux, instructions nautiques, éphémérides nautiques, livre des courants... Bien entendu, ces documents sont régulièrement mis à jour et il est indispensable d'utiliser les versions les plus récentes.

shipchandler Ce mot anglais, qui n'a pas d'équivalent français, désigne un commerçant spécialisé dans la vente de fournitures pour les bateaux. À l'origine, le shipchandler ne proposait que du matériel d'accastillage*, mais il a étendu ses activités à d'autres produits : alimentation, combustible et huiles pour moteur*, vêtements de mer, articles de plage, librairie et même souvenirs pour touristes. De nombreux propriétaires de chantiers navals sont en même temps shipchandlers, ces deux activités étant très complémentaires.

▲ Cette photographie du vieux port de Marseille a probablement été prise dans les premières années du XXe siècle. À l'époque, le marin se procurait les articles de navigation dont il avait besoin chez divers commerçants spécialisés. Le shipchandler d'aujourd'hui propose des produits variés qui vont du matériel d'accastillage à la documentation maritime en passant par les articles de plage et même les souvenirs pour touristes.

·III·

La mer, les nuages et le vent

Le marin* entretient avec les éléments* des rapports particuliers. Il sait que la force d'attraction du Soleil et de la Lune crée les marées* et donc des courants* dont il lui faudra tenir compte. Il sait aussi que les échanges thermiques entre les eaux polaires et tropicales engendrent les courants océaniques qu'il utilisera pour se rendre rapidement d'un point à un autre. Il sait enfin que le vent* donnera à la mer son caractère, sa nature, son aspect, en la

rendant tour à tour calme, houleuse, grosse et belle de nouveau. Observer le ciel, les nuages et le vent pour prévoir l'état de la mer est donc essentiel. Encore faut-il pouvoir disposer des instruments de mesure indispensables, mais ces derniers n'ont été inventés qu'au XVIIe siècle. Comprendre les phénomènes atmosphériques exigera encore de nombreuses années et il faudra attendre le début des années 1860 pour que la météorologie* devienne une science à part entière. Son vocabulaire n'en est pas moins très riche, même si la plupart des termes utilisés sont ceux du langage courant. Le marin a conservé les noms scientifiques des nuages, mais il a inventé des mots particuliers pour définir la mer et le vent. Ces mots, qui pour la plupart nous semblent familiers, n'ont pas toujours la signification qu'ils ont dans le langage terrien. Il nous appartient donc de « baliser le danger » en séparant les faux amis des vrais pour partager ce profond sentiment de communion avec la mer qu'éprouve le marin.

PAGE PRÉCÉDENTE : **Gustave Courbet (1819-1877) : *La trombe* (1865). Les phénomènes atmosphériques sont souvent d'une saisissante beauté qu'apprécient le peintre et le photographe. Le marin est quant à lui beaucoup plus réservé !**

accalmie C'est une évolution favorable du temps* que le plaisancier* « attend » et que le pêcheur breton « espère ». Dans l'ancienne marine à voiles, les commandements « Nage à l'accalmie ! Vire à l'accalmie ! » invitaient les hommes à redoubler d'efforts aux avirons* ou aux barres de cabestan* pendant l'accalmie qu'on leur signalait. L'accalmie, en principe passagère, s'applique plus particulièrement au vent, alors que l'embellie, qui lui est presque synonyme, désigne l'ensemble des conditions de temps. Ne pas confondre avec l'« éclaircie » qui est une amélioration de la visibilité. Au mot accalmie sont souvent associés les verbes « beausir » et « calmir », surtout employés par les marins professionnels. La « bonace », calme qui précédait ou suivait la tempête*, était un mot très apprécié au XIXe siècle, mais qui a complètement disparu du vocabulaire maritime moderne.

aire de vent Lorsqu'il a perdu la terre de vue, le navigateur se trouve au centre d'un disque ayant l'horizon pour circonférence et dont tous les rayons étaient autrefois appelés « airs de vent ». Jusque vers le milieu du XIXe siècle, les marins parlaient d'*un* air de vent, l'emploi du masculin se justifiant par le fait que ce terme ne désignait pas une surface mais un rayon. Comme toutefois l'expression sonnait mal, de nombreux auteurs ont préféré la féminiser et l'usage a consacré cette habitude. L'aire de vent, qui a désormais remplacé l'air de vent, concerne toujours un rayon du cercle formé par l'horizon. Ces rayons correspondant à la direction d'où souffle le vent, il y a une infinité d'aires de vent, mais par commodité, trente-deux seulement portent des noms particuliers. Le cercle est divisé en quatre rayons principaux correspondant aux points cardinaux (nord, est, sud, ouest), puis en rayons intermédiaires. Aucune de ces aires ne se prononce comme elle s'écrit. Les marins disent : « nordé », « noroît », « suet », « suroît » pour nord-est, nord-ouest, sud-est, sud-ouest, termes qui s'écrivent en abrégé NE, NO (ou NW), SE et SO (ou SW). Les trente-deux aires de la rose des vents sont distantes les unes des autres d'une distance angulaire de 11° 15′, indifféremment appelée « quart », ou plus rarement « rumb » (parfois orthographié « rhumb ») ou « pointe ». On utilise les aires de vent pour évaluer la position d'un objet, en ajoutant s'il y a lieu plusieurs degrés supplémentaires. On dira par exemple qu'une île* est dans le nord-nord-est, trois degrés est. Les vents régnants prennent eux aussi les noms des aires auxquelles ils correspondent, mais on se contente de rapporter leurs directions aux seize rayons principaux. On distingue enfin l'« aire de vent corrigée », calculée d'après le nord géographique, de l'« aire de vent du compas* », indiquée par l'aiguille magnétique.

▲ **Extrait d'une carte ancienne, ce dessin montre les rayons correspondant aux trente-deux aires de la rose des vents. L'artiste n'a pas résisté au plaisir d'ajouter une certaine dimension esthétique à son œuvre.**

alizé En vieux français, la racine *alis* implique une notion de régularité que l'on retrouve dans le terme alizé, nom donné à un courant d'air qui balaie l'océan Atlantique dans le sens des aiguilles d'une montre. Les alizés soufflent habituellement de l'est au sud-sud-est au sud de l'équateur et de l'est au nord-nord-est dans l'hémisphère Nord. Leurs limites méridionales et septentrionales sont voisines des tropiques avec au centre, des calmes fréquents que l'on nomme « calmes de la Ligne » ou plus souvent « pot au noir* ». Les Portugais ont été les premiers à aller chercher l'alizé loin dans l'ouest pour descendre et remonter la côte ouest du continent africain. Cette manœuvre, qu'ils appelaient *volta do mar largo,* littéralement « volte du large » ou « détour par le large », leur imposait une route* beaucoup plus longue, mais nettement plus rapide puisqu'ils naviguaient continuellement aux allures* portantes, sous des vents généralement modérés. On donne parfois le nom de « vents généraux » aux alizés du sud de l'équateur, probablement parce que ces vents soufflent non seulement dans l'Atlantique, mais également dans toutes les mers situées entre l'équateur et le tropique du Capricorne. La traduction anglaise du mot alizé est *trade winds* (littéralement « vents du commerce »), formule qui rappelle l'époque où le commerce maritime était presque entièrement tributaire de ces vents réguliers.

▲ **L'aurore polaire est sans doute le plus magnifique spectacle qu'il soit donné d'admirer. Les causes de ce phénomène atmosphérique sont restées longtemps inexpliquées.**

aurore polaire C'est un phénomène lumineux qui se manifeste dans les régions proches des pôles. Le ciel se voile d'une sorte de brouillard aux couleurs diaprées, avec des bandes lumineuses, souvent verticales, qui font penser à des draperies. Les aurores polaires sont très difficiles à observer le jour, ce qui a longtemps fait croire qu'elles se produisaient uniquement pendant la nuit hivernale. On a également longtemps cru qu'elles étaient dues à des causes électriques que l'on ne parvenait d'ailleurs pas à expliquer. Cette théorie n'était pas entièrement fausse puisque les aurores polaires se manifestent lorsque les particules électrisées issues du Soleil pénètrent dans la haute atmosphère. Les champs magnétiques ainsi créés perturbent gravement les transmissions radioélectriques ; ils ont également une influence sur les compas, ce qui peut provoquer de graves erreurs de navigation*. On donne le nom d'« aurore boréale » à l'aurore du pôle Nord et celui d'« aurore australe » à celle du pôle Sud. Leurs caractéristiques sont exactement les mêmes.

avis aux navigateurs On donne ce nom aux bulletins diffusés périodiquement par le SHOM* pour la mise à jour des cartes marines* et des documents de bord*. Ces avis concernent toutes les régions du monde. Ils renseignent les marins sur les modifications temporaires ou permanentes des phares*, bouées* et balises ainsi que sur l'apparition de tout nouvel obstacle (épave* par exemple) constituant un danger pour la navigation.

▲ Baromètre par Thomas Chippendal et Justin Vulliamy (vers 1750). Le coffrage plaqué en acajou veiné est tout à fait dans le style de l'époque. On a regroupé les principaux instruments de mesure de l'atmosphère en ajoutant un hygromètre (en haut) et un thermomètre à alcool (en bas).

baromètre

Cet instrument destiné à mesurer la pression atmosphérique a été inventé en 1643 par le physicien italien Evangelista Torricelli. Il est formé d'un tube de verre fermé dans sa partie supérieure et dont la base coudée se termine par une cuvette. Lorsque le tube est rempli de mercure, celui-ci descend sous son propre poids et se stabilise à une hauteur correspondant à la pression exercée par l'air sur la surface de la cuve. En observant le niveau du mercure à l'intérieur du tube, on peut connaître les variations de la pression atmosphérique et donc prévoir les changements de temps. Très sensible aux mouvements du navire, le baromètre à mercure est, en outre, particulièrement fragile. C'est pourquoi, vers le milieu du XIXe siècle, il a été remplacé par le baromètre anéroïde, appareil formé d'une capsule fermée par un mince couvercle en métal élastique. Lorsqu'on fait le vide à l'intérieur de cette capsule, le couvercle se déforme sous la pression extérieure. Sa concavité augmentant et diminuant avec la pression atmosphérique, on peut, en observant les déformations du couvercle, connaître les variations de cette pression. Dans la pratique, la capsule anéroïde est reliée à une aiguille permettant une lecture directe. En installant une pointe à tracer à l'extrémité de l'aiguille et en la faisant courir sur un rouleau de papier animé par un mouvement d'horlogerie, on obtient un « baromètre enregistreur ». Les valeurs obtenues s'expriment en hectopascals, unités de pression qui ont remplacé les anciens millibars (1 hectopascal = 1 millibar).

brume

On entend souvent dire que la brume est marine et que le brouillard est terrien. Cette habitude remonte au XIXe siècle, le mot brouillard ayant été auparavant largement utilisé dans la marine. Il s'appliquait à une concentration de fines gouttelettes d'eau qui, en formant un nuage, réduisaient fortement la visibilité. Le mot brume était alors employé pour caractériser un brouillard particulièrement dense, la « brumaille » et la « brumasse » désignant familièrement des brumes moins épaisses. Aujourd'hui, le mot brume s'emploie dans un sens plus général puisqu'il recouvre toute diminution, faible ou forte, de la visibilité. La brumasse est toujours une légère brume et la brumaille, devenue synonyme de « bruine » et de « crachin », implique une idée de pluie* fine. L'Administration ne connaît pour sa part que la « visibilité réduite » et le « brouillard » qui limite cette visibilité à moins de 1 km. Dans le langage courant, les marins continuent à préférer le mot brume, le brouillard revenant toutefois dans l'expression « brouillard à couper au couteau ». La « corne de brume » est un instrument à vent qui fait partie du matériel de sécurité obligatoire sur les yachts* de la 1re à la 5e catégorie* de navigation.

bulletins de météorologie marine

Connaître la situation météorologique est d'une importance capitale pour le navigateur qui s'apprête à prendre la mer. Avant son départ, il aura donc soin de vérifier qu'aucun « avis de coup* de vent » n'a été affiché à la capitainerie* ou au bureau des Affaires maritimes*. Il prendra ensuite connaissance des prévisions à cinq jours en interrogeant le Minitel, le site internet ou le répondeur téléphonique de Météo France. Ces informations sont données zone par zone (voir carte). Elles sont reprises par les quotidiens régionaux et les radios locales. En mer, on pourra connaître l'évolution de la situation en écoutant les bulletins diffusés par radio VHF (*very high frequency*).

calme

C'est une absence totale ou presque totale de vent, qui ne signifie pas pour autant que la mer est lisse comme un miroir. Après une période de gros temps, elle est souvent au contraire très houleuse et le bateau est alors soumis à de fortes oscillations qui « fatiguent* » son gréement*. Lorsqu'il n'y a pas du tout de vent, c'est le calme absolu que les marins appellent « calme plat ». Les « calmes du Cancer » et du « Capricorne » se situent entre les parallèles* 10° nord et 5° sud. Ils sont également appelés « pot au noir », car les orages* y sont fréquents. Les Anglais les appellent *horse latitudes* (latitudes* du cheval), en souvenir de l'époque où les grands voiliers « encalminés », c'est-à-dire immobilisés par le manque de vent, étaient obligés de jeter à la mer les chevaux qu'ils transportaient par suite de l'épuisement de l'eau et du fourrage.

« Je me suis toujours méfié de trois choses : la météo, la Bourse, les sondages. En gros, elles fonctionnent très bien. Dans le détail, c'est plus risqué. »
Jean d'Ormesson.
Extrait d'une interview dans *Libération* - 23 décembre 2000.

coup (de) Dans le langage maritime, ce mot implique une action forte, brève et isolée. Le « coup d'aviron » correspond à l'effort exercé sur celui-ci pendant qu'il est dans l'eau. Donner un « coup de barre », c'est agir trop vivement sur la barre* du gouvernail*, aussi parle-t-on parfois d'un « faux coup de barre ». Si la quille* touche le fond* sans que le navire s'échoue, il s'agit d'un « coup de talon ». Donner un « coup » à une manœuvre*, c'est la raidir en exerçant sur elle un effort saccadé. Par mauvais temps, on peut recevoir un « coup de mer », lame* qui se brise sur la coque* ou sur le pont*, et si la mer est très forte, on subira des « coups de roulis » ou de tangage qui sont des oscillations plus violentes que les autres. Le « coup de vent » est une tempête qui heureusement ne dure guère ; familièrement, les marins parlent de « coups de chien », de « coups de tabac » et de « coups de torchon », expressions qui s'appliquent à des bourrasques très brèves, mais très dures.

courants Ce sont des mouvements de translation de l'eau dans une direction déterminée. Les courants des rivières et des fleuves sont provoqués par la pente de leur lit. En mer, il existe des « courants de marée » ou « courants alternatifs » qui changent de direction à chaque renversement du flot. Il y a aussi des « courants généraux » constants en direction et en force. La direction d'un courant est celle où il « porte ». On peut donc avoir le « courant portant » (avec soi), le « courant traversier » (en travers) ou le « courant contraire » (contre soi). Si, dans ce dernier cas, la progression du bateau par rapport au fond est nulle, on « étale* » le courant, mais mieux vaut alors mouiller* en attendant la « renverse », c'est-à-dire le moment où le courant portera dans la direction opposée. « Ramer à contre-courant » est une expression terrienne, probablement issue de la navigation fluviale.

courants océaniques Ces courants généraux sont engendrés par les différences thermiques entre les eaux polaires et tropicales ainsi que par l'action des vents sur la couche superficielle de la mer. Plusieurs autres facteurs interviennent (eaux des fleuves, évaporation, échanges thermiques entre les couches d'eau, pollution*, etc.) mais leurs effets sont secondaires. L'action des vents est en revanche déterminante et les grands courants généraux suivent d'ailleurs à peu près le parcours des vents dominants. Les principaux courants océaniques sont pour l'Atlantique Nord : le Gulf Stream et le courant de Floride, pour l'Atlantique Sud : les courants du Brésil et des Falkland, pour l'océan Indien : les courants des Aiguilles et du Mozambique, pour le Pacifique Nord : le Kuroshio, pour le Pacifique Sud : El Niño. Les hydrographes s'intéressent depuis longtemps aux courants qui, en plus de leur importance pour la navigation, ont une très grande influence sur le climat des régions littorales.

cyclones Ce sont des systèmes dépressionnaires mobiles à la périphérie desquels soufflent des vents très violents. Lorsque l'on se trouve sur la trajectoire d'un cyclone, on observe :
– une chute brutale du baromètre* ;
– des vents très forts, généralement accompagnés d'une mer particulièrement houleuse ;
– une période de calme relatif au cours de laquelle le vent faiblit, mais la mer reste grosse.
Cette accalmie* indique que l'on se trouve dans l'« œil du cyclone », c'est-à-dire en son centre ;
– à nouveau des vents très forts, mais qui soufflent dans la direction opposée ;
– une remontée du baromètre indiquant que le cyclone s'éloigne.

« Qui trop écoute la météo, passe sa vie au bistrot. »
PROVERBE BRETON.

Les cyclones tropicaux se forment sur les océans. Aux Antilles, on les appelle « ouragans », mot dérivé du caraïbe hurricane. Dans l'océan Indien et le Pacifique Sud, ce sont des « willy-willies » et

ZODIAC

◄ Sur ce yacht naviguant dans les parages du Lavandou, les **embruns** arrosent copieusement l'équipage et l'objectif de la caméra !

dans le Pacifique Nord, on les nomme « typhons ». Les cyclones tropicaux sont souvent très dévastateurs lorsqu'ils atteignent les côtes. C'est pourquoi les météorologues suivent attentivement leurs trajectoires en s'efforçant de prévoir le moment où ils atteindront les zones à forte densité de population. Dans les années 1970, l'habitude de donner des prénoms féminins aux cyclones les plus dangereux a été sévèrement critiquée par les mouvements féministes. Aussi les météorologues alternent-ils désormais les prénoms masculins et féminins.

▼ ***Ouragan furieux sur le grand banc de Terre-Neuve.* Litographie d'après François Aimé Dumoulin (1785)**

éléments Ce mot est entré récemment dans le vocabulaire maritime où il est employé, toujours au pluriel, pour désigner à la fois la mer, le vent, la température, la pression barométrique et l'humidité. Les auteurs maritimes en font un large usage, car ce mot sonne mieux que le « temps » dont il est synonyme.

► **PAGE SUIVANTE : Marins en train de ferler les voiles. Lorsque le vent fraîchit, il est parfois nécessaire de diminuer la surface de la voilure. Cette manœuvre doit impérativement être effectuée avant que le vent n'exerce une pression trop forte. D'où la nécessité pour le capitaine, de prévoir le temps qu'il fera dans les prochaines heures.**

embrun C'est une aspersion provoquée par le vent sur la crête des lames ou par leur choc entre elles, contre le bateau ou contre tout autre obstacle. Les embruns se forment lorsque la mer est « moutonneuse » et que le bateau « pique dans la plume ». Si une lame se brise sur le pont, c'est un « paquet de mer » et si ce paquet de mer est très gros, les marins diront qu'ils ont « embarqué une baleine ». Ces expressions très imagées ne doivent pas faire oublier que 1 m^3 d'eau pèse 1 t (et même un peu plus puisqu'il s'agit d'eau de mer). Les lames, en déferlant sur le pont, peuvent donc provoquer d'importants dégâts.

fraîchir Dans le langage maritime, se « lever », s'« établir », « fraîchir » et « forcir » sont les quatre termes utilisés pour marquer la progression de la force du vent, avec en sens inverse « mollir » puis « tomber ». Le verbe fraîchir n'implique donc pas un abaissement de la température mais un renfor-

▼ **Claude Monet (1840-1926) : *La jetée du Havre par mauvais temps* (vers 1868). Les lames produites par la houle se brisent contre la jetée du port, arrosant copieusement les promeneurs. Le temps reste toutefois clément, même si la mer peut sembler agitée. On remarque que le vent permet aux deux voiliers représentés sur ce tableau, d'entrer dans le port à l'allure du grand largue.**

cement de l'intensité du vent. Quand celui-ci effectue de brusques changements de direction, on dit qu'il « saute », mais il « tourne » s'il se stabilise sur un nouvel axe. Les anciens termes « jouer » et se « haler » sont aujourd'hui tombés en désuétude.

grain C'est une augmentation passagère et brutale de la force et éventuellement de la direction du vent. Le grain est très souvent accompagné de pluie ; quand il est signalé par un gros nuage noir, c'est un « grain noir ». Dans d'autres cas, le grain n'est annoncé que par un petit nuage blanc, généralement assez difficile à distinguer. On parle alors d'un « grain blanc », que l'on confond souvent avec le « grain sec », beaucoup plus dangereux car rien dans l'aspect du ciel ne peut permettre de le prévoir. La météo marine donne du grain la définition suivante : « Précipitations violentes, parfois orageuses, fortes rafales de vent dépassant le vent moyen d'au moins 15 nœuds. » Lorsque le grain semble fini, on constate souvent une nouvelle augmentation de la force du vent que l'on appelle « queue de grain ». Quand un grain est très violent, on dit qu'il « charge le navire » ou qu'il est

« pesant » et lorsque l'on réduit la voilure, on « salue le grain ». « Veiller au grain » est une expression passée dans le langage courant et qui signifie se méfier.

houle C'est un mouvement ondulatoire de la surface de la mer engendré par une agitation lointaine, vent ou, beaucoup plus rarement, secousse tellurique. La houle, qui n'est jamais provoquée par le vent local, se caractérise par sa longueur, mesurée de crête en crête, et par sa hauteur. Elle est longue quand les crêtes sont espacées de plus de 200 m. Si elles le sont de 100 à 200 m, il s'agit d'une houle moyenne et au-dessous, d'une houle courte. La houle peut également être grande (plus de 4 m), modérée (2 à 4 m) ou petite (moins de 2 m). Sauf pour un navire très long dont les extrémités portent sur deux lames, la houle n'est pas dangereuse en elle-même car elle ne déferle pas, sauf lorsqu'elle rencontre un haut-fond*. Lorsque deux systèmes houleux se rencontrent, la houle est dite « confuse » ou « hachée » et s'il s'agit d'une petite houle, c'est du « clapot », le « clapotis » étant encore plus petit. Le « ressac » correspond au retour des lames qui ont frappé un obstacle.

« La houle est proprement le creux, la vallée large et quelquefois profonde qui existe entre les crêtes de deux lames que le calme n'a pas encore aplanies. »
Augustin Jal.
Glossaire nautique (1848).

lame Les marins n'emploient plus le mot « vague », qu'ils ont abandonné aux gens de lettres et à l'Administration. Ils lui préfèrent son synonyme, la lame, que l'on peut définir comme une élévation momentanée de l'eau. Une lame a toujours un point bas, le « creux », et un point haut, la « crête ». Elle possède également une « cambrure », qui est le rapport entre sa longueur et sa hauteur. Si ce rapport dépasse 1/13, la crête n'étant plus soutenue « déferle » ou « brise » avec plus ou moins de violence selon la force du vent. Contrairement à la houle, la lame produit toujours de l'écume, familièrement appelée « plume » ou « moutons », ces deux termes désignant l'ensemble des crêtes qui déferlent. On dit que la lame est longue ou courte selon sa hauteur ou, pour employer un terme plus marin, son creux. Lorsqu'une lame semble s'élever sur elle-même, c'est une « lame de fond » et si elle se forme sans bruit, c'est une « lame sourde ». La direction des lames s'estime par rapport à une aire de vent* ou plus souvent par rapport au bateau. On aura donc la lame debout, de l'arrière*, du travers ou de la hanche. « Défier » la lame, c'est veiller à la lame qui vient ; « rencontrer » une lame, c'est neutraliser son effet par un mouvement de la barre. À l'intérieur d'une lame, les molécules d'eau sont animées d'un mouvement circulaire vertical qui fait accélérer la crête et freiner le creux. On constate également que ce n'est pas l'eau qui se déplace mais les ondes qui se propagent perpendiculairement au vent qui les a créées. Signalons que le bateau en se déplaçant provoque une « lame d'étrave » et une « lame de sillage ».

marée C'est une variation périodique du niveau des eaux provoquée par l'attraction de la Lune et dans une moindre mesure du Soleil. Les marins nomment « flot » la marée montante et « jusant » son mouvement descendant. À la fin du flot, la mer est « haute » ou « pleine ». Elle reste 7 ou 8 min en cet état que l'on appelle la « pleine mer » ou « étale de flot ». Elle se « retire » ensuite et la fin du jusant est appelé « basse mer » ou « étale de basse mer ». La durée moyenne d'un cycle est de 12 h 25 min sur nos côtes et la différence de hauteur de l'eau entre la marée haute et la marée basse est appelée « amplitude » ou plus rarement « marnage ». Dans les périodes où les forces attractives de la Lune et du Soleil se conjuguent, l'amplitude est maximale. On parle alors de « grandes marées », les expressions synonymes « vives-eaux », « reverdies », « malines » et « marées de syzygies » étant beaucoup moins souvent utilisées. Inversement, quand la Lune et le Soleil sont en « quadrature », c'est-à-dire en angle droit par rapport à la Terre, leurs deux influences se combattent et les marées ont moins d'amplitude. On les nomme « mortes-eaux », « petites marées » et plus rarement « eaux bâtardes » ou « marées de quadrature ». Pour exprimer l'importance des marées, on utilise un coefficient variant de 20 (petite marée) à 120 (grande marée). Le SHOM publie des annuaires des marées qu'il est bien sûr indispensable d'avoir à bord.

mascaret Dans les estuaires, le courant créé par le flot s'oppose à celui du fleuve, provoquant une ou plusieurs lames qui remontent rapidement vers l'amont. On donne à ce phénomène le nom de mascaret, d'un ancien mot gascon désignant « le bœuf tacheté qui bondit ». Le mascaret peut s'avérer dangereux pour les navires de faible tonnage, ce qui est généralement le cas des bateaux de plaisance. Aussi figure-t-il dans l'annuaire des marées. Les plus célèbres mascarets sont ceux du Gange et de l'Amazone. Celui de la Seine est également connu pour être dangereux, particulièrement en période de grandes marées. Signalons que la lame qui suit le mascaret est l'« ételle », anciennement appelée « éteule » (terme tombé en désuétude).

« Les vents agitent l'air d'heureux frémissements,
« Et la mer leur répond par ses mugissements. »
Racine. Iphigénie.

mer Dans le langage courant, la mer désigne une étendue d'eau presque fermée ou une portion bien définie d'un océan. Les marins lui donnent de nombreux autres sens en l'employant comme synonyme de large* (haute mer), de marée (pleine mer, basse mer) et de lame*. Dans ce dernier contexte, on dit que la mer « lève », « creuse », « grossit », se « fait », « mollit » et « tombe ». Les mers « déchaînées » appartiennent au terrien et les mers « démontées » à l'humoriste ! Plus pragmatique, le marin s'intéresse de près à l'« état de la mer », au point d'avoir adopté un barème officiel appelé « échelle de Douglas ».

Niveau	Terme descriptif	Terme anglais	Creux (hauteur des lames)
0	calme, sans rides	*glassy*	pas de lames
1	calme, ridée	*rippled*	inférieur à 0,10 m
2	belle	*smooth*	0,10 à 0,50 m
3	peu agitée	*slight*	0,50 à 1,25 m
4	agitée	*moderate*	1,25 à 2,50 m
5	forte	*rough*	2,50 à 4 m
6	très forte	*very rough*	4 à 6 m
7	grosse	*high*	6 à 9 m
8	très grosse	*very high*	9 à 14 m
9	énorme	*phenomenal*	supérieur à 14 m

météorologie Cette science a dû attendre pour mériter son nom la découverte de trois instruments de mesure essentiels : le thermomètre de Galileo (1607), le baromètre de Torricelli (1643) et l'anémomètre de Hook (1664). Jusqu'au milieu du XIXe siècle, la météorologie est restée toutefois incapable de fournir des prévisions fiables, même à très brève échéance. Elle n'a pas su, en particulier, prévoir la violente tempête du 14 novembre 1854 qui a provoqué la perte de trente-huit navires de transport chargés du ravitaillement des troupes franco-britanniques en Crimée. À la suite de ce désastre, Urbain Le Verrier, directeur de l'Observatoire de Paris, a découvert que la tempête s'était formée trois jours plus tôt au nord-ouest de l'Europe et qu'elle s'était ensuite déplacée vers Sébastopol. Il a recommandé de créer des stations d'observation, suggestion immédiatement adoptée par la France puis par plusieurs autres pays.

En 1865, le réseau européen comptait cinquante-neuf stations, pour la plupart reliées par télégraphe. Les mesures effectuées montraient que les changements de temps étaient liés aux variations du baromètre et en reportant les lignes « isobares » (d'égales pressions) sur la carte, Le Verrier a découvert que le vent soufflait parallèlement à celles-ci. Il en a déduit que le déplacement des nuages découlait de ces lignes isobares. C'était le début de la prévision météorologique, une prévision encore bien imparfaite car elle ne tenait compte ni du relief, ni des vents soufflant en altitude. Ces paramètres ont été progressivement pris en compte grâce à l'installation de stations sur des montagnes et à partir de 1900, on a commencé à utiliser des ballons-sondes. Quelques années plus tard, l'essor prodigieux de l'aviation a entraîné avec lui celui de la météorologie.

Le 1er avril 1960, le lancement du satellite Tiros I a marqué l'entrée de la météo dans l'ère spatiale. Il est devenu dès lors possible de savoir le temps qu'il fait dans les régions les plus désertes de la planète. À cette même époque, les progrès de l'informatique ont entraîné le développement de la prévision numérique qui reste la seule méthode utilisée de nos jours. Le navigateur peut ainsi connaître la situation générale avec la position des anticyclones et des dépressions. Il est informé des conditions de vent et de l'état de la mer à l'intérieur de la zone dans laquelle il se trouve. Il bénéficie également de prévisions locales très précises pour les 48 h à venir ainsi que de la tendance, c'est-à-dire de l'évolution probable du temps à une semaine d'échéance. Si, enfin, le navire dispose d'un équipement adéquat, il est possible de recevoir par météofax, Navtex ou Internet des cartes météorologiques et des photographies par satellite. À partir de ces informations, le navigateur choisira la route qui, en l'éloignant des zones de mauvais temps, lui permettra de rejoindre sa destination dans les meilleures conditions.

▲ **Photo de la Terre prise par un satellite météorologique géostationnaire Météosat. Vue de l'espace, la « planète bleue » offre un spectacle magnifique, mais même s'ils sont sensibles à la beauté des photographies de ce type, les météorologues sont surtout intéressés par les formations nuageuses dont ils observent la progression.**

mousson Système de vents périodiques qui soufflent du sud-ouest pendant six mois et du nord-est pendant les six autres mois au nord de l'océan Indien et en mer de Chine. La mousson du sud-ouest, ou « mousson d'été », amène des pluies et de fortes chaleurs ; elle souffle environ du 15 avril au 15 octobre. La mousson du nord-est, ou « mousson d'hiver », souffle du 15 octobre au 15 avril. On la nomme également « mousson sèche » car elle amène un temps sec et agréable.
Le changement ou renversement d'une mousson à l'autre est marqué par une période de mauvais temps parfois accompagné de cyclones*.

nuages Sur la mer, les noms des nuages sont ceux du vocabulaire météorologique courant. Ils sont classés en trois niveaux d'altitude, comprenant :
– au niveau inférieur (0 à 1 500 m), des stratus et des strato-cumulus ;
– au niveau moyen (3 500 m), des altocumulus et des altostratus ;
– au niveau supérieur (6 000 à 8 000 m), des cirrus, des cirrocumulus et des cirrostratus.

Quelques nuages ont fait de brèves incursions dans le langage maritime, mais aucun n'est parvenu à s'imposer durablement. Le « dragon » ou « haut-pendu » et le « diablotin », petits nuages isolés qui apportaient un peu de pluie, ont disparu vers la fin du XIXe siècle. La « terre de beurre », nuage lointain que l'on pouvait confondre avec la terre, est tombée en désuétude à peu près à la même époque.

orage C'est une perturbation atmosphérique associée à un cumulo-nimbus qui s'accompagne d'éclairs, de tonnerre, de rafales et d'averses de pluie ou parfois même de grêle. Très localisé, l'orage est toujours difficile à prévoir en mer, comme le montre cet ancien dicton : « Qui veut mentir n'a qu'à prêcher le temps ; par orage encore plus souvent. » Quand le temps est orageux, des décharges

Dans le fond du ciel : *Voile gris : Alto Stratus* *Voile blanc : Cirro Stratus* *Cirro Cumulus* *Cirrus*

A l'horizon *Stratus* *Rudiments de Trombe* *Cumulus nimbus* *Giboulée* *Cumulus* *Alto Cumulus* *Ciel pommele* *Cirro Cumulus* *Cirrus*

Marche des nuages de l'Ouest à l'Est

Aspect d'un ciel orageux — Aspect du ciel précédant l'orage

Cumulus

Ciel de beau temps

Cumulus nimbus

Ciel precedant l'orage

Alto Cumulus *Alto Stratus* A l'horizon : *Stratus*

Ciel precédant la pluie et le vent

Vue vers l'Ouest au coucher du Soleil
Beau temps pour le lendemain

Vue vers l'Ouest au coucher du Soleil
Vent et mauvais temps pour le lendemain

Vue vers l'Est au lever du Soleil
Mauvais temps pour la journée

Vue vers l'Est au lever du Soleil
Beau temps pour la journée (rosée)

électriques jaillissent parfois sous forme de petites flammes à l'extrémité des mâts* et des vergues*. Ce phénomène spectaculaire, mais sans danger, est appelé « feu Saint-Elme », ce qui pose un délicat problème étymologique car aucun saint n'a jamais porté le nom d'Elme. Émile Littré pense qu'Elme serait une déformation d'Érasme, le saint protecteur des marins, mais il ne s'agit que d'une hypothèse et le débat reste donc ouvert.

◄ **Page précédente : Prévisions météorologiques. Nuages.**

pluie Ce mot conserve le sens qu'il possède dans le langage courant et les marins n'ont pas encore inventé de termes particuliers pour désigner l'averse de pluie ou de neige. Ils affectionnent en revanche le mot « brumaille » qu'ils appliquent à une pluie fine réduisant la visibilité. La « bruine » a sensiblement la même signification, mais avec une idée de froid que n'a pas nécessairement le « crachin », mot d'origine bretonne passé dans le langage courant.

pot au noir Certains auteurs ont prétendu que cette zone des calmes équatoriaux tirait son nom de l'habitude prise par les négriers* de jeter une partie de leur chargement humain à la mer pour économiser les vivres* et l'eau douce. Le pot au noir aurait donc été, en beaucoup plus horrible, le pendant de la latitude du cheval britannique, explication qui semble à première vue plausible. Notons toutefois que si des capitaines négriers se sont parfois livrés à ce genre de pratiques, il s'agissait toujours de cas exceptionnels, les captifs représentant une valeur marchande qu'il eût été absurde de sacrifier sans raison. En réalité, le pot au noir, qui ne s'est jamais écrit « pot aux Noirs », tire son nom du ciel habituellement orageux, et donc sombre, qui règne sur cette région.

quarantièmes rugissants Cette expression est apparue à la fin du XIXe siècle dans le langage de la marine marchande britannique sous le nom de *roaring forties* ; elle désigne les vents violents qui règnent au sud du 40e parallèle, sur la route habituelle des clippers* de Chine et d'Australie. Les « cinquantièmes hurlants », vents encore plus violents régnant au sud du 50e parallèle, ont ensuite enrichi le vocabulaire maritime.

refuser Le vent refuse lorsque sa direction devient contraire à la route que l'on veut suivre. Inversement, il « adonne » lorsqu'il devient favorable. Dans un autre contexte, le verbe adonner est synonyme d'allonger, terme qui s'applique surtout aux cordages*. Anciennement, on disait d'un navire qu'il refusait lorsqu'il manquait à virer*, mais cette expression n'est plus guère employée de nos jours.

revolin C'est la déviation ou le tournoiement du vent lorsqu'il rencontre un obstacle. Ne pas confondre avec la saute de vent qui est un brusque changement de direction du vent sans cause définie.

tempête Ce mot désigne une violente perturbation accompagnée de pluie et de fortes rafales de vent. Contrairement au coup* de vent et au grain* qui sont des phénomènes passagers, la tempête peut durer plusieurs jours. Le très vieux terme « tourmente » marque le paroxysme de la tempête qui reste toutefois moins forte que le cyclone.

temps Le temps a, comme on s'en doute, une importance très grande pour le navigateur, au point que l'essentiel de sa conversation porte sur le temps qu'il a fait, le temps qu'il fait et le temps qu'il fera. Un très beau temps, c'est un « temps de demoiselle » ou un « temps de curé » que le plaisancier est le seul à appeler « petit temps ». Cette situation est assez exceptionnelle, mais le marin se satisfera toutefois d'un « temps maniable », même si celui-ci l'oblige à réduire la voilure. Le « gros temps » est une autre affaire, car il apporte avec lui son lot de souffrances et de difficultés, d'où les expressions imagées « temps de chien » ou « temps à dégommer les cirés ». Devant la force des éléments, le marin sait qu'il est bien peu de chose. C'est pourquoi lorsqu'il annonce le jour et l'heure de son arrivée au port*, il prend généralement soin d'ajouter : « temps permettant », c'est-à-dire « si le temps le permet ».

▲ **Paul Signac (1863-1935) : *Brise, Concarneau* (1891). La mer légèrement ridée montre que le vent est assez modéré, entre petite et jolie brise. Aucun voilier n'a d'ailleurs éprouvé le besoin de réduire la toile, même si par précaution, les deux hommes dans le canot (au premier plan à gauche) ont capelé leurs cirés.**

tornade Il s'agit d'un cyclone très violent à petit rayon (guère plus de 1 km). La « trombe » est encore plus petite, mais son mouvement de rotation extrêmement rapide fait qu'elle aspire tout sur son passage. Tornades et trombes sont des phénomènes atmosphériques particulièrement dangereux, surtout pour les navires de faible tonnage. On les rencontre principalement sur les côtes occidentales d'Afrique et en Amérique du Nord où ils provoquent régulièrement d'importants dégâts à l'intérieur des terres.

tsunami À l'origine, ce mot s'appliquait à un « raz-de-marée » particulier aux côtes du Japon, mais on l'emploie aujourd'hui pour désigner tout raz-de-marée un tant soit peu violent. Il s'agit d'une surélévation brutale et soudaine du niveau de la mer provoquée par une secousse tellurique. Contrairement à ce que son nom semble indiquer, le raz-de-marée n'a strictement rien à voir avec la marée et le mot tsunami paraît donc mieux indiqué pour définir ce phénomène.

vent (direction)

Le vent se désigne par le point d'où il souffle et que l'on nomme le « lit du vent ». S'il faut en croire un ancien proverbe : « Il y a sept vents sous les ordres du capitaine Nord. » En réalité, il y en a beaucoup plus, mais seuls quelques-uns reçoivent des noms particuliers et sur le littoral atlantique, on les désigne habituellement par l'aire de vent de laquelle ils soufflent en contractant les noms. Ainsi, le nord-est est devenu le « nordé », le sud-est est le « suet », le sud-ouest le « suroît » et le nord-ouest le « noroît ». Le « sû », vent du sud, a engendré le « susuète » (vent du sud-sud-est) et le « susuroît » (vent du sud-sud-ouest). Toutes ces appellations s'écrivent indifféremment avec une minuscule ou une majuscule, ce qui était aussi le cas de la « galerne » qui, au XVIIe siècle, était un vent de nord-ouest. À la même époque, les vents d'« amont » étaient du nord-est et de l'est et ceux du sud-ouest étaient des vents d'« aval ». De toutes ces dénominations, seules subsistent aujourd'hui celles qui correspondent aux aires de vent et il faut quitter le littoral atlantique pour retrouver des vents personnalisés. Encore s'agit-il toujours de vents locaux, dont les noms sont souvent d'origine terrienne. Sur mer, les « vents dominants » sont ceux qui soufflent le plus fréquemment en un lieu et à une saison déterminés, alors que les « vents régnants » ne s'établissent que pour une durée limitée. Un navire A est « au vent » d'un navire B lorsqu'il est le plus proche du lit du vent, sinon il est « sous le vent » et pour éviter toute confusion, les marins, parlant de l'autre bâtiment, diront qu'il est au vent ou sous le vent « à nous ». De la même manière, on est au vent d'une côte lorsque le vent souffle du large et sous le vent de celle-ci lorsqu'il souffle de la terre. Ajoutons que le bateau lui-même a un bord au vent et un bord sous le vent.

« Les vents viennent immédiatement d'un défaut d'équilibre dans l'air, c'est-à-dire de ce que certaines parties se trouvant avoir plus de force que les parties voisines, s'étendent du côté où elles trouvent moins de résistance. Mais quelle est la cause qui produit ce défaut d'équilibre ; c'est ce qu'on ne sait encore que très imparfaitement. »
Diderot et d'Alembert. *Encyclopédie.*

vent (force)

Pour exprimer la force du vent, les marins disposent de plusieurs termes. L'« air » est un très faible souffle, inférieur à la « bouffée ». La « brise » est un peu plus forte, mais quand elle fraîchit*, elle cède la place au « frais » et s'il « vente dur », les marins diront que c'est une grosse « piaule ». La « rafale » est une augmentation brève et subite de la force du vent. Si cette augmentation est importante, c'est une « bourrasque » ; s'il s'agit au contraire d'une rafale de beau temps qui fait à peine rider la mer, on parlera d'une « risée ».

En 1806, l'amiral* anglais Francis Beaufort a publié pour la première fois l'échelle de la force du vent qu'il avait établie onze ans auparavant. Cette échelle est encore utilisée aujourd'hui. Elle s'applique à la force d'un vent moyen sans tenir compte des rafales.

Force du vent	État du vent	Vitesse moyenne en nœuds	Vitesse moyenne en km/h	Aspect de la mer
0	calme	inférieure à 1	inférieure à 1	comme un miroir
1	presque calme	1 à 3	1 à 5	quelques rides
2	légère brise	4 à 6	6 à 11	vaguelettes ne déferlant pas
3	petite brise	7 à 10	12 à 19	les moutons apparaissent
4	jolie brise	11 à 16	20 à 28	petites vagues, nombreux moutons
5	bonne brise	17 à 21	29 à 38	vagues modérées, moutons, embruns*
6	bon frais	22 à 27	39 à 49	lames, crêtes d'écume blanche, embruns
7	grand frais	28 à 33	50 à 61	lames déferlantes, traînées d'écume
8	coup de vent	34 à 40	62 à 74	tourbillons d'écume à la crête des lames, traînées d'écume
9	fort coup de vent	41 à 47	75 à 88	lames déferlantes, grosses à énormes, visibilité réduite par les embruns
10	tempête	48 à 55	89 à 102	
11	violente tempête	56 à 63	103 à 117	
12	ouragan	supérieure à 64	supérieure à 118	

·IV·

La manœuvre

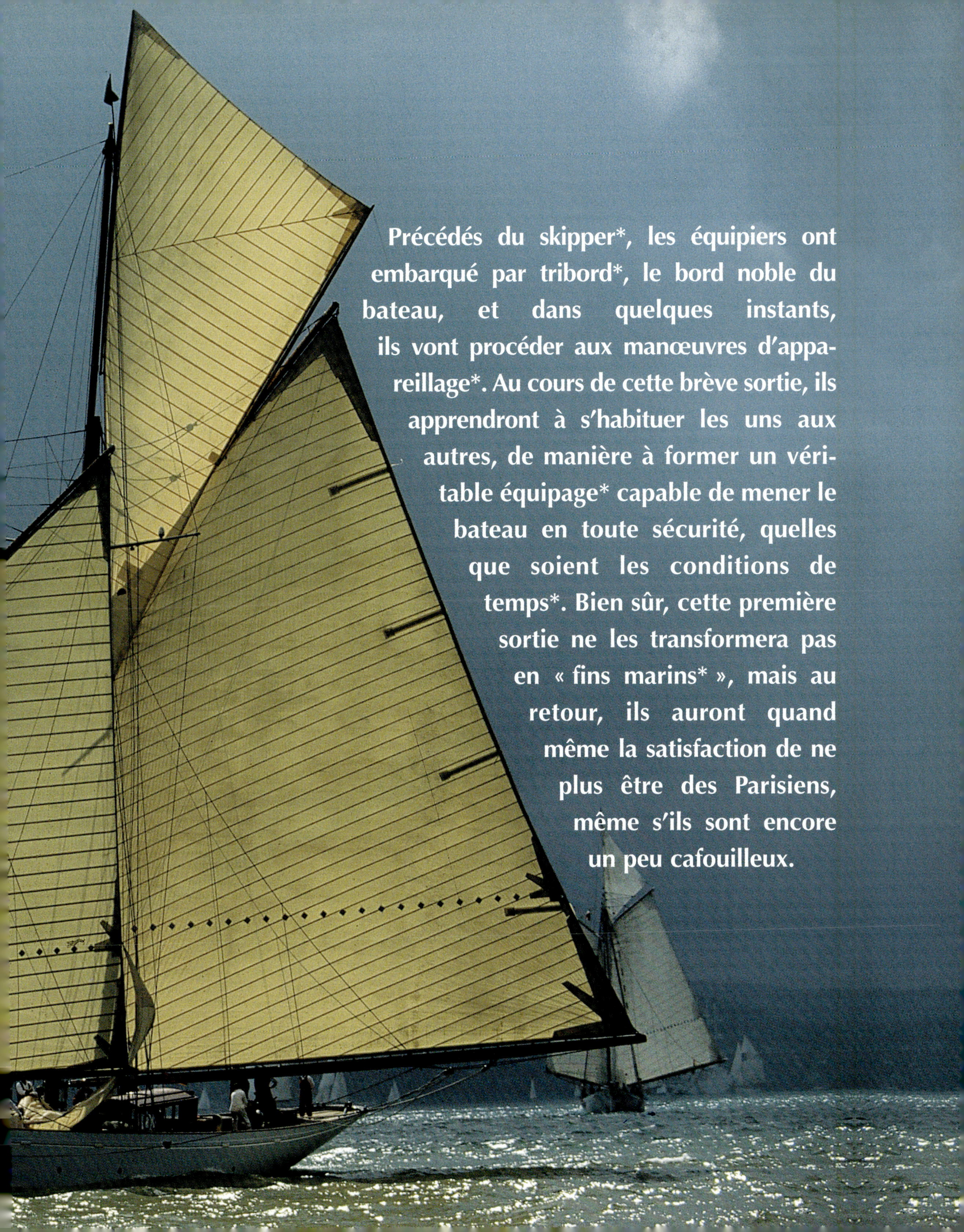

Précédés du skipper*, les équipiers ont embarqué par tribord*, le bord noble du bateau, et dans quelques instants, ils vont procéder aux manœuvres d'appareillage*. Au cours de cette brève sortie, ils apprendront à s'habituer les uns aux autres, de manière à former un véritable équipage* capable de mener le bateau en toute sécurité, quelles que soient les conditions de temps*. Bien sûr, cette première sortie ne les transformera pas en « fins marins* », mais au retour, ils auront quand même la satisfaction de ne plus être des Parisiens, même s'ils sont encore un peu cafouilleux.

Page précédente : **La *Créole* au premier plan a changé d'amures, et son concurrent, l'*Altaïr*, s'apprête à effectuer la même manœuvre. Visiblement, les équipages des deux bateaux sont constitués de fins marins.**

abatée, abattée

Faire une abatée, c'est prendre un cap* qui éloigne l'étrave de la direction d'où vient le vent*, la manœuvre contraire étant l'« auloffée », qui vient du verbe « lofer » par lequel on désigne l'action de se rapprocher du lit du vent. Lorsque le navire fait route*, l'abatée est toujours involontaire, sinon, il s'agit d'une « arrivée ». Les mots abatée et abattre sont toujours employés quand on quitte une position immobile « debout au vent ». En quittant son mouillage*, le bateau va ainsi abattre sur tribord ou sur bâbord* pour prendre le vent et dans ce cas précis, on peut également employer le verbe tomber. Pour un bâtiment à propulsion mécanique, abattre, c'est changer de cap volontairement ou involontairement, sans aucune relation avec la direction du vent.

À l'origine, le mot abatée ne prenait qu'un seul *t*, ce que déplorait Littré : « L'Académie ne met qu'un *t* ; mais il en faudrait deux, à moins qu'on en retranche un dans abattre ; faire autrement, c'est multiplier inutilement les exceptions et les difficultés de l'orthographe. » En 1938, l'Académie a admis que tous les dérivés d'abattre devaient prendre deux *t*, mais cette recommandation est souvent ignorée des marins.

abreyer

ce mot, aujourd'hui pratiquement tombé en désuétude, signifiait autrefois « mettre à l'abri de l'action du vent ». Lorsqu'un trois-mâts carré naviguait au vent arrière, les voiles de l'avant étaient abreyées par celles de l'arrière. On dit aujourd'hui qu'elles sont « déventées ».

► **Accoster : en supposant que l'hélice de ce joli canot tourne en sens inverse des aiguilles d'une montre, on abordera le quai sous un angle de 30° environ (1), puis, après qu'un équipier ait retenu l'avant par une amarre (2), on donnera un petit coup de gaz, afin de plaquer l'arrière contre le quai (3). Pour la clarté du dessin, l'amarre et l'équipier n'ont pas été représentés.**

accostage (règles d')

Dans la mesure du possible, l'accostage se fait face au vent et au courant*, le bateau avançant à vitesse réduite sous un angle d'environ 30° par rapport au quai. On débraye à quelques mètres de ce quai, de manière à ce que l'avant* touche légèrement. Un équipier saute à terre avec une bosse et lui fait faire un tour mort sur une bitte de quai. Pendant ce temps, le barreur* enclenche la marche avant (ou la marche arrière selon le sens de rotation de l'hélice), ce qui va avoir pour effet de plaquer l'arrière* du bateau contre le quai. Dans le cas d'un accostage uniquement sous voiles*, on orientera la barre* du côté opposé au quai pour rapprocher l'arrière. Bien entendu, les défenses* auront été sorties avant les manœuvres d'accostage.

allures courantes

L'allure, c'est la direction que suit le bateau par rapport au vent et par extension, c'est la manière dont sa voilure est disposée. Il y a donc autant d'allures qu'il peut exister de routes nécessitant un changement de l'orientation des voiles, mais dans la pratique, on n'en retient que sept dont trois sont appelées « allures portantes ». Sous l'allure du « vent arrière », les voiles sont disposées « en ciseaux », disposition dite « en oreilles de lièvre » pour les navires possédant deux voiles latines. Cette allure exige la plus grande attention du barreur, car sous l'effet du roulis, les voiles ont une fâcheuse tendance à venir d'un bord sur l'autre, ce qui peut s'avérer dangereux. Aussi le marin préfère-t-il le « grand largue » ou le « largue » qui

Page suivante : ***Agneta* pendant les Régates royales.**

▲ **Les différentes allures d'un voilier sont illustrées par ce schéma où l'on observe dans le sens des aiguilles d'une montre :**
1. le près serré, bâbord amures
2. le près, bâbord amures
3. le vent de travers, bâbord amures
4. le largue, bâbord amures
5. le vent arrière
6. le largue, tribord amures
7. le vent de travers, tribord amures
8. le près, tribord amures
9. le près serré, tribord amures.

l'écartent jusqu'à 45° du lit du vent. Comme au vent arrière, il pourra sous ces allures portantes augmenter sa vitesse en envoyant* le spinnaker. Il le rentrera en naviguant « vent de travers », expression qui, dans le monde de la plaisance, a tendance à se substituer au « petit largue ». Le « près », le « plus près » et le « plus près serré » indiquent que le bateau remonte le vent en le « pinçant ». Ces allures non portantes sont dites de louvoyage* parce qu'elles permettent de remonter le lit du vent en tirant des bords.

allures non courantes

Cette expression s'applique aux allures sous lesquelles le navire sera immobile ou presque. La première est la « panne » qui consiste à orienter les voiles de manière à annuler leurs effets. Pratiquement, cette allure n'est possible que pour les voiliers carrés puisqu'il faut « masquer » certaines voiles en leur faisant recevoir le vent « à contre », c'est-à-dire sur leurs faces avant. La panne est donc une position d'équilibre instable qui requiert toute l'attention de l'équipage. C'est pourquoi on ne « met en panne » que par beau temps et pour une durée très courte. La « cape courante » et la « cape sèche » sont au contraire des allures classiques de mauvais temps. Dans le premier cas, le bateau est sous voilure très réduite et il gouverne* de manière à faire le moins de route possible tout en dérivant. Cette dérive provoque au vent du bateau une couche de remous de l'épaisseur du tirant d'eau qui empêche les lames* de se briser. La cape sèche se prend comme son nom l'indique « à sec de toile* », c'est-à-dire toutes voiles rentrées ou carguées, en filant une ancre flottante* par l'avant pour maintenir le bateau face au vent. « Prendre la cape » est une expression qu'emploient parfois les terriens pour signifier qu'ils laissent passer une période de difficultés.

amener

Ce verbe déconcerte particulièrement le terrien, car contrairement aux apparences, il n'est pas synonyme de « rentrer » ou d'« affaler ». Amener, c'est faire descendre une vergue* ou une voile par son propre poids. Rentrer a sensiblement le même sens avec, en plus, l'idée de « ramasser » à l'intérieur ou à plat-pont. On amène la grand-voile en la repliant sur la bôme, mais on rentre le foc* en le déverguant et l'on rentre les avirons* en les rangeant sur les bancs de nage. Affaler, qui signifie également faire descendre, s'applique aux autres objets, aux hommes et à soi-même. On affale une barrique, un paquet, un calfat sur sa chaise... Affaler le chalut, c'est le mouiller et s'affaler dans une embarcation, c'est s'y glisser. En principe, on amène un canot* en le mettant à la mer, mais l'usage permet également de l'affaler. Amener son pavillon*, c'est se rendre à l'ennemi ; autrement on le rentre. « Baisser pavillon » est une expression purement terrienne que les marins n'emploient jamais.

amure

C'est un cordage* destiné à fixer le point inférieur d'une voile triangulaire ou carrée. Dans le premier cas, l'amure est à poste fixe, dans l'axe du bateau, dans l'autre c'est une manœuvre* courante et il y a bien sûr deux amures à chaque coin de la voile carrée. Ces amures travaillant particulièrement du côté de la voile frappée par le vent, les marins ont pris l'habitude de dire qu'un navire est « tribord amures » lorsqu'il reçoit le vent par tribord. Inversement, le bâtiment qui reçoit le vent par bâbord aura ses amures à bâbord et sera donc « bâbord amures ». Pour ne pas être trop dérouté par cette terminologie, il est bon de se souvenir que le bateau aura toujours sa voilure du côté opposé à ses amures. Changer d'amures, c'est virer* de bord, expression qui au figuré signifie également changer d'idée, mais cette formule n'a pas encore pénétré le langage courant.

appareillage Ce mot désigne l'ensemble des manœuvres destinées à quitter le quai ou le mouillage ; on dit aussi « mettre à la voile », mais cette expression est un peu désuète. Par vent calme et sans courant, on largue* les amarres*, on écarte le bateau du quai à l'aide d'une gaffe et l'on met en avant lentement en veillant à ce que l'arrière ne heurte pas le quai. Si le bateau est plaqué contre le quai par le vent ou le courant, on se dégage en marche arrière avec la barre du côté du large*, puis, lorsque tout est clair, on passe la marche avant. Avec le vent et le courant de face, on laisse le moteur* au point mort, on largue l'amarre de l'avant en maintenant celle de l'arrière jusqu'à ce que l'avant du bateau soit suffisamment écarté. Si le vent et le courant viennent de l'arrière, on procède à la manœuvre inverse. Quitter un mouillage ne présente pas de difficultés réelles. On vire la chaîne au cabestan* et lorsque l'ancre* est « à pic », c'est-à-dire qu'elle ne croche plus le fond* et que l'on se trouve à sa verticale, on embraye doucement puis on prend la vitesse normale lorsque l'ancre est sur le pont*. Pendant toute la durée de l'appareillage, il est impératif de garder le moteur en marche. On doit également veiller à rentrer toutes les défenses et les amarres qui pourraient se prendre dans l'hélice. Il est enfin conseillé de tenir une ancre prête à être mouillée jusqu'à ce que l'on soit en dehors des dangers de la côte*.

ardent Un voilier est dit ardent s'il a, de lui-même, une plus grande tendance à venir au vent qu'à rester sur son cap. Cette tendance est une qualité lorsqu'elle est modérée, mais elle devient un défaut lorsque l'on doit surcharger l'avant de toile ou mettre trop de barre au vent pour la combattre. Un arrière trop élevé, une mâture mal placée ou un lest mal réparti peuvent rendre le bateau trop ardent. On peut donc assez facilement atténuer la tendance à venir au vent, mais il faut se garder de tomber dans l'excès contraire en rendant le bateau « mou », c'est-à-dire en lui donnant une tendance à arriver, ce qui le rendrait dangereux par vent frais et mer houleuse.

bâbord C'est le côté gauche du bateau lorsque l'on regarde vers l'avant. Avant l'invention du gouvernail* d'étambot, on installait un « aviron gouvernail » à tribord et pour éviter d'avoir à le rentrer, on s'arrangeait pour accoster* en présentant l'autre flanc au quai. C'est donc par bâbord qu'étaient embarqués les marchandises et les approvisionnements. Aussi pouvons-nous raisonnablement supposer que cette pratique a entraîné l'usage de considérer bâbord comme le côté vulgaire du bateau. Il est également possible que cette infériorité est due à la fausse étymologie « bas-bord », ou encore à la traduction erronée du latin *sinister* (gauche) par sinistre. Quoi qu'il en soit, bâbord passe après tribord en matière de préséance. Notons néanmoins que lorsque le navire est sous voiles, c'est le côté au vent qui est à l'honneur, car du fait de la gîte*, il est le plus haut sur l'eau. De manière très brève et occasionnelle, bâbord peut donc devenir le bord « noble » du bateau.

Au XIXe siècle, l'échelle conduisant aux ponts inférieurs des navires de guerre était surmontée d'un écriteau sur lequel était porté le mot batterie. Certains auteurs y ont vu l'origine des mots bâbord et tribord, formés des préfixes « ba » et « tterie » (devenu « tri ») et du suffixe « bord ». L'étymologie est fausse puisque ces mots existaient bien avant le XIXe siècle, mais le moyen mnémotechnique est bien pratique !

baderne Ce mot s'applique à une tresse faite de vieux cordages que l'on emploie pour protéger certaines parties du navire des chocs ou des frottements réitérés. On installe ainsi des badernes sur le pont pour le garantir des poulies* qui y sont crochées et quand on est au mouillage, on en place parfois devant la coupée où elles jouent le rôle de paillassons. Les badernes sont souvent de véritables chefs-d'œuvre de matelotage. Certaines sont d'ailleurs spécialement réalisées pour être vendues comme objet décoratif, mais ce détournement de fonction ne doit pas faire oublier l'origine utilitaire de la baderne. Par extension, les marins qualifient parfois de baderne un homme sans énergie dont on n'espère plus rien. L'expression « vieille baderne » est un pléonasme puisque la baderne est faite de vieux cordages. Cette injure inconnue dans la marine* est en revanche toujours très appréciée des terriens.

▲ **Théo Van Rysselberghe (1862-1926) : *L'homme à la barre* (1892). Ce marin-pêcheur de la fin du XIXe siècle serait probablement fort surpris de s'entendre dire qu'il est fin barreur. Le mot « barreur » est en effet uniquement employé par les plaisanciers et par les concurrents des grandes courses à la voile.**

barreur

Ce terme exclusif à la plaisance s'applique à l'équipier qui tient la barre. Anciennement, « barrer », c'était mettre trop la barre du gouvernail de chaque bord, mal balancer ses mouvements et donc mal gouverner, particulièrement sous l'allure* du vent arrière. Dans les dernières années du XIXe siècle, les marins-pêcheurs ont cessé d'accorder une connotation péjorative au verbe barrer, ce qui les a amenés à inventer le terme « embarrer » pour définir l'action de mal barrer. Les plaisanciers* sont allés beaucoup plus loin puisqu'ils n'hésitent pas à appeler « fin barreur » celui qui barre bien. Autrefois appelé « timonier », celui qui tient la barre d'un navire de guerre ou de commerce est aujourd'hui l'« homme de barre », le timonier étant plus particulièrement chargé des transmissions optiques. « Être mal barré(e) » est une expression familière du langage courant qui signifie que l'on va droit vers les ennuis.

capeler

Ce verbe est employé pour désigner l'action de boucler un cordage autour d'un mât* ou du bout d'une vergue en arrêtant cette boucle autour d'un point déterminé. Capeler un mât, c'est entourer sa tête de toutes les manœuvres dormantes qui doivent s'y trouver réunies. Il y a un ordre très strict à suivre et dans l'ancienne marine à voiles, les capitaines attachaient une grande importance à ce que le « capelage » soit bien fait. Curieusement, le verbe capeler s'applique indifféremment aux boucles de cordages ou à l'« espar » qui les reçoit. On peut donc capeler un mât de ses haubans ou capeler les haubans au mât. Par analogie, le bateau capelle une lame ou est capelé par celle-ci quand il enfourne*. Au figuré, les marins capellent un vêtement, même si celui-ci ne s'enfile pas par la tête.

choquer À l'origine, choquer, c'était donner un choc à un cordage tendu. Le sens de ce verbe s'est rapidement élargi à l'action de filer ou « mollir », c'est-à-dire donner du mou à un filin. Choquer implique l'idée d'action progressive et mesurée. On choque une manœuvre courante en la laissant filer peu à peu pour parfaire un réglage. Choquer peut aussi se dire d'un cordage qui file accidentellement. Une amarre, une manœuvre, une chaîne d'ancre choquent sur le taquet*, au winch ou au cabestan quand elles ripent*. Un nœud* choque lorsqu'il se défait de lui-même par glissement. Ne pas confondre avec larguer qui a un sens complètement différent.

culer Le « cul » du bateau, c'est la partie extrême de son arrière et dans le langage maritime, ce mot n'a aucune connotation grossière. Culer, c'est donc faire marche arrière en orientant les voiles pour qu'elles prennent le vent « à contre » ; on dit alors qu'elles sont « à culer ». En virant de bord vent debout, le bateau cule parfois au moment où ses voiles s'orientent sur l'autre bord. À l'aviron, « nager à culer » se dit également « scier » et au moteur, on fait « battre en arrière » en inversant le pas ou le sens de rotation de l'hélice pour faire culer le navire. Par extension, on dit d'un bateau qu'il cule lorsqu'il marche en avant mais moins vite qu'un autre navire faisant la même route. On dit aussi que le vent cule lorsqu'il adonne, c'est-à-dire qu'il devient plus favorable.

dessaler C'est, en parlant d'un petit dériveur*, chavirer* et tomber dans une mer plus ou moins salée ! L'emploi de ce mot est donc assez paradoxal. C'est probablement pourquoi il est exclusif à la plaisance, les autres marins lui préférant le vieux terme chavirer en distinguant le « chavirement » accidentel du « chavirage » volontaire.

▼ Chavirement pendant le « Spi Ouest-France ». Alors que les autres marins se contentent de chavirer, les plaisanciers dessalent ! L'étymologie de ce terme pour le moins curieux est inconnue.

éléphant Au cours de sa première sortie en mer, le terrien a du mal à trouver sa place à bord. Il gêne la manœuvre, accumule les chutes, bouscule les autres équipiers et fait beaucoup de bruit en se déplaçant lourdement. D'où son surnom d'« éléphant », surtout employé par les plaisanciers, sans pour autant que ce terme leur soit exclusif. Cette épithète ne s'applique qu'au terrien, le marin maladroit étant un « cafouilleux », un « paysan » ou, suprême injure pour un plaisancier, un « Parisien ». Dans l'ancienne marine, le mousse* était un « culot de gargousse » ou de la « bigaille » (poisson trop petit pour être vendu). Le mauvais marin était un « soldat », un « gabier* de poulaine » ou un « calfat ». Ces termes très utilisés au XIXe siècle ont aujourd'hui totalement disparu. L'injure classique « marin d'eau douce » n'a, quant à elle, jamais existé dans le langage maritime.

embraquer C'est tendre une manœuvre pour en faire disparaître le mou. Il y a, dans le verbe embraquer, une idée de faible résistance, car on embraque toujours à la main, sans avoir besoin de « frapper » (d'installer) un palan*. Embraquer est souvent pris comme synonyme de haler ou de raidir, termes qui normalement s'appliquent à un effort plus important, « étarquer » étant raidir à bloc. « Border » a également une signification très voisine, mais ce mot ne s'applique qu'aux voiles. Au figuré, embraquer s'emploie comme synonyme de finir ou d'achever en parlant d'un travail. « C'est autant d'embraqué » signifie « c'est autant de fait ».

enfourner Ce verbe, apparu récemment dans le langage maritime, s'applique à un navire qui plonge son avant dans la lame et a du mal à se relever. Le bateau enfourne parce que ses lignes sont trop fines à l'avant ou parce que son lest a été mal réparti. Lorsque l'on se trouve dans cette situation, la première mesure à prendre est de changer d'allure pour soulager* le bateau. Autrement, on court le risque de « sancir », ancien terme remis au goût du jour par les plaisanciers qui signifie couler en s'enfonçant par l'avant. On enfourne sous l'effet du tangage, mais un navire qui tangue n'enfourne pas nécessairement. Signalons que les plaisanciers ont inventé le verbe « bananer » qui est synonyme de tanguer, mais uniquement pour un multicoque*.

engager Un navire est engagé quand il est surpris par une forte rafale et qu'il prend une gîte trop forte pour pouvoir se redresser de lui-même. On engage également quand on tombe en travers de la lame ou que l'on prend une très forte bande à la suite d'une voie d'eau* ou d'un déplacement intempestif de la cargaison. Une telle situation est toujours extrêmement dangereuse, car le bateau peut chavirer à tout instant. Au vent arrière ou au grand largue, la bôme engage quand son extrémité plonge dans la mer et par extension, on dit que le temps s'engage quand il devient mauvais. En termes de navigation, le navire s'engage lorsqu'il se trouve dans les écueils, qu'il n'en a touché aucun mais que l'on éprouve de grosses difficultés à l'écarter de cette zone dangereuse. Sous un sens différent, une manœuvre est engagée lorsqu'elle se coince accidentellement et que l'on ne peut plus la mouvoir. On peut aussi engager volontairement un cordage entre les mors d'un taquet coinceur, mais cette expression est très peu usitée, les marins préférant conserver pour le verbe engager l'idée d'événement fortuit.

envoyer Comme dans le langage courant, le verbe envoyer signifie adresser, faire parvenir. Les marins lui ont ajouté l'idée de hisser* que l'on retrouve dans de nombreuses expressions. Envoyer les couleurs, c'est hisser le pavillon national, envoyer la grand-voile, c'est embraquer* sa drisse pour l'établir. Dans l'ancienne marine de guerre, « Envoyez ! » était le commandement que l'on faisait aux canonniers d'ouvrir le feu (terme tombé en désuétude sous ce sens). « Envoyez ! », c'est aussi l'ordre d'exécuter la manœuvre prévue, virement de bord notamment. Le skipper commande alors : « Paré ? » puis, après s'être assuré que tout est en ordre et que les équipiers sont prêts, il ordonne : « Envoyez ! » L'ancien commandement « À Dieu vat » (le *t* se prononçait) n'est plus en usage depuis le milieu du XIXe siècle et la plaisance n'a pas encore repris cette expression beaucoup plus imagée que le trop sec « Envoyez ! ».

épissure C'est la jonction de deux cordages, de deux bouts d'un même cordage ou d'un cordage replié sur lui-même que l'on fait en décommettant les torons et en les entrelaçant sur une longueur suffisante pour qu'il ne puisse y avoir séparation. Les épissures sont donc des sortes de nœuds, mais avec moins de grosseur et d'inégalités. Une « épissure longue » se fait avec des bouts de torons inégaux. Elle augmente très peu la grosseur du cordage, ce qui permet de faire passer celui-ci dans les poulies. Une « épissure courte » est faite avec des torons de même longueur. On fait des épissures « simples », « doubles », ou « à œillet ». Ce sont souvent des chefs-d'œuvre de matelotage qui pourtant ne doivent pas faire oublier que l'épissure réduit toujours la résistance du cordage d'au moins un quart.

► **Un cordage étant toujours fait de plusieurs torons, il est possible d'en décommettre une partie pour réaliser une épissure ou pour arrêter l'extrémité d'un cordage par un nœud en cul-de-porc semblable à celui-ci.**

équipage Ce mot désigne tous les membres du personnel navigant dont les noms sont portés sur un registre particulier appelé « rôle* d'équipage ». Les officiers forment l'état-major et ils ne doivent pas être comptés comme membres d'équipage, mais cet usage tend à disparaître. Dans la marine marchande, le personnel hôtelier des paquebots* n'est pratiquement jamais inscrit sur le rôle d'équipage et il ne peut donc bénéficier des rares avantages que conserve le marin professionnel. Cette pratique que l'on nomme pudiquement « maîtrise des coûts salariaux » n'existe heureusement pas dans le domaine de la plaisance. Le mot équipage s'applique ici à tous ceux, skipper compris, qui participent à la manœuvre, les autres étant des « passagers ».

« On ne choisit pas pour gouverner un vaisseau, celui des voyageurs qui est de meilleure maison. »
Pascal. *Pensées.*

étaler On dit d'un navire qu'il étale le courant ou le vent lorsqu'il reste en place sans gagner ni perdre. Étaler, c'est donc tenir tête aux éléments*, que l'on soit sous voiles ou au mouillage. Dans ce dernier cas, on peut dire qu'un câble d'ancre a étalé un coup* de vent s'il n'a pas rompu. Étaler une voie d'eau, c'est empêcher l'eau de monter en actionnant les pompes, ou en écopant sur les bateaux de petites dimensions. Par extension, un navire étale un autre bâtiment quand, en suivant la même route, il doit réduire sa voilure pour ne pas gagner sur lui. Dans ce cas, le meilleur marcheur dit qu'il étale avec telle voile de moins ou avec tant de ris pris.

éviter Les marins donnent à ce mot une signification très différente de celle qu'il possède dans le langage courant. Un navire au mouillage « évite de flot » ou « évite de jusant » quand il tourne autour de son ancre sous l'effet des courants de marée*, le cercle qu'il décrit étant appelé « cercle d'évitage ». En route, on « évite à la lame » en changeant de cap pour diminuer les mouvements de tangage. Au port*, on s'évite en tournant sur place au moteur, à l'aide d'un remorqueur ou au moyen d'amarres disposées convenablement.

faseyer L'orthographe de ce verbe est incertaine puisque l'on peut écrire indifféremment : « fasier », « faciller », « faséer », « fasseyer », « fassier », « fasayer » ou « fassayer ». *Le Littré* a retenu « faséier » et *Le Petit Larousse* « faseyer », orthographe aujourd'hui la plus répandue pour ce terme d'origine néerlandaise (*faselen*) qui signifie agiter. Faseyer se dit d'une voile qui bat légèrement parce que le vent frappe alternativement ses deux faces. Pour faire cesser ce « faseiment » (et non « faseiage » qui est un barbarisme), il faut s'écarter du lit du vent et « border » la voile qui faseye en embraquant son écoute. Au vent de travers et aux allures de louvoyage, un bateau est bien réglé lorsque ses voiles sont à la limite du faseiment. Signalons que dans l'argot de la plaisance, on a du « linge au sec » quand les voiles faseyent.

fatiguer Un bateau fatigue lorsque la mer et le vent lui font subir des oscillations violentes qui ébranlent sa coque* et son gréement*. Lorsque certains assemblages de la charpente tendent à se disjoindre, on dit qu'ils « travaillent », alors que les mâts et les vergues « souffrent » quand ils sont sur le point de se déformer. Un cordage a fatigué quand il a trop forcé ; on dit qu'il est « énervé ».

focquier En plaisance, tous ceux qui participent à la manœuvre forment l'équipage et individuellement, ce sont des « équipiers ». Quelques spécialistes reçoivent des noms particuliers. C'est le cas notamment du barreur et du navigateur*. C'est aussi le cas du focquier, néologisme forgé par la plaisance (et qui lui est exclusif) pour désigner l'équipier chargé de la manœuvre des focs. En régate, son habileté est souvent déterminante. D'où la fameuse boutade : « Si l'on songe aux qualités qu'on exige d'un focquier, combien de skippers seraient capables d'être leur propre équipier ? »

gouverner C'est faire évoluer un navire à l'aide du gouvernail. Le verbe gouverner revient dans un grand nombre d'expressions particulières sous le sens de diriger. « Gouverner à la lame », c'est se régler sur la direction des lames pour éviter d'embarquer des paquets de mer. « Gouverner au

guidon », c'est faire route d'après la girouette qui donne la direction du vent. On gouverne sur une aire de vent*, sur une terre ou sur un autre bâtiment. Un navire gouverne bien quand il obéit facilement à son gouvernail. « Gouvernez comme ça ! », ou plus simplement « Comme ça ! », est l'ordre donné à l'homme de barre de tenir sa route. Si l'on veut l'en faire dévier, on commande : « La barre à gauche (ou à droite) ! » et l'on ajoute le nombre de quarts* que l'on juge à propos. Ne jamais dire : « La barre à bâbord (ou à tribord) ! », expression très peu marine qui revient pourtant avec régularité dans nombre de romans « maritimes ».

hisser C'est élever, faire monter, en parlant de vergues, de voiles, d'embarcations ou d'objets pesants suspendus à des cordages. Le verbe hisser implique une idée d'effort que l'on ne trouve pas dans son quasi-homonyme envoyer. C'est pourquoi on évitera de hisser un pavillon, même si l'emploi de cette expression n'est pas véritablement une faute. Hisser ne doit pas être utilisé comme synonyme de « haler » qui s'applique à un effort horizontal. Signalons que l'ajout d'un accent circonflexe sur le *a* de ce dernier verbe en modifie complètement le sens puisqu'il devient synonyme de bronzer.

larguer Dans le langage maritime, ce verbe s'applique surtout aux cordages. On largue une manœuvre en la détachant et en la laissant aller. Filer, qui est presque synonyme, implique l'idée de larguer en douceur, sans saccades. Larguer par degrés, c'est « larguer à retour », mais si l'on doit agir avec promptitude, on largue « en bande » ou « en grand ». « Démarrer » a la même signification que larguer, mais uniquement en parlant des amarres. Ce verbe n'est toutefois plus guère employé aujourd'hui. Par extension, larguer se dit de toute chose que l'on abandonne. On largue la terre en la perdant de vue ; on largue un navire avec lequel on naviguait de conserve ; la brise nous largue en cessant de souffler.

« Quand il ne s'agit que d'aller contre le vent, on louvoie. »
Jean-Jacques Rousseau.
Émile ou de l'éducation,
TOME 1.

louvoyer C'est gagner au vent en courant successivement des « bordées » tribord et bâbord amures* en virant de bord vent devant. Pour parvenir au point voulu en louvoyant, il faut donc faire plus de route, ce qui prend plus de temps qu'aux allures portantes. D'où la fameuse boutade : « Deux fois la route, trois fois le temps… quatre fois la rogne ! » Au figuré, louvoyer, c'est biaiser, mot qui est entré dans le langage courant sous ce sens.

mangeur d'écoutes Sur les grands voiliers de la fin du XIXe siècle et du début du XXe siècle, le mangeur d'écoutes était celui qui, pour augmenter la vitesse du bateau, modifiait constamment le réglage des voiles. Les plaisanciers ont modifié le sens de cette expression en l'appliquant à celui qui profite de la moindre occasion pour sortir et la mode aidant, on parle aussi du « bouffeur d'écoutes ». Le « vieux loup de mer » a en revanche pris de l'âge ! On ne le rencontre plus guère que dans les romans où il cohabite avec le « bourlingueur à la peau burinée par les embruns* » !

manœuvrier Ce mot est presque toujours précédé de l'adjectif fin que les marins affectionnent. Le fin manœuvrier, c'est celui qui allie une solide culture théorique à une longue pratique de la navigation. Il doit en outre avoir un jugement sûr et posséder le sang-froid qui lui permettra de se sortir de situations délicates. Il doit enfin avoir la modestie d'admettre « qu'une brillante manœuvre est souvent un accident évité de justesse ! » Le contraire d'un fin manœuvrier, c'est un « brise-manœuvres », qualificatif que les équipiers donnent au skipper perpétuellement inquiet qui fatigue* inutilement le bateau et l'équipage.

marin Contrairement à ce que croient beaucoup de terriens, le mot marin n'est pas le plus bas grade de la Marine nationale ou de la marine marchande. C'est en réalité un terme générique qui désigne celui qui navigue sur mer pour exercer son métier, quelle que soit sa position hiérarchique.

▲ **Ces jeunes élèves de l'école de voile de la Trinité sur mer n'ont pas encore appris à louvoyer. C'est pourquoi ils sont pris en remorque par leur moniteur. Si toutefois ils suivent attentivement l'enseignement qui leur est dispensé, ils ne tarderont pas à devenir de fins manœuvriers.**

Tous ceux qui exercent une fonction à bord devraient donc bénéficier du statut de marin, ce qui n'est malheureusement pas toujours le cas (➔ équipage). Le plaisancier ne revendique pas le titre de marin puisqu'il navigue pour son plaisir, mais il peut être « marin », adjectif qui distingue le fin manœuvrier*. Par extension, cet adjectif s'applique à un bateau qui se comporte bien à la mer. Avoir le « pied marin », c'est être habitué aux mouvements du navire, ne pas perdre l'équilibre. Dans le cas contraire, on est familièrement taxé d'avoir les « pieds ronds ».

navigateur À l'origine, ce terme désignait tout homme qui voyageait sur mer, puis très rapidement est apparue la notion de marin instruit et même de savant. Tout naturellement, le navigateur est ensuite devenu celui qui traçait la route, mais comme ce titre faisait double emploi avec celui de pilote*, la marine a cédé le navigateur à l'aviation (laquelle s'est d'ailleurs également octroyée le pilote !). Quand vers le milieu du XIXe siècle, le pilote s'est limité à assister les capitaines qui entraient ou sortaient du port, l'officier chargé de la « navigation » est devenu le « traceur de route », appellation que la plaisance n'a pas repris, lui préférant l'ancien titre de navigateur. Signalons que le sport automobile s'est à son tour emparé du navigateur et du pilote, le premier indiquant la route au second.

nœud C'est un entrelacement de cordages destiné à les réunir provisoirement ou de manière permanente. Les nœuds doivent assurer des liaisons solides tout en restant possibles à défaire. Un nœud que l'on ne peut desserrer est un « nœud de cuisinière » ; un nœud mal fait est un « nœud de Parisien » et un nœud qui se défait de lui-même par glissement est un « nœud de vache ». Le *Manuel du gabier* de 1875 décrit quarante-deux nœuds différents que l'on peut regrouper en quatre grandes familles :

nœud plat

nœud de vache

nœud de pêcheur simple

nœud de pêcheur double

nœud de
plein poing

nœud de
grappin

un tour mort et
deux demi-clés

Les quatre grandes familles de nœuds marins se subdivisent en un très grand nombre de nœuds plus ou moins faciles à faire et à défaire. Le fin marin doit parfaitement maîtriser cet art auquel on donne le nom de matelotage.

nœud de bec d'oiseau

nœud de coupe

nœud d'écoute simple

deux demi-clés à capeler

nœud de jambe de chien

nœud de chaise double et son double

nœud de chaise simple

nœud de chaise de calfat

nœud d'écoute double

– nœuds de tournage (bollard, taquet, espar…) ;
– nœuds d'arrêt à l'extrémité d'un cordage ;
– nœuds d'ajut, permettant de relier deux ou plusieurs cordages entre eux ;
– nœuds de boucle faisant un tour complet à l'extrémité du cordage.

En combinant la « ganse » (demi-tour), la « boucle » (tour complet) et le « nœud simple » (boucle autour du cordage), on obtient les trois éléments de base qui permettront de former tous les nœuds. L'art de faire des épissures* et des nœuds est le « matelotage ».

plaisancier Dans plaisancier, il y a plaisir, nuance qui n'existe pas dans l'équivalent anglais « yachtsman ». Le mot « plaisance », dont plaisancier est issu, est apparu pour la première fois en 1848 dans le *Dictionnaire de la marine* à voile de Bonnefoux et Pâris, mais dans le dernier quart du XIXe siècle, il a eu tendance à s'effacer derrière le terme anglais. Il est revenu en force dans notre vocabulaire maritime au cours des années 1950 sous un sens légèrement modifié. La plaisance est toujours la navigation de plaisir, mais avec une idée de démocratisation que n'a pas le yachting. Il existe certes, de nombreux « yacht-clubs » en France, mais même les plaisanciers les plus snobs ne s'autoproclament plus « yachtsmen ». Signalons que dans le domaine de la course au large, les compétiteurs ne sont plus vraiment des plaisanciers puisqu'ils pratiquent généralement cette activité à temps plein et qu'ils en tirent l'essentiel de leurs revenus.

► **Maurice Denis (1870-1943) : *Régates à Perros* (1872). Au XIXe siècle, les plaisanciers disputaient des compétitions pour le plaisir du peintre et des spectateurs.**

privilège C'est le mot qu'utilise l'Administration pour définir la priorité. Un navire est privilégié quand les autres doivent s'écarter de sa route en application des règles de circulation ou en raison de sa nature qui peut réduire ses capacités de manœuvre. Le navire « non maître de sa manœuvre » est le plus privilégié. Il est suivi du « navire à capacité de manœuvre restreinte », puis du « navire en train de pêcher », du « navire handicapé par son tirant d'eau » et du « navire à voiles ». Les manœuvres pour éviter les abordages* doivent être effectuées franchement de manière à être perceptibles par le navire non privilégié.

quart Outre la signification qu'on lui donne en navigation (distance angulaire de 11° 15′ séparant deux aires de vent), le quart désigne la période de 4 h pendant laquelle les hommes sont alternativement de service et de repos. Par extension, cette période est également appelée quart, même si sa durée est inférieure ou supérieure à 4 h. Dans la Marine nationale et dans la marine de commerce, le quart se prend par « bordées », terme qui s'applique à la portion de l'équipage astreinte au service. En référence aux couchages qu'ils occupent, les hommes sont répartis en « tribordais » et « bâbordais ». Au XVIIe siècle, l'officier de quart était le « quartenier », terme qui a complètement disparu. Le quart ne se prend qu'à la mer ; au mouillage, c'est la « garde ». La plaisance utilise elle aussi le mot quart pour désigner le ou les équipiers de veille.

riper Ce verbe est synonyme de glisser ou de faire glisser. Il s'applique aux cordages, nœuds et pièces de bois ou de métal qui glissent les uns contre les autres à la suite d'un effort. Ce glissement peut être volontaire ou accidentel. Faire riper la chaîne de l'ancre, c'est la faire filer lentement en la gardant sous contrôle. Une amarre ripe sur la bitte quand elle glisse et qu'elle est donc sur le point de se détacher. Par extension, on dit que la cargaison ripe lorsqu'elle se déplace intempestivement dans la cale*.

saisir Comme il arrive parfois, la signification que donnent les marins à ce mot n'est pas la même que celle du langage courant. Saisir, ce n'est pas en effet s'emparer de, mais attacher un objet en le serrant fortement pour qu'il ne puisse pas riper. On saisit une vergue sur son mât, une embarcation sur le pont, une ancre le long du bord et bien sûr, les marchandises dans la cale. Les cordages que l'on utilise pour amarrer ces objets sont des « saisines » et des « rabans », ceux-ci étant en principe un peu moins gros. En prévision du gros temps, on « saisit tout en double », car comme l'indique un vieil adage : « Trop fort n'a jamais manqué. »

skipper En Angleterre, le skipper est le patron d'un chalutier* ou d'un yacht*. C'est sous cette dernière signification que ce mot est entré dans notre vocabulaire nautique où il est désormais solidement installé. Les efforts pour lui substituer un terme français ont pourtant été méritoires. Ainsi l'Administration persiste-t-elle à ne reconnaître que le « chef de bord », appellation qu'elle est d'ailleurs pratiquement seule à utiliser. L'Académie a, pour sa part, tenté d'imposer le « skippeur » en espérant probablement renouveler le succès du « fioul » qui, en très peu de temps, s'est substitué au « fuel ». Peine perdue, car non seulement le mot skipper semble indéracinable, mais il commence à se répandre dans la marine marchande. Le mot « pacha » qui désigne familièrement le commandant* d'un navire de guerre étant difficilement applicable à une femme, on peut penser que le terme skipper, éventuellement précédé de l'article *la*, finira par intégrer le langage de la Marine nationale.

Le verbe soulager est fréquemment employé comme synonyme de soulever. *« Il a été reconnu qu'un mètre cube environ de ce gaz (l'hydrogène) pourrait soulager dans l'eau, à peu près une tonne. »*
JOURNAL OFFICIEL DU 6 AOÛT 1876.

soulager Ce verbe a deux significations. La première est celle du langage courant ; il désigne une action destinée à réduire l'effort. On soulage le navire en réduisant la surface de sa voilure ou en la disposant différemment. On soulage un bateau qui fatigue en changeant de cap pour qu'il ne soit plus face à la lame. Sous un autre sens, soulager, c'est soulever. Les balancines soulagent les vergues. Le bateau soulage bien à la mer s'il n'enfourne pas.

tailler On disait autrefois d'un navire dont les lignes de l'avant étaient fines qu'il était « taillé pour la marche » et l'on retrouvait le verbe tailler dans le mot « taille-mer », partie avant de l'étrave qui fend la mer. Dans le langage maritime contemporain, tailler implique donc à la fois l'idée de couper l'eau et d'aller vite. D'où les expressions « tailler la lame », « tailler de l'avant » et « tailler de la route ». Les gens de lettres sont, en revanche, les seuls à utiliser le verbe cingler (aller vite), qui a depuis longtemps disparu du vocabulaire maritime.

tenir Ce verbe a plusieurs significations différentes. Sous le sens de maintenir, « tenir les haubans », c'est les raidir pour que les mâts soient correctement tenus ; « tenir le vent », c'est courir au plus près ; « tenir la mer », c'est rester en mer ; « tenir la cape », c'est parvenir à conserver cette allure. « Tenir bon » ne s'emploie qu'à l'impératif en utilisant le tutoiement collectif. Contrairement à ce que l'on pourrait penser, « Tiens bon ! » ne signifie pas « Cramponnez-vous ! », car cet ordre est donné pour suspendre l'exécution d'une manœuvre en maintenant les choses en l'état. On commande : « Tiens bon partout ! » pour arrêter plusieurs travaux en même temps, mais toujours avec l'idée de suspendre provisoirement un effort que l'on va reprendre incessamment.

toile C'est à la fois le matériau dont on fait les voiles et le mot générique désignant la voilure. Quand le temps est beau, on « fait de la toile » en mettant « tout dessus », ce qui signifie que l'on va hisser toutes les voiles dont on dispose. « Se couvrir de toile » veut dire la même chose, mais les marins ont abandonné cette expression imagée aux gens de lettres. « Être chargé de toile » a une signification différente, cette expression indiquant qu'on porte trop de voiles. Il faut alors « réduire la toile » en prenant un ris, opération qui consiste à diminuer la surface de la voile en repliant une partie de celle-ci contre la vergue. Si la voile comporte plusieurs « bandes de ris », on prendra un, deux ou même trois ris et l'on maintiendra la partie repliée en nouant les garcettes contre la vergue. L'idéal est de « porter la toile du temps » en conservant une surface de toile correspondant au vent, ni trop, ni trop peu. Si l'on tarde à réduire la toile, la pression du vent contre la voile risque d'être trop forte pour que l'on puisse prendre un ris. En toute dernière extrémité, on sacrifiera la voile en prenant un « ris irlandais », opération qui consiste à lacérer la toile au couteau pour diminuer la pression exercée par le vent. Lorsque l'on a dévergué et rentré toutes les voiles parce que l'on est au port, au mouillage ou que l'on se prépare à affronter le mauvais temps, le bateau est dit « à sec de toile ».

tribord C'est le côté droit du bateau lorsque l'on regarde vers l'avant. Tribord étant le bord noble, c'est sur ce bord que l'on fait embarquer les personnes que l'on veut honorer. On a prétendu que le 15 juillet 1815, les Anglais avaient cherché à humilier Napoléon en lui faisant emprunter la coupée bâbord du *Bellerophon,* mais cette rumeur a été démentie par le commandant Maitland. Napoléon qui connaissait parfaitement les règles de l'étiquette navale* n'aurait d'ailleurs probablement jamais accepté d'embarquer par bâbord. Les mots bâbord et tribord sont plus précis que gauche et droite, car ils désignent toujours les mêmes côtés du bateau, que l'on regarde vers l'avant ou vers l'arrière.

▲ **Petite sortie en Baie de Quiberon, devant le phare de la Teignouse. Le voilier vient de virer lof pour lof et a maintenant ses amures à babord.**

virer Dans le langage maritime, ce mot a plusieurs significations.

– On hale une manœuvre en virant au cabestan, au guindeau ou au winch en faisant tourner ces appareils.

– On vire une bouée* en la contournant.

– On « vire de bord » en changeant d'amures. Il faut dans ce cas distinguer le virement de bord « vent debout » du virement « lof pour lof » ou « vent arrière ». Sur les voiliers auriques, on « empanne » la grand-voile en faisant passer la bôme d'un bord sur l'autre lors du virement lof pour lof.

·V·

La croisière

Poussé par l'alizé*, le voilier fait route* vers sa destination. À bord, les équipiers se sont amatelotés* pour assurer les quarts*. L'essentiel de leur tâche consiste à conserver le cap* établi par le navigateur* et lorsqu'ils croisent un autre bâtiment, ils ne manquent pas de le saluer* au pavillon*, conformément aux règles de l'étiquette navale*. À midi, le navigateur prend une méridienne en observant la hauteur du soleil au sextant, puis il reporte la position du bateau sur la carte marine*. Ayant vérifié que la latitude* et la longitude* correspondaient au point GPS, le « savant du bord » rectifie la route en s'aidant d'une règle-rapporteur*. Dans quelques heures, la côte* sera en vue. Il faudra alors relever au moins trois amers* en s'efforçant d'obtenir un chapeau* aussi petit que possible. En attendant, le skipper* a fait remplir les boujarons* de punch*, avec peut-être une pensée émue pour ses homologues d'autrefois qui, en vertu d'une arithmétique particulière, faisaient délivrer la double au quart » !

PAGE PRÉCÉDENTE : Adolphe-Hippolyte Couveley (1802-1867) L'*Aigle*, yacht impérial (vers 1860). Ce yacht de Napoléon III, évoque parfaitement le faste des croisières d'autrefois. Les bateaux de plaisance d'aujourd'hui sont nettement moins luxueux, mais on fait toujours rimer croisière avec plaisir.

alidade On donne ce nom à un instrument constitué de deux équerres munies de fentes pour permettre la visée. En faisant coulisser ces équerres sur le cercle extérieur d'un compas*, on peut connaître l'angle que forme un objet visé (bateau, bouée*, langue de terre ou tout autre point remarquable) avec le nord compas. Par lecture directe sur les divisions du cercle, on obtient le « relèvement » de l'objet. Si, au lieu de faire coïncider le zéro du cercle avec le nord compas, on l'amène sur le cap suivi par le bateau, on a, toujours par lecture directe, le « gisement » de l'objet par rapport à la route que l'on suit. Pour que l'alidade n'influe pas sur l'aiguille aimantée du compas, tous les éléments qui la composent sont en laiton ou en matériaux non ferreux. Très décoratives, les anciennes alidades sont aujourd'hui fort appréciées des amateurs d'antiquités marine*.

amateloter À l'origine, amateloter, qui se disait également « emmateloter », consistait à désigner les deux hommes qui partageraient alternativement le même hamac*, l'un étant de quart et l'autre de repos. Par extension, deux amis amatelotés se disent matelots* l'un de l'autre. Ce verbe s'applique également à deux navires désignés pour accomplir une même mission, ou à plusieurs bâtiments qui ont pu continuer d'évoluer ensemble malgré des circonstances défavorables. Le verbe amateloter ne doit surtout pas être confondu avec amariner dont le sens est complètement différent.

▲ Marquant l'entrée du chenal conduisant au port de La Rochelle, cette balise constitue pour le marin, un excellent amer.

amer Ce mot a un sens totalement différent de celui qu'il possède dans le langage terrien puisqu'il n'est pas question ici d'amertume, mais de points remarquables situés sur la côte ou en mer. Du néerlandais *merk* (balise), l'amer peut être un moulin, un clocher, une tour, un immeuble, un phare* ou encore une bouée qui se détache bien sur l'horizon et que l'on ne peut confondre avec un autre objet semblable. Les amers sont portés sur les cartes marines et la manière de les combiner est minutieusement décrite dans les *Instructions nautiques*. On peut ainsi localiser de manière précise l'entrée d'un port* ou d'une rade et au mouillage*, le relèvement régulier d'au moins trois amers permet de savoir si l'on a ou non chassé sur ses ancres*.

arrondir C'est contourner un obstacle, un cap, une pointe, une île* ou un rocher en restant à bonne distance des hauts-fonds* qui peuvent les avoisiner. « Si tu veux devenir vieux marin*, dit un ancien proverbe, arrondis les caps et salue les grains*. » En théorie, rien ne s'oppose à ce que l'on arrondisse une bouée placée sur le parcours d'une régate, mais on gagnera un temps précieux en la rasant d'aussi près que possible. On dira alors que l'on a « viré* la bouée », expression qui sous-entend une notion de rapidité.

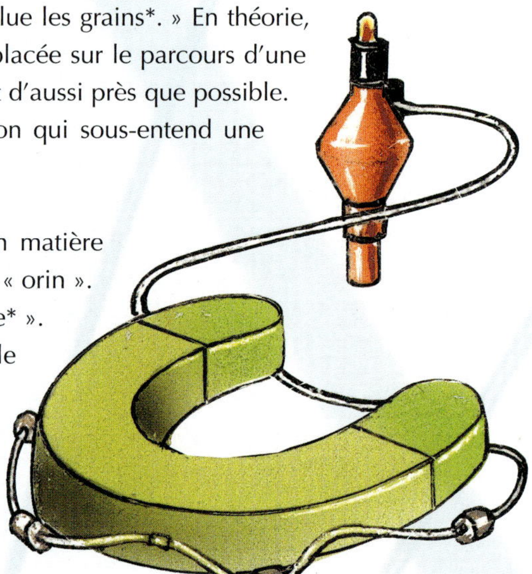

bouée C'est un corps flottant en liège, en bois, en matière plastique ou en tôle que l'on fixe à un cordage* ou à un « orin ». La bouée la plus connue est la « bouée de sauvetage* ». Elle est en forme de couronne ou de fer à cheval et elle permet à un naufragé de se maintenir à la surface de l'eau. On la place à l'arrière*, de manière à pouvoir la lancer sans délai à un homme tombé à la mer.

Des bouées sphériques ou coniques sont utilisées pour repérer la position d'un objet coulé volontairement. En fixant l'orin sur une ancre, on peut ainsi la retrouver facilement lorsque l'on a été obligé de filer sa chaîne par le bout. De la même manière, la « bouée de casier » sert à signaler la position d'un casier à crustacés que l'on pourra relever par son orin. Les bouées de ce type sont souvent surmontées d'une hampe à l'extrémité de laquelle flotte un petit fanion aux couleurs du propriétaire.

Une bouée peut également servir de « balise », pour marquer les limites d'un chenal, pour signaler un danger, épave* notamment, ou pour former un amer. Ces bouées sont souvent munies d'un système sonore (cloche ou sifflet) avec parfois un feu* fixe ou à éclats. Leur forme et leur couleur sont strictement réglementées. Sauf en cas de détresse*, il est interdit de s'amarrer* à une bouée de balisage, car on risquerait de la faire chasser.

Au figuré, un bateau qui « marche comme une bouée » est un bâtiment qui n'avance pas. « Faire bouée », c'est aller en dérive par suite d'une avarie* de machines* ou d'un calme* plat.

◄ La marine utilise différentes sortes de bouées pour des usages variés. En page précédente, on observe une bouée d'orin (à gauche), qui, reliée à un ancrage, forme un corps-mort sur lequel il est possible de s'amarrer. Le dessin de droite représente une bouée en fer à cheval destinée à soutenir un naufragé. Un dispositif lumineux fixé à une cordelette permet le repérage de nuit et certains modèles sont munis d'un sifflet également relié à la bouée par une cordelette. La bouée de balisage reproduite sur le dessin de gauche de cette page est équipée d'un système lumineux puissant et d'un réflecteur radar. Plus grande que la bouée en fer à cheval, la bouée-couronne (à droite) peut soutenir plusieurs hommes. Elle est utilisée sur les navires de fort tonnage.

boujaron

Dans l'ancienne marine à voiles, le boujaron était un petit gobelet en fer-blanc qui permettait de mesurer les différents liquides de la ration du marin, particulièrement les spiritueux. Sa capacité était de 6 cl, soit environ la seizième partie du litre et la « double » (pour double ration) était parfois délivrée à titre de récompense. Dans les années 1950, la Marine nationale et la marine marchande avaient pratiquement fait disparaître le terme boujaron de leur vocabulaire, les marins-pêcheurs restant seuls à l'utiliser. Les plaisanciers* l'ont repris en altérant légèrement son sens puisque le boujaron désigne aujourd'hui tout gobelet contenant une boisson à base de rhum, punch notamment. Ajoutons que la capacité du boujaron moderne est souvent supérieure aux anciens 6 cl réglementaires !

cambuse

Ce mot vient du néerlandais *kombuis* (cuisine). Il est entré dans le langage de la marine de commerce au XVIIIe siècle sous une signification légèrement différente de celle d'origine puisqu'il s'est appliqué à un local où l'on entreposait les vivres* et les boissons de l'équipage*. Entré peu après dans le vocabulaire de la marine de guerre, il a désigné le magasin placé sous la surveillance du commis aux vivres où l'on effectuait la distribution des rations. Sur les petits yachts*, la cambuse est le caisson qui contient les vivres.

cap

En navigation*, c'est l'angle que forme l'axe du bateau avec le nord. Le « cap compas » est, comme son nom le laisse entendre, celui qu'indique le compas. En ajoutant ou en retranchant la « variation », somme des erreurs produites par les objets métalliques du bord, on obtient le « cap magnétique » à partir duquel on peut connaître le « cap vrai » en retranchant la « déclinaison ». Le cap ne doit pas être confondu avec la route, mot dont le sens est différent. Avec la promesse maintes fois réitérée que « le cap sera maintenu », le mot cap s'est fait une place enviable dans le monde de la politique aux côtés de la barre tenue d'une main ferme ! Moins soucieux des effets oratoires, le barreur* préfère « conserver » le cap que lui a indiqué son navigateur.

carte marine

C'est la représentation, sur une surface plane, d'une partie de la mer avec les côtes adjacentes, les îles, les écueils, les hauts-fonds, les balises, les phares et les amers les plus remarquables. Le « zéro des cartes » correspond au niveau des plus basses mers. En consultant l'annuaire des marées*, on peut donc connaître la profondeur de l'eau à un moment précis, ce qui est une indication très précieuse pour le navigateur. La « déclinaison », qui est l'angle formé par le nord géographique et le

► **Gerhard Kremer dit Gerard Mercator (1512-1594) : Pôle arctique (1595).**

nord magnétique, figure sur la carte marine, avec les indications permettant de la calculer (elle varie dans le temps et selon le lieu). À quelques très rares exceptions près, les cartes marines sont établies selon le système de projection de Mercator. Le globe terrestre y est projeté sur un cylindre tangent à l'équateur que l'on déroule ensuite. De ce fait, les méridiens* sont parallèles entre eux, au lieu de se rejoindre aux pôles. Ce système donne une représentation inexacte du globe puisque les déformations augmentent à mesure que l'on s'éloigne de l'équateur ; elles sont maximales aux pôles qui ne figurent plus par des points, mais par des lignes droites. Dans le système Mercator, la loi des « latitudes croissantes » règle l'écartement des parallèles, ce qui permet de conserver les angles et de représenter les loxodromies* sous forme de lignes droites.

Les cartes marines françaises se rangent en quatre grandes catégories :

– les « cartes routières » représentant de grandes portions de mers ou d'océans. Elles sont à très petite échelle (inférieure au 1/1 000 000) et on les utilise pour tracer la route en haute mer ;

– les « cartes d'atterrissage » sont utilisées pour reconnaître les approches de la terre. Leur échelle est comprise entre le 1/1 000 000 et le 1/300 000 ;

– les « cartes côtières », plus détaillées, ont des échelles comprises entre le 1/300 000 et le 1/150 000 ;

– les « cartes particulières », les « cartes de détail » et les « plans » sont utilisés pour la navigation à proximité immédiate de la terre. Leurs échelles sont inférieures au 1/150 000.

chapeau En théorie, deux relèvements suffisent à établir la position du navire lorsque l'on est en vue de la terre, mais il est toujours préférable de relever un troisième amer pour limiter les risques d'erreurs grossières. Si les visées étaient parfaitement exactes et si le bateau était rigoureusement immobile, les trois droites se couperaient au même point, ce qui n'est pratiquement jamais le cas. Le plus souvent, elles forment un triangle officiellement appelé « triangle d'incertitude » et ce triangle sera d'autant plus petit que les relèvements auront été précis. Les marins donnent à ce triangle le nom de chapeau, car il en a vaguement la forme. On admet que la position du navire se situe au centre du chapeau.

chronomètre C'est le nom que l'on donne le plus souvent aux « montres marines » également appelées « horloges marines » et « garde-temps ». Les chronomètres permettent de comparer l'heure d'un méridien d'origine à celle du lieu où l'on se trouve, cette dernière étant établie par des observations astronomiques. Il est donc essentiel de disposer de chronomètres très précis, ce qui est le cas des montres à quartz apparues dans les années 1970. Dans l'ancienne marine, on utilisait des sabliers à l'exactitude très approximative et il a fallu attendre 1759 pour que l'horloger anglais John Harrison réalise une montre marine réellement utilisable puisqu'en cinq mois de navigation, elle n'a varié que de 1 min 54 s et 5 dixièmes. Malgré la généralisation des appareils de navigation par satellite, comme le GPS (Global Positioning System), les chronomètres n'ont pas disparu de l'équipement de navigation, car une panne est toujours possible et il faut, dans ce cas, revenir à la navigation astronomique. Les anciens chronomètres à ressort sont toutefois en voie de disparition et certains modèles se négocient à des prix élevés sur le marché des antiquités marines.

compas Jusque dans les dernières années du XIXe siècle, les marins utilisaient indifféremment les mots compas et boussole qui sont synonymes. Le vocabulaire maritime d'aujourd'hui a conservé le compas en abandonnant la boussole aux terriens. Il s'agit d'un instrument de navigation destiné à indiquer la direction du navire par rapport au nord magnétique. Les anciens compas étaient composés d'une « cuvette », sorte de boîte cylindrique en cuivre ou en laiton que supportaient deux cercles concentriques appelés « balanciers », l'ensemble étant contenu dans un coffret en bois. Au centre de la cuvette, on disposait un pivot supportant l'aiguille aimantée sur laquelle était collée la rose des vents.

Les compas modernes reprennent l'essentiel de ces dispositions et, par économie, on ne les fait plus en cuivre ou en laiton mais en matière plastique. Ils comportent souvent un verre grossissant qui facilite la lecture et la rose des vents est désormais graduée en 360 degrés, les aires de vent* n'étant pratiquement plus indiquées. En plus de ces « compas de route », on dispose de « compas de relèvement » mobiles, surmontés d'une alidade*. Lorsqu'un compas a une grande inertie, on dit qu'il est « paresseux » et si au contraire, ses mouvements sont désordonnés, il est « affolé ».

La présence de masses métalliques à bord du navire influe sur l'aiguille aimantée qui n'indique jamais exactement la direction du nord magnétique. Ce phénomène porte le nom de « déviation ». Il correspond à la différence angulaire entre la direction du nord compas et celle du nord magnétique. La déviation varie avec le cap du navire. Elle augmente lorsque l'on se dirige vers l'est ou vers l'ouest ; elle diminue lorsque l'on fait route au nord ou au sud. C'est pourquoi chaque compas est muni d'une « courbe de déviation » qui indique la déviation en fonction des caps suivis. La somme algébrique de la déviation et de la déclinaison est la « variation ».

▼ Comme leurs homologues des siècles passés, les compas d'aujourd'hui sont parfois traités en objets luxueux. Ils sont toutefois beaucoup plus précis, même si par nature, ils doivent être compensés. Cette opération se fait en rapprochant et en éloignant l'une ou l'autre des deux sphères en fer disposées de part et d'autre du compas.

▲ Jacques Delvaux : *Astrolabe* (miniature, 1583).
Avec cet instrument primitif, ce géographe de la Renaissance relève la hauteur d'un astre au-dessus de l'horizon, ce qui lui permettra

de déterminer la position du lieu où il se trouve. Même à terre, les erreurs de mesure étaient si fréquentes que cette science est restée longtemps approximative.

étiquette navale Cette expression recouvre l'ensemble des règles de politesse que l'on doit observer à la mer comme au port. Certaines de ces règles sont dictées par le simple bon sens ; d'autres découlent d'usages parfois très anciens. Au port, lorsque l'on est amarré à couple d'un autre bateau, on passera sur l'avant* de celui-ci pour débarquer ou pour embarquer et au moment de l'appareillage*, on aura soin de raidir soigneusement les amarres du bateau voisin. Les parties nobles du bateau sont l'arrière et le côté tribord* ou le bord du vent* si l'on est à la mer. Au mouillage, on accostera* donc par bâbord* le bateau auquel on rend visite, sauf si l'on doit embarquer ou débarquer un personnage important et l'équipier le plus jeune passera d'abord en prenant l'amarre avec lui. L'étiquette navale concerne également les saluts qui se font exclusivement au pavillon pour les bâtiments civils.

Comme dans beaucoup d'autres activités humaines, le manque de savoir-vivre, pudiquement rebaptisé « incivilité », n'a malheureusement pas épargné les milieux maritimes et l'étiquette navale est de moins en moins respectée. Notons toutefois que la Marine nationale conserve une attitude exemplaire en restant fidèle à ses traditions.

feu Ce terme générique s'applique à tous les signaux lumineux, à terre ou à bord. Un voilier faisant route doit porter un feu vert à tribord et un feu rouge à bâbord, dans des sortes de boîtiers dirigeant la lumière vers l'avant en couvrant un angle de 112,5° pour chaque feu et en la masquant complètement vers l'arrière. À ces deux feux s'ajoute un feu blanc qui couvre un angle de 135° vers l'arrière et qui est masqué vers l'avant. Le système des feux de position vert et rouge a été conçu par l'officier de marine anglais James Whitehead et il a été rendu obligatoire en 1896. Au mouillage, les navires ne portent qu'un ou deux feux blancs visibles sur tout l'horizon. La réglementation définit de manière très précise les feux que doivent montrer les navires dans toutes les autres situations particulières (navire non maîtres de leur manœuvre, navires remorqués, navires en train de pêcher, etc.).

Les phares et les balises ont des feux fixes ou à éclats. Ils sont rouges lorsqu'ils signalent un danger, verts pour les dangers secondaires et blancs pour les eaux libres. Chaque feu a des caractéristiques précises qui permettent de le reconnaître. Elles figurent sur les cartes marines et de manière beaucoup plus détaillée dans le *Livre des feux* édité par le SHOM*.

latitude C'est la distance à l'équateur mesurée de 0 à 90° vers le pôle Nord ou vers le pôle Sud. La latitude est obtenue en calculant la hauteur du soleil, d'une étoile ou d'une planète à son passage au méridien sous lequel on se trouve. On utilise, pour effectuer cette mesure, un « sextant », appareil de visée monté sur un arc de cercle de 60°, soit le sixième de la circonférence. Le sextant est une amélioration des précédents instruments destinés au même usage (bâton de Jacob, astrolabe, octant...), car il permet, par double réflexion, de mesurer des angles jusqu'à 120°.

Lorsqu'on fait route au nord, on s'« élève en latitude » et dans le cas contraire, on s'« abaisse en latitude ». Être « à la hauteur » d'un point, un port par exemple, c'est être sur le même parallèle* que ce point. La latitude s'exprime en degrés, minutes et secondes. On doit également indiquer s'il s'agit d'une latitude nord ou sud, en fonction de l'hémisphère dans lequel on se trouve.

La résistance exercée sur la ligne de loch augmente avec la vitesse du navire et si celui-ci file bon train, elle peut devenir très importante. Ainsi, un marin du célèbre clipper britannique *Cutty Sark* a noté non sans humour : « *C'est devenu un lieu commun de dire : quinze nœuds et deux novices, car il en fallait deux pour tenir le tour de loch* » (nom que l'on donne au dévidoir de la ligne de loch).

loch Ce mot vient de l'arabe *loch* (tablette). Il désigne un appareil servant à mesurer la vitesse du navire et à l'origine, il était composé d'une tablette lestée (d'où son nom), appelée « bateau de loch », reliée par une patte d'oie à une « ligne de loch » comportant un nœud tous les 15,43 m, ce qui correspond à la 120e partie du mille marin, ce dernier étant égal à 1 852 m. En laissant filer cette ligne à la mer et en comptant 30 s (120e partie d'une heure), on avait le nombre de nœuds filés par le navire. Le mot nœud désigne donc la vitesse et l'expression « nœud à l'heure » est complètement vide de sens. On peut en revanche parler de milles par heure, puisque le mille est une mesure de distance, mais il faut éviter de prononcer ce mot à l'anglaise.

Les lochs modernes sont actionnés par une hélice dont la rotation est proportionnelle à la vitesse du navire. Ces appareils sont parfois appelés « speedomètres », terme qui heureusement ne semble pas devoir « enrichir » notre vocabulaire maritime !

longitude C'est l'angle formé par le méridien du lieu où l'on se trouve et un méridien d'origine, généralement celui de Greenwich. Pour connaître la longitude d'un lieu, il suffit de comparer l'heure locale à celle de référence, mais ces observations nécessitent un chronomètre* fiable et précis qui n'existait pas avant 1759. Jusqu'à cette date, les marins calculaient la longitude à l'estime, ce qui entraînait souvent des erreurs de navigation importantes. Une méthode plus précise était celle des « distances lunaires » qui consistait à comparer la position locale de notre satellite à sa situation dans la sphère céleste. Incroyablement complexe, cette méthode exigeait des éphémérides dont l'élaboration mobilisait la quasi-totalité des astronomes. À bord, elle nécessitait de nombreuses observations suivies de 3 à 4 h de calculs et du fait de l'imprécision de ces observations, les erreurs de navigation étaient presque aussi fréquentes qu'avec la méthode de l'estime. Les montres marines à quartz, les appareils de mesure radioélectriques et les systèmes de positionnement par satellite (GPS) permettent aujourd'hui d'obtenir un point avec une marge d'erreur inférieure à 20 m. Au figuré, prendre une longitude, c'est aller se coucher.

▲ **Sextant anglais du XVIIIe siècle. Cet instrument est utilisé pour mesurer la hauteur d'un astre au-dessus de l'horizon (latitude). Monté sur un arc de cercle de 60°, il permet par double réflexion, de mesurer des angles jusqu'à 120°. Cet instrument ancien en bois précieux et en laiton est un très bel objet que son propriétaire conservait précieusement dans un coffret spécialement conçu pour le recevoir.**

longue-vue Cet instrument d'optique est apparu au début du XIIIe siècle, mais on ignore le nom de son inventeur. Il est formé de deux verres lenticulaires à axe optique commun que l'on place aux extrémités d'un tube. L'une de ces lentilles est l'« objectif » par lequel se forme l'image réelle de l'objet et l'autre est l'« oculaire » par lequel on peut observer l'image fournie par l'objectif. Le système a été perfectionné en remplaçant les deux lentilles individuelles par deux systèmes de lentilles, ce qui a permis d'éliminer les aberrations géométriques et chromatiques, le principe de base restant toutefois inchangé. On nomme « grossissement » le nombre qui exprime l'accroissement apparent des objets observés. L'étendue de l'espace aperçu est le « champ », la précision des images est la « netteté » et l'intensité de la lumière est la « clarté ». La longue-vue n'est plus guère utilisée, les marins lui préférant les « jumelles » qui sont des doubles longues-vues à prisme. Les anciennes longues-vues en cuivre sont aujourd'hui très recherchées par les amateurs d'antiquités marines.

loxodromie Du grec *loxos* (oblique) et *dromos* (course), ce mot désigne la route que suit un navire lorsqu'il coupe tous les méridiens sous le même angle. Sur les cartes Mercator, cette route est figurée par une ligne droite, mais elle ne correspond pas au chemin le plus court, qui est l'« orthodromie », nom que l'on donne à l'arc de grand cercle joignant deux points, la Terre étant supposée parfaitement sphérique.

mappemonde Selon Émile Littré, c'est une « carte représentant toutes les parties du globe terrestre divisé en deux hémisphères ». La mappemonde est beaucoup moins pratique que la projection Mercator, car les îles et les continents y sont très déformés. C'est pourquoi on construit des globes, également appelés mappemondes, qui seuls représentent la Terre de manière exacte.

Page suivante : Système GPS

B&G
Hercules 790
16.3
22.1

Malheureusement, l'encombrement de ces globes les rend inutilisables à bord et l'on ne peut, de toutes manières, qu'obtenir des représentations à très grande échelle. On appelle « mappemonde céleste » la carte de la voûte céleste dans laquelle on peut observer la position des astres situés dans les deux hémisphères célestes. Il existe également des globes représentant la voûte céleste. On les utilise à bord pour apprendre aux élèves à reconnaître rapidement la position des étoiles. Officiellement appelé « navisphère », ce globe est irrévérencieusement surnommé « tête de veau ».

méridien C'est le grand cercle de la sphère terrestre qui passe par les pôles en coupant l'équateur et tous les parallèles à angle droit. On nomme « méridien d'un lieu » le demi-cercle qui passe par les pôles et par ce lieu, l'autre demi-cercle étant l'« antiméridien ». Presque toutes les nations ont adopté comme « premier méridien » le méridien de l'observatoire de Greenwich matérialisé par un rail de bronze à l'intérieur de cet établissement. Il sert aujourd'hui de méridien d'origine pour la mesure des longitudes comptées de 0° à 180° vers l'ouest et de 0° à 180° vers l'est. On reporte sur les cartes vingt-quatre méridiens espacés de 15° en 15° à partir du méridien de Greenwich. Ces vingt-quatre méridiens sont les axes de vingt-quatre fuseaux appelés « fuseaux horaires » à l'intérieur desquels on considère que tous les lieux sont à la même heure, celle-ci variant peu d'un bord du fuseau à l'autre. « Prendre une méridienne », c'est observer le Soleil lorsqu'il est à son zénith. À ce moment, il est midi en heure locale, ce qui permet, en comparant avec l'heure de Greenwich, de connaître la longitude du lieu où l'on se trouve.

navigation Dans son sens le plus large, ce mot s'applique au voyage en mer, mais on l'emploie aussi pour désigner l'art de se repérer et de tracer la route que le bateau doit suivre. La navigation est dite :

– à l'estime, en utilisant uniquement le compas et le loch* ;
– astronomique, en employant le chronomètre et le sextant ;
– radioélectrique, en utilisant les relèvements des radiophares ;
– GPS, en suivant les indications transmises par un récepteur calé sur plusieurs satellites artificiels.

Familièrement, « naviguer en eaux troubles », c'est s'occuper d'affaires douteuses, parfois illégales.

« Sa Majesté ayant été informée qu'encore que, par son règlement du 12 juillet 1670, il ait été ordonné que les pavillons, cornettes, flammes et autres marques de commandement de ses vaisseaux de guerre seraient toujours blancs, tant dans les navigations que dans les combats, quelques-uns de ses officiers commandant lesdits vaisseaux n'ont pas laissé d'arborer, dans les jours de combat, des pavillons et enseigne de poupe rouges. »
ORDRES DU ROI, 1678.

parallèle C'est un cercle du globe terrestre parallèle à l'équateur. Les longueurs des circonférences décroissent à mesure que l'on se rapproche des pôles, mais dans les cartes à projection Mercator, les lignes droites matérialisant les parallèles ont des longueurs égales. Ces longueurs ne correspondent donc pas à la réalité et il est impératif de mesurer les distances sur l'échelle des latitudes, c'est-à-dire sur les bords verticaux de la carte marine.

pavillon Ce mot est synonyme de drapeau, qui n'est jamais employé dans la marine. Le grand côté d'un pavillon est le « battant » ; le petit côté placé contre le mât* ou la drisse est le « guindant ». On nomme « guidon » ou « marque » un petit pavillon servant d'insigne de commandement. Par extension, on donne aussi ces noms au pavillon du propriétaire et à celui du club nautique, ces deux guidons se hissant* respectivement aux barres de flèche et en tête de mât. Le pavillon national est celui de la nationalité du bateau. Il est de forme rectangulaire et son battant doit être égal à un guindant et demi. Le pavillon français est tricolore avec pour un battant de 1 m, des largeurs de 0,30 m pour le bleu, 0,33 m pour le blanc et 0,37 m pour le rouge. Si ce pavillon est plus grand ou plus petit, les largeurs des trois couleurs seront, bien entendu, proportionnelles.

De nombreux ouvrages « historiques » font référence au pavillon fleurdelisé de l'Ancien Régime. Sauf s'il s'agit du pavillon royal ou du pavillon des galères*, cette appellation est fausse, car le pavillon des vaisseaux* était entièrement blanc. Il s'enrichira d'un rectangle tricolore en haut du guindant sous la Révolution avant de prendre la forme que nous lui connaissons. La longueur du battant était celle du maître bau, mais par commodité, on utilisait des pavillons plus petits lorsque l'on était à la mer. Aujourd'hui, la taille d'un pavillon arboré par un yacht n'est pas réglementée. Le pavillon national doit toutefois être plus grand que les pavillons de signalisation* et les guidons. Il doit battre à l'arrière, sur un mâtereau ou à une drisse. On le rentre entre le coucher du soleil et l'aube. Le pavillon européen n'est pas un pavillon national et il ne doit pas être arboré à l'arrière.

« Les hommes, j'entends les hommes qui ont l'espoir de la victoire de l'homme, jugent des phares à leur clarté, et non à l'ombre qui tourne après elle. »

Louis Aragon.

pavillons de signalisation

Des pavillons de couleurs variées sont employés pour les signaux. On les appelle « pavillons du code » (pour Code international des signaux), ou plus simplement « signaux ». Ils se composent de vingt-six pavillons alphabétiques, de dix flammes numériques, de trois « substituts » triangulaires et de l'« aperçu ». Ces pavillons ont des couleurs et des formes différentes pour que l'on ne puisse pas les confondre entre eux. Outre le pavillon national, un yacht doit posséder au minimum :

– les signaux correspondant aux lettres *n* et *c* (détresse) ;

– la lettre *v* (demande d'assistance) ;

– l'aperçu qui, lorsqu'il est envoyé* à mi-drisse, signifie : « Je n'ai pas compris votre signal. »

Établis en guirlande, les pavillons du code forment le grand pavois*, le pavillon national restant toujours battant à l'arrière.

phare

Trois siècles avant Jésus-Christ, une « tour à feu » en marbre blanc avait été érigée sur l'île de Pharos, dans les parages d'Alexandrie. Le lieu a donné son nom à la tour qui figurait parmi les Sept Merveilles du monde et par extension, on a nommé phare toute construction en forme de tour portant à son sommet une source lumineuse. Pour des raisons évidentes, il est essentiel que l'on ne puisse pas confondre un phare avec un autre. Aussi les balises et les phares sont-ils munis de feux facilement reconnaissables (feux fixes, tournants, à éclats, etc.). En 1823, les lentilles et les réflecteurs paraboliques imaginés par Augustin Fresnel ont permis d'augmenter sensiblement la portée des phares. La mise en service de feux électriques (1859 en Angleterre et 1863 en France) a représenté un progrès tout aussi déterminant. La sécurité est devenue maximale avec l'apparition des « radiophares », appareils émettant des signaux radioélectriques pouvant être relevés au radiogoniomètre par un navire à la mer.

Le mot phare a été largement adopté par les commerçants qui nomment « produit phare » une marchandise qu'ils ont mise en valeur. L'image du « phare qui luit dans la tempête* » est également très appréciée des responsables politiques.

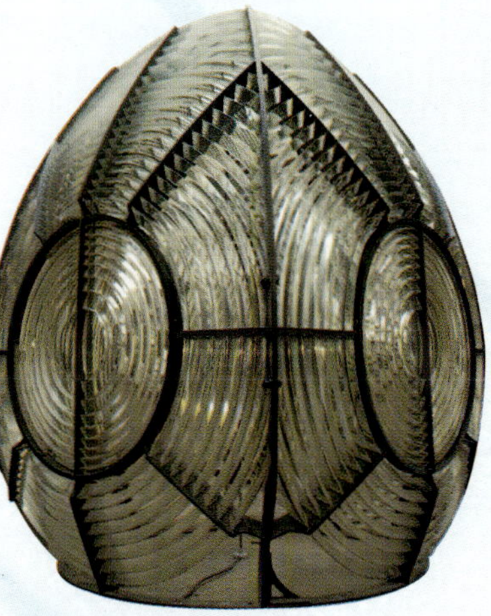

▲▼ Ci-dessus : optique de phare (fin du XIXe siècle). Ci-dessous : lentille de phare (1821).

punch

Ce mot désigne une composition de thé, de sucre, de rhum et de jus de citron. Les Anglais ont inventé ce mélange au XVIIIe siècle. À l'origine, il s'agissait d'inciter les marins à boire du jus de citron dont les propriétés antiscorbutiques étaient connues, sans toutefois que l'on ait su les expliquer. Comme les marins rechignaient à absorber ce remède, plusieurs capitaines ont eu l'idée de lui adjoindre de l'alcool, essentiellement du brandy et du rhum. Sans le savoir, ils avaient inventé l'antiscorbutique parfait, car le jus de citron se conserve indéfiniment dans l'alcool et en cristallisant, la vitamine C qu'il contient garde toutes ses propriétés. Le mot « tafia », qui était initialement synonyme de rhum, est parfois employé à tort pour désigner le punch, boisson qui, malgré ses propriétés médicamenteuses, n'est pas incluse dans la pharmacie du bord !

radionavigation

Les premières communications radio entre navires ont été établies dans les dernières années du XIXe siècle et n'ont cessé de se développer. À l'origine, on correspondait en « graphie » en utilisant l'alphabet Morse, puis l'on est parvenu à transmettre des messages vocaux. Ce dernier procédé, appelé « radiotéléphonie », s'est imposé dans les années qui ont suivi la fin du second conflit mondial et il a remplacé l'ancienne TSF (télégraphie sans fil). En 1907, les Italiens

C. Monet

◄ Claude Monet (1840-1926) : *Le phare de l'hospice,* huile, (1864).

Bellini et Tosi ont mis au point un système de mesure directionnelle reposant sur la réception des ondes hertziennes émises par un radiophare. Cet appareil est l'ancêtre du « radiogoniomètre », largement utilisé en marine et en aviation jusque vers la fin des années 1960. Des systèmes plus sophistiqués (loran, consol, decca) ont été mis au point pendant la guerre, mais ils ont très rarement été utilisés en plaisance. Les systèmes de positionnement par satellite (GPS) sont en revanche très répandus, car les appareils récepteurs sont relativement peu coûteux et ils sont très simples à utiliser.

▲ **Avec cette règle-rapporteur Cras et ce compas à pointes sèches qui lui permettra de relever les distances, le navigateur va tracer la route qu'il reportera sur la carte marine.**

rapporteur

Pour travailler sur une carte marine, le navigateur utilise une « règle-rapporteur » en matière plastique transparente. La plus connue est la « règle Cras », du nom de son inventeur. Fréquemment utilisée en marine comme en aviation, elle se compose de deux rapporteurs inversés avec double graduation intérieure et extérieure. Une flèche gravée sur la règle porte la mention : « Vers la route ou le point relevé. » Cette règle permet de mesurer facilement l'angle que fait la route avec le nord. Son utilisation demande toutefois une certaine habitude, la présence des deux rapporteurs inversés pouvant entraîner des erreurs de lecture. C'est pourquoi de nombreux plaisanciers lui préfèrent le « rapporteur breton » comportant un rapporteur circulaire de 360° tournant sur un axe. Son utilisation est d'une grande simplicité puisqu'il suffit de positionner la règle sur la route à suivre, de placer le zéro du rapporteur sur un méridien et de lire le résultat dans une fenêtre aménagée sur la règle. Toutes les autres règles-rapporteurs existantes dérivent de ces deux modèles.

route En navigation, la route correspond à la direction que doit suivre le bateau pour rejoindre sa destination. La route peut parfois correspondre au cap vrai, mais cette situation est exceptionnelle car dans la majorité des cas, le vent fait dévier le navire de sa trajectoire. Il avance alors « en crabe », phénomène que l'on nomme « dérive ». Le navigateur doit alors calculer une « route surface » en ajoutant algébriquement cette dérive au cap vrai. Il n'a toutefois résolu qu'une partie du problème, car il lui faut également tenir compte du courant* en ajoutant – toujours algébriquement – sa force pour déterminer la « route fond », c'est-à-dire la route qui relie deux points sur la carte.

salut À La mer, on salue un bâtiment ou un port étranger en abaissant le pavillon national et en le hissant à bloc trois fois de suite. Les navires civils saluent les premiers les bâtiments de guerre qui ne répondent qu'une seule fois. En plaisance, on se salue avec le pavillon national ou avec le pavillon du propriétaire, le yacht le plus petit saluant le premier et l'autre devant rendre le même nombre de saluts.

Les navires de guerre saluent au canon en suivant un protocole très strict. Dans l'ancienne marine, il était d'usage d'envoyer un officier négocier le nombre de coups de salut à échanger et il arrivait parfois que des représentants de nations alliées ne parviennent pas à se mettre d'accord. En 1731, le duc de Saint-Aignan, qui rejoignait en galère son poste d'ambassadeur à Rome, avait exigé que trente et un coups de canon soient tirés pour le saluer. Sa demande ayant été refusée, il est alors retourné en France, d'où il est reparti… en carrosse !

Même entre nations alliées, le salut au canon reste très protocolaire comme le montre cet extrait d'un ancien journal de bord :
« À 6 heures du matin, j'ai salué le fort de Portsmouth de 13 coups de canon. Ne m'en ayant rendu qu'onze, j'ai porté mes plaintes au colonel Woothworth, chargé de l'inspection de ce fort, qui m'a répondu très honnêtement que c'était une méprise et qui serait réparée. En effet, à 4 heures du soir, le fort a non seulement rendu les deux coups qu'il me devait, mais a recommencé le salut de 13 coups. J'ai cru devoir répondre à cette politesse par un remerciement de 5 coups. »
Latouche-Tréville.
Journal de la frégate du Roi l'*Hermione* de 32 canons (1780-1782).

scott Ce procédé de transmission par projecteur à éclipse utilise l'alphabet Morse. Un navire ou un sémaphore* « attaque » un autre bâtiment en lui faisant savoir qu'il s'apprête à entrer en communication avec lui.

sémaphore Ce mot désigne un mât dressé à terre qui sert à envoyer les pavillons du code pour communiquer avec les autres bateaux. On hisse également au « mât sémaphorique », les signaux avertissant des dangers temporaires ou permanents. Les sémaphores, qui sont souvent utilisés comme postes d'observation, sont pour la plupart équipés d'appareils radioélectriques d'aide à la navigation. Le mot anglais *semaphore* est un faux ami, car il désigne un système de signaux à bras.

sonde C'est un appareil constitué d'une ligne à l'extrémité de laquelle est fixé un « plomb de sonde » dont la base est évidée et garnie de suif pour rapporter les échantillons du fond. Pour utiliser convenablement la sonde, il faut mettre en panne ou naviguer à très petite vitesse. La profondeur de l'eau s'exprimait autrefois en « brasses » de 1,624 m (France) ou de 1,824 m (Angleterre). Aujourd'hui, les mesures officielles sont en mètres et des appareils à ultrasons nommés « sondeurs » enregistrent constamment la profondeur en mesurant automatiquement le temps que met une onde sonore à se réfléchir. Sous un sens légèrement différent, on nomme sonde la profondeur indiquée par la carte marine.

·VI·

La marine d'autrefois

Le 2 décembre 1805, la Grande Armée a bousculé les Austro-Russes à Austerlitz, mais le 21 octobre précédent, il y a eu Trafalgar. Et comme en témoignent les corvettes* anglaises qui croisent impunément à quelques centaines de mètres du rivage, la mer* appartient désormais à l'Angleterre. Vingt ans plus tôt, notre marine* était pourtant un instrument redoutable. Pendant la guerre d'Indépendance américaine, elle avait accumulé les succès. Elle possédait les meilleurs vaisseaux*

et en modifiant profondément son organisation, l'ordonnance* de 1786 l'avait rendue encore plus efficace. Cette période très faste a également été celle où le vocabulaire maritime est sorti de l'adolescence. Certains termes ont aujourd'hui un peu vieilli, mais ils restituent à merveille les magnifiques vaisseaux d'autrefois. Surtout, ils restent parfaitement compréhensibles au marin* d'aujourd'hui, de sorte que si nous faisons le tout petit effort de conjuguer nos verbes au présent, nous n'aurons aucun mal à revivre cette merveilleuse époque où les grands voiliers sillonnaient les océans.

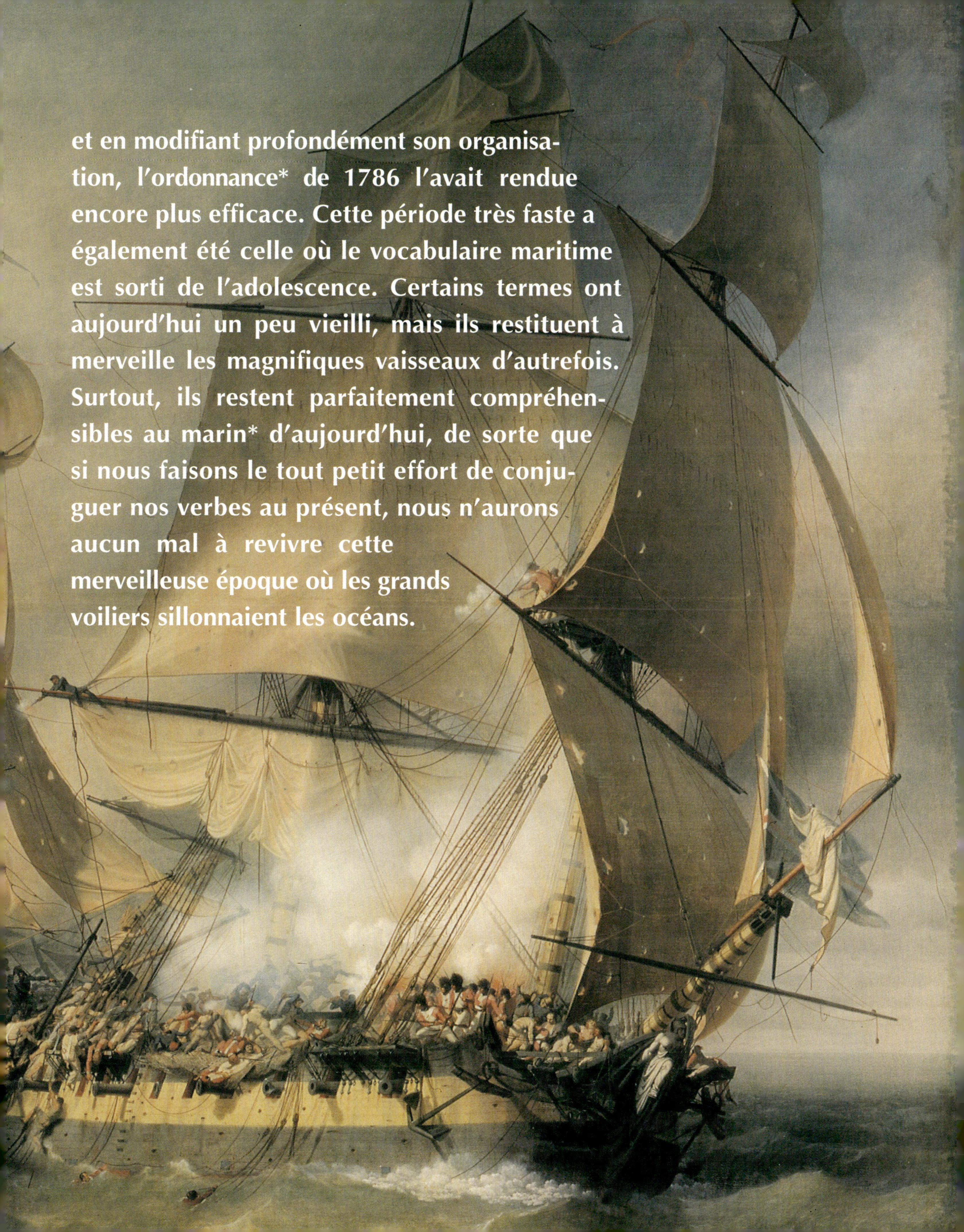

PAGE PRÉCÉDENTE : Louis-Philippe Crépin (1772-1851) : *Combat de la Bayonnaise et de l'Ambuscade,* (1801). Cette huile sur toile représente la corvette française (à gauche) et la frégate britannique le 14 décembre 1798. On voit ici les marins français hâter la décision en enlevant l'ennemi à l'abordage.

amiral Ce mot vient de l'arabe *amïr al-bahr* (prince de la mer). Il est entré dans notre vocabulaire maritime au XIe siècle sous l'orthographe « amiralt », avant de devenir « admiral » puis amiral. En France, le titre d'amiral a d'abord été une dignité de la Couronne et l'on retrouve la signature du grand amiral de France sur plusieurs ordonnances du roi relatives à la marine. Cette dignité, plusieurs fois supprimée et rétablie, deviendra purement honorifique sous l'Empire avant de disparaître définitivement avec la révolution de 1830. Sous l'Ancien Régime, le commandement effectif de la flotte* était assuré par un amiral commandant en chef, des vice-amiraux, des lieutenants généraux des armées navales* et des chefs d'escadre. Signalons qu'un amiral ne commande pas directement le « vaisseau amiral » à bord duquel il a pris place, cette fonction étant assurée par un « capitaine de pavillon ».

Amsterdam Cette réplique contemporaine d'un navire de la compagnie néerlandaise des Indes orientales (VOC) est exposée à proximité du Netherlands Maritime Museum d'Amsterdam. Elle est construite entre 1985 et 1990, d'après l'épave* de l'*Amsterdam* découverte en 1969. Le vaisseau d'origine coule en 1749 au large de la côte* sud de l'Angleterre alors qu'il effectue son premier voyage aux Indes et par chance, sa coque* s'est enfouie dans une couche de vase qui a assuré sa préservation. L'épave a livré de nombreux renseignements sur la marine marchande de l'époque, mais la réplique de l'*Amsterdam* n'a pas la rigueur qui lui permettrait d'être considérée comme un élément du patrimoine maritime. Les animations dont elle est le support (marins en costumes d'époque) donnent cependant une idée assez exacte de la vie à bord d'un navire marchand d'autrefois.

antiquités marines Le législateur appelle « antiquité » tout objet de plus de cent ans d'âge, définition qui est également celle des douanes. Plus récents, ces objets sont des « curiosités » et les commerçants qui les vendent sont des brocanteurs. On regroupe sous le nom d'antiquités (ou de curiosités) marines les maquettes de bateaux que les marins appellent « modèles », les instruments de navigation*, les objets souvenirs, le mobilier, les armes individuelles et les tableaux. Les livres anciens forment une catégorie à part. Ils sont souvent dépouillés de leurs gravures qui ont été vendues séparément.

Le marché des « marines », nom générique que l'on donne aux tableaux, gravures, aquarelles, etc., est très actif. C'est probablement celui que les experts maîtrisent le mieux et leurs estimations sont généralement assez précises. Il en est de même pour les instruments de navigation, les armes et les objets souvenirs. Les prix des modèles sont en revanche plus difficiles à établir, car du fait de leur grande rareté, il n'existe pas de véritable marché pour ces objets. Les meubles de marine ont longtemps été dédaignés. Beaucoup ont disparu et la cote de ceux qui nous sont parvenus est assez élevée. D'une manière générale, le marché des antiquités marines reste toutefois peu spéculatif, les prix reflétant une réalité qui n'est plus depuis longtemps celle du marché de l'art.

▼ Fabriqué à Nuremberg par un artisan particulièrement talentueux, ce coffre de marin contenait le « trésor du bord » (argent, cartes marines, instruments de navigation, lettres de marque...). Ses serrures étaient pratiquement impossibles à crocheter et de plus, il pouvait se visser sur le pont de la chambre (ou de la cabine) du capitaine. Ce type de coffre est aujourd'hui très apprécié des collectionneurs d'antiquités marines.

armée navale C'est une flotte composée de trois escadres, la première commandée par un amiral*, la seconde par un vice-amiral et la troisième par un contre-amiral. Chaque escadre se compose d'au moins deux divisions de trois vaisseaux au minimum. L'armée navale comprend, en outre, un corps de réserve également appelé « corps d'observation » ou « escadre légère ». Ce corps qui regroupe les bâtiments les plus rapides a pour mission d'éclairer la marche de l'armée navale et au combat, il vient en renfort de telle ou telle autre partie de la ligne de bataille. Le commandant en chef est parfois appelé général. Son vaisseau porte le pavillon* national en tête du grand mât*. De nuit, le « vaisseau amiral » porte trois fanaux de couronnement et un fanal à l'arrière de la hune* d'artimon.

armes portatives Pour le combat rapproché, la marine dispose d'armes à feu individuelles identiques à celles qu'utilise l'armée de terre : pistolets, mousquetons et fusils grenadiers notamment. Elle possède en plus des fusils « boucaniers » et « demi-boucaniers » ainsi que des « espingoles » de très fort calibre. Le « tromblon » est utilisé pour le combat au corps à corps, la forme évasée de son canon assurant une grande dispersion des projectiles. Au chapitre des armes blanches, on trouve des « haches d'armes », des « demi-piques » des « sabres d'abordage* » et des « coutelas ». Pour repousser l'abordage, on utilise des « piques » et l'on fait pleuvoir sur le pont* du vaisseau ennemi des « grenades » que l'on lance à la main.

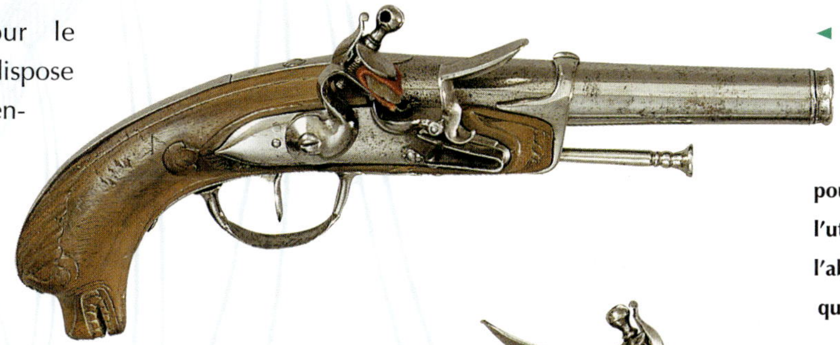

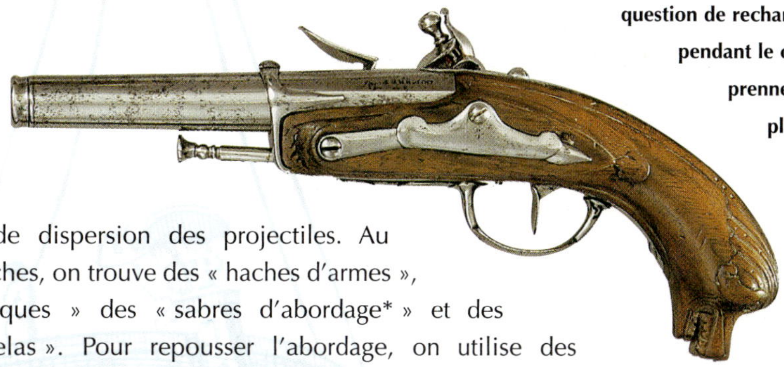

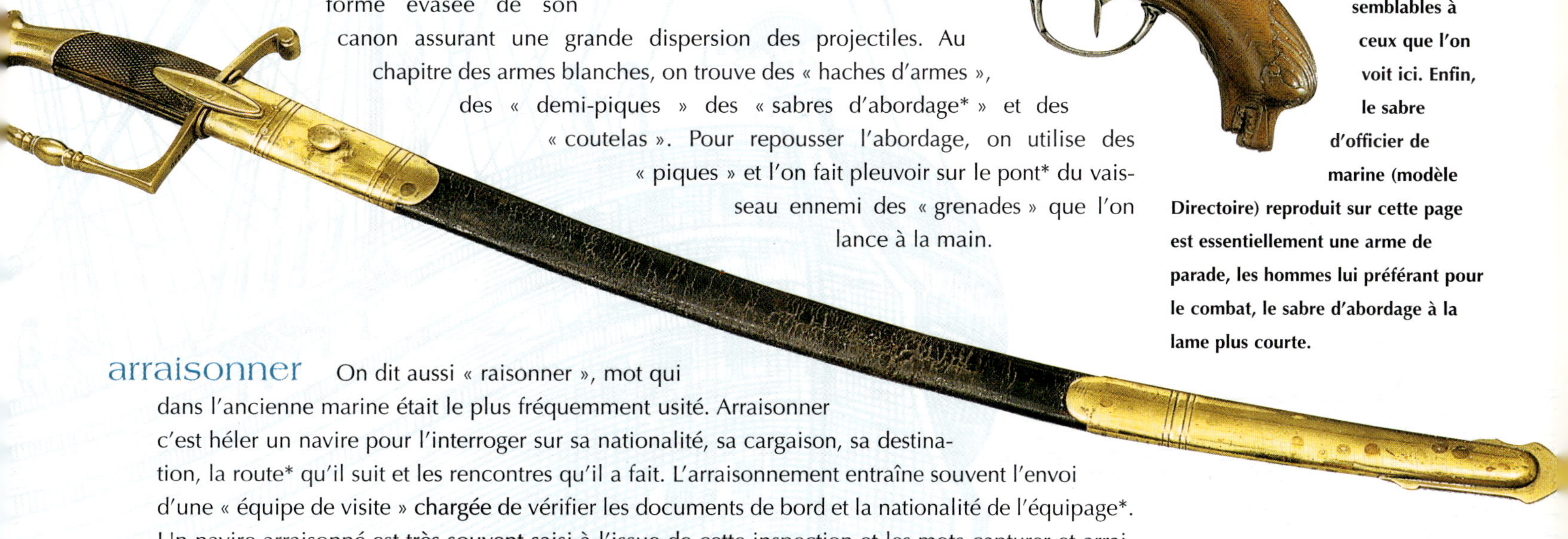

◄ **Armes portatives du XVIIe siècle. Le petit fusil représenté ici est une espingole. Sa longueur totale n'est que de trois pieds et neuf pouces (0,996 m), ce qui permet de l'utiliser lors d'une attaque à l'abordage. Comme il ne peut être question de recharger les armes à feu pendant le combat, les hommes prennent avec eux plusieurs pistolets (chiens de mer) semblables à ceux que l'on voit ici. Enfin, le sabre d'officier de marine (modèle Directoire) reproduit sur cette page est essentiellement une arme de parade, les hommes lui préférant pour le combat, le sabre d'abordage à la lame plus courte.**

arraisonner On dit aussi « raisonner », mot qui dans l'ancienne marine était le plus fréquemment usité. Arraisonner c'est héler un navire pour l'interroger sur sa nationalité, sa cargaison, sa destination, la route* qu'il suit et les rencontres qu'il a fait. L'arraisonnement entraîne souvent l'envoi d'une « équipe de visite » chargée de vérifier les documents de bord et la nationalité de l'équipage*. Un navire arraisonné est très souvent saisi à l'issue de cette inspection et les mots capturer et arraisonner ont fini par être employés comme synonymes.

Page précédente :
Joseph Vernet (1714-1789) :
***Toulon, vue du Port-Neuf,* (1756).**
Cette représentation de l'arsenal de Toulon fourmille de détails très précis sur le quotidien de la marine de l'époque. Le parc d'artillerie qui figure au premier plan, est une source de renseignements très précieuse pour les historiens.

arsenal C'est un établissement maritime militaire clos où l'on rassemble, arme, répare, entretient et construit les navires de l'État. La France possède trois grands arsenaux, Brest, Rochefort et Toulon, qui ont chacun leurs inconvénients. À Brest, les vents* dominants contraires rendent les appareillages* difficiles, Rochefort est éloigné de la mer et Toulon, notre meilleur arsenal, débouche sur la Méditerranée. Dans le second quart du XIXe siècle, la généralisation de la propulsion mécanique permettra de sortir de Brest sans avoir à attendre un vent favorable. Cet arsenal sera alors l'égal de Portsmouth, mais la France n'est plus en guerre avec l'Angleterre. Rochefort cesse ses activités en 1927 et à partir de 1967, les principaux bâtiments de l'arsenal sont magnifiquement restaurés. Par abus de langage, certains parlent de l'« arsenal de Colbert » et de la « corderie* royale », sous-entendant ainsi que le ministre avait concédé au roi un bâtiment de son vaste domaine pour qu'il s'amuse à tortiller du chanvre !

artillerie Jusque dans les années 1850, les canons de marine se chargent exclusivement par la bouche en une suite d'opérations qui rendent la cadence de tir extrêmement lente. Pour retrouver une puissance de feu significative, on multiplie le nombre de pièces en installant jusqu'à cent vingt canons répartis sur trois étages. Le sabord qui a permis d'installer les canons en batterie* représente une étape capitale dans l'évolution de l'architecture navale*, car désormais, c'est l'artillerie qui détermine les dimensions des navires.

Les canons de marine sont en « fer » ou en « fonte verte », mots qui désignent en réalité la fonte et le bronze. En mars 1572, une ordonnance, complétée en décembre 1601, fait de leur fabrication un monopole royal. Ces textes définissent six types de pièces qui, pour la première fois, sont désignées par le poids exprimé en livres du projectile qu'elles envoient, la livre de Paris étant approximativement égale à 490 g. Sont ainsi autorisés le canon de France (33 livres), la couleuvrine (16 à 24 livres), la bâtarde (6 à 8 livres), la moyenne (2 à 4 livres), le faucon (1 livre) et le fauconneau (1/2 livre). Cette législation royale est toutefois peu suivie car les maîtres fondeurs sont attachés à leurs habitudes. L'uniformisation des calibres reste donc assez théorique, ce qui ne facilite pas la gestion du parc d'artillerie.

Les choses s'améliorent en 1665 et 1670, lorsque les fonderies de Toulon et de Rochefort sont mises en service, mais il faut attendre le règlement d'octobre 1674 pour que soient strictement définis les proportions et les calibres des pièces. La grande ordonnance de 1689, qui reprend et complète ce règlement, prévoit des pièces de 4, 6, 8, 12, 18, 24 et 36 livres, distribution qui restera inchangée jusqu'à la chute du premier Empire.

aviso De l'espagnol *barca de aviso,* ce mot désigne un petit bâtiment chargé de porter les « avis », c'est-à-dire les dépêches des commandants des armées navales, à terre ou aux autres vaisseaux de la flotte. Pour effectuer ce service, on emploie des navires rapides, cotres*, goélettes*, corvettes et sous l'Empire, bricks*.

bagne À l'origine, le bagne était le lieu où étaient détenus les condamnés aux galères*. Les premiers bagnes sont ouverts à Marseille, à Toulon et à Brest entre 1707 et 1723. La suppression du corps des galères en 1748 entraînant la disparition progressive des bâtiments à rames, les bagnards sont répartis entre les différents arsenaux* où ils sont employés à l'entretien et à la construction* des vaisseaux. On leur fait principalement effectuer des travaux de force (de là vient le mot forçat), que l'on désigne par l'expression générique de « grosse fatigue ». Le bagnard qui se conduit bien peut, s'il sait lire et écrire, bénéficier du régime de la « petite fatigue » en effectuant des tâches administratives. À Brest, le canon qui avertissait la population de l'évasion d'un bagnard avait été surnommé « tonnerre de Brest ». Cette expression n'a jamais été employée comme juron.

barque royale de Chéops Construit en bois* de cèdre vers 2650 avant Jésus-Christ, ce yacht* royal est le plus ancien navire existant. Il est découvert en 1954 près de la grande pyramide dans une tombe. Ses bordages étaient liés par des cordages* qui n'ont pas résisté à l'épreuve du temps. Aussi la barque* dite de Chéops se présentait-elle sous la forme d'un amas de planches parfaitement conservées, mais qui ne donnaient aucune idée de ce qu'était le navire d'origine. Après avoir relevé les cotes de chaque élément, les archéologues ont fait réaliser des copies à l'échelle de 1/10 qui ont été utilisées pour construire une maquette. Assemblée d'après cette maquette, la barque de Chéops a une longueur de 43,4 m et une largeur de 6 m. Il s'agit visiblement d'un navire funéraire qui n'a probablement jamais navigué. Cette barque possède toutefois les mêmes caractéristiques que les navires royaux de son temps et elle donne une idée très exacte des grands bateaux en bois égyptiens. Elle est exposée dans un musée construit pour elle au pied de la grande pyramide de Gizeh.

Batavia Au début des années 1970, des plongeurs découvrent l'épave du *Batavia,* vaisseau hollandais de la compagnie des Indes* orientales échoué le 4 juin 1629 aux îles* Houtman Abrolhos, à environ 40 milles de la côte ouest de l'Australie. La partie bâbord* arrière a été préservée. Renflouée avec d'infinies précautions, elle est aujourd'hui exposée au West Australian Maritime Museum de Fremantle.

Les recherches archéologiques effectuées sur cette épave permettent au charpentier de marine néerlandais Willem Vos de créer un chantier laboratoire dans lequel il reproduit expérimentalement les techniques d'autrefois. Grâce à la coopération très étroite entre les historiens, les archéologues, les charpentiers et, d'une manière plus générale, tous les artisans impliqués dans la construction, il a été possible d'apporter des réponses aux nombreux problèmes apparus en cours de réalisation. Le cintrage du bois sur de fortes épaisseurs (jusqu'à 190 mm) a ainsi particulièrement intéressé les historiens. Ils savent désormais que les planches brûlées retrouvées sur l'épave correspondent aux bordages ployés à la flamme, ce qui infirme l'hypothèse d'un incendie ayant entraîné le naufrage*. À travers cet exemple, on voit combien la réplique du *Batavia* s'écarte des autres réalisations contemporaines. Mise sur cale en 1985 à Lelystad, petite ville située au nord d'Amsterdam, elle est achevée en 1995. Sa valeur archéologique est si grande que l'Institut néerlandais de l'archéologie navale et sous-marine (NISA) est venu s'implanter à proximité. Cet organisme participe activement à la concrétisation d'un second projet : la reconstruction du *Zeven Provinciën,* vaisseau de guerre du XVIIe siècle qui a été le navire amiral de Michel de Ruyter.

▼ Cette réplique contemporaine du *Batavia,* vaisseau marchand de la compagnie néerlandaise des Indes orientales, a été réalisée de manière exemplaire. Son concepteur, le charpentier de marine Willem Vos, en a fait un véritable élément du patrimoine.

bateau d'Oseberg Découvert en 1904 à Oseberg, près de Tönsberg en Norvège, ce bateau est construit au IXe siècle. Sa longueur est de 21,4 m pour une largeur de 5,1 m. Comme pour tous les navires nordiques de cette époque, la coque est bordée à clin, les virures se recouvrant partiellement comme les tuiles d'un toit. Le bateau d'Oseberg peut être propulsé à l'aviron* avec quinze paires de rames ou à la voile*. L'historien suédois Björn Landström pense qu'il ne s'agit pas d'un navire de combat mais d'un petit caboteur*. Entièrement restauré, le bateau d'Oseberg est exposé dans un musée proche d'Oslo, en compagnie du bateau de Gokstad (Xe siècle).

▲ ***Le* Sans Pareil*, vaisseau de 108 canons,* XVIIe siècle, (détail de la batterie). La première batterie de ce vaisseau est située à l'étage inférieur, la seconde à l'étage intermédiaire et la troisième à l'étage supérieur. Des canons de petit calibre prennent place sur les ponts des gaillards.**

batterie C'est la double rangée des canons placés à bâbord et à tribord* sur les ponts d'un vaisseau. Par extension, ces ponts prennent le nom de batterie. La plus basse est la « première batterie »; elle doit être suffisamment élevée au-dessus de l'eau pour rester utilisable par gros temps*, sans pour autant compromettre la stabilité* du navire. Pour permettre le tir des canons, des ouvertures quadrangulaires sont pratiquées dans la muraille*. Ces ouvertures sont appelées « sabords » et bien sûr, on ouvre autant de sabords qu'il y a de canons. Pour ne pas trop affaiblir la charpente, on ne perce jamais les sabords des différentes batteries les uns au-dessus des autres. Ceux de la première batterie reçoivent des « mantelets », sortes de volets que l'on ferme par le haut quand la mer est grosse. On dit qu'un canon est « au sabord » ou « en batterie » lorsque sa « volée » traverse le sabord.

La batterie est l'espace où mangent, dorment et aussi combattent la plupart des hommes. Sa partie arrière, la « grande chambre », est le domaine des officiers. Aussi est-elle souvent luxueusement décorée avec parfois même un parquet à la française posé sur le pont. Ce faste reste cependant éphémère car au combat, cloisons et lambris prennent le chemin de la cale* pour permettre à la grande chambre de refaire partie intégrante de la batterie.

bélandre Ce nom s'applique à un navire de charge d'origine hollandaise dont la voilure est comparable à celle du brick. La bélandre, que l'on nomme parfois « balandre », a un fond plat et des ailerons latéraux pour limiter la dérive.

blocus C'est l'interdiction prononcée par une puissance maritime ennemie d'entrer et de sortir d'un port*. Sans avoir à livrer combat, on peut ainsi s'assurer la « maîtrise de la mer » en empêchant l'adversaire d'utiliser les routes maritimes pour ravitailler ses armées et sa population. Un blocus n'est jamais totalement étanche, mais on estime que les quelques navires qui parviennent à le forcer ne diminuent pas réellement son efficacité. Pendant toutes les guerres de l'Ancien Régime, de la Révolution et de l'Empire, les Anglais exercent le blocus rapproché de nos côtes. Napoléon riposte par le célèbre « Blocus continental » (décret de Berlin du 21 novembre 1806) qui interdit l'importation des produits britanniques. Cette conception originale du blocus fera terriblement souffrir l'Angleterre, sans pour autant parvenir à l'asphyxier.

Bounty Ce navire rendu célèbre par la mutinerie de son équipage en 1789 a été plusieurs fois reconstitué pour les besoins du cinéma. Une réplique de ce bâtiment est visible à Fall River (Massachusetts) pendant l'été et à Saint-Pétersbourg (Floride) pendant l'hiver. Une autre réplique plus récente est basée à Sydney (Australie) où elle est utilisée comme navire de croisière. Aucun de ces navires ne peut prétendre être un élément du patrimoine maritime. Ils sont en revanche de très intéressants témoins de l'histoire du cinéma.

L'histoire authentique de la mutinerie, c'est-à-dire de la révolte de l'équipage du HMS Bounty, *a inspiré trois films.* Mutiny on the Bounty *de Frank Lloyd (1935) avait pour acteurs principaux Charles Laughton et Clark Gable. En 1962, Lewis Milestone choisissait le même titre pour son film dans lequel Trevord Howard et Marlon Brando jouaient les rôles du capitaine William Blight et de Fletcher Christian.* The Bounty *de Roger Donalson (1982), avec Anthony Hopkins et Mel Gibson, se démarque des œuvres précédentes par un jeu d'acteurs beaucoup plus nuancé.*

bouteilles On donne ce nom à des constructions en forme de demi-tourelles que l'on installe à tribord et à bâbord sur l'arrière* des vaisseaux. Les bouteilles, qui reçoivent une ornementation* extérieure parfois très luxueuse, servent de lieux d'aisances aux officiers. Elles sont éclairées par des fenêtres fixes ou plus souvent par des fausses fenêtres comportant une petite vitre en verre dépoli, l'aération se faisant par l'intérieur. Un tuyau de plomb dégorge dans la mer ; il est muni d'une soupape destinée à empêcher l'eau de remonter jusqu'au siège. Les commodités de l'équipage sont à l'avant*, sur la plate-forme de « poulaine », nom que par extension l'on donne à ces latrines. Sur un vaisseau de soixante-quatorze canons, il y a deux poulaines pour environ sept cent cinquante hommes.

brick Inspiré du « brigantin » anglais du XVIIe siècle, le brick apparaît dans notre marine vers la fin des années 1770. Cette naissance tardive explique pourquoi ce bâtiment est souvent nommé « brig », « bric » ou « briq », l'orthographe brick ayant fini par s'imposer sous l'Empire. Dans tous les cas, il s'agit d'un navire aux dimensions relativement modestes dont les deux mâts supportent des voiles carrées et une grande voile aurique, la « brigantine ». Dans la marine de guerre, le brick est principalement utilisé comme aviso* et comme canonnière*. Il existe aussi des bricks de commerce qui se manœuvrent avec un équipage moindre que celui d'un trois-mâts de dimensions équivalentes. Une variante du brick est le « senau », qui porte un mâtereau appelé « baguette de senau » en arrière et à environ 50 cm du grand mât. Cette disposition facilite la manœuvre de la brigantine qui prend alors le nom de « voile de senau ».

brûlot C'est un navire transformé ou construit spécialement pour incendier les bâtiments ennemis en se consumant lui-même. Il s'y accroche grâce aux grappins fixés aux extrémités de ses vergues* et de son mât de beaupré*. Le capitaine allume alors une mèche destinée à mettre le feu aux matières incendiaires dont est chargé le brûlot, puis il rejoint ses hommes dans le canot*. Les brûlots sont difficilement utilisables contre des navires évoluant sous voiles, mais ils font merveille contre des escadres au mouillage*. Dans la nuit du 11 au 12 avril 1809, vingt-huit brûlots anglais incendient quatre vaisseaux et une frégate* embossés sous l'île* d'Aix. Ce sera la dernière utilisation massive des brûlots dans l'histoire de la marine à voiles.

canon-obusier Imaginé en 1819 par le chef de bataillon Paixhans, le canon-obusier est conçu pour lancer des bombes explosives en tir tendu. Après avoir été étudié par plusieurs commissions, il est essayé en août 1823 contre un vieux vaisseau du port de Brest portant le nom de *Pacifi-*

cateur. Malgré des résultats très encourageants, le canon-obusier ne sera adopté qu'en 1833, plus de treize ans après avoir été proposé aux responsables de notre marine. Cette nouvelle bouche à feu sera pour la première fois utilisée au combat en 1838, pendant la campagne du Mexique et la guerre de Crimée consacrera définitivement sa supériorité. Surnommé « Paixhans » en hommage à son inventeur, le canon-obusier obligera les ingénieurs à concevoir une cuirasse pour protéger les navires de ses bombes destructrices.

canot de l'Empereur C'est le seul canot d'apparat que possède le musée national de la Marine*. Construite à l'arsenal d'Anvers en avril 1810, à l'occasion de la visite de Napoléon Ier, l'embarcation est réalisée en 21 jours. Ses décors, probablement inachevés, sont confiés à un artiste anversois, Van Petersen. En 1814, le canot de l'empereur est expédié à Brest où son ornementation est complétée. Elle est mise au goût du jour en 1858, pour accueillir Napoléon III et l'impératrice Eugénie. C'est de cette époque que datent les éléments sculptés actuels, notamment la figure de proue, le groupe arrière avec les armes impériales et, surmontant le rouf, une grande couronne soutenue par quatre angelots. Même les pales des avirons sont ornées de somptueux motifs peints.

En février 1943, le canot impérial est transféré de Brest à Paris. Ses dimensions importantes (17,21 m de long et 3,35 m de large) ne lui permettent pas de franchir la porte du musée et il faudra ouvrir une brèche dans le mur du palais de Chaillot pour le faire entrer.

caraque Apparu au Moyen Âge, ce grand vaisseau à coque ronde a des superstructures très élevées, ce qui ne doit guère le rendre marin. Dans sa version la plus courante, la caraque porte deux étages de voiles carrées et une ou deux voiles latines à l'arrière. Elle est utilisée aussi bien pour la guerre que pour le commerce.

caravelle Ce navire de la Méditerranée apparaît au Moyen Âge, à peu près en même temps que la caraque* et la nef*. D'origine portugaise, la caravelle possède d'excellentes qualités* nautiques qui font d'elle l'instrument idéal des grandes découvertes. L'expédition de Christophe Colomb* comprend deux caravelles, la *Pinta* et la *Niña*, ainsi qu'une nef, la *Santa María** à bord de laquelle Colomb prend place.

En août 1811, les Américains installent sur la frégate l'Essex, une artillerie presque exclusivement composée de caronades. Mal leur en prend car le 28 mars 1814, cette frégate est capturée près de Valparaíso par deux navires de guerre britanniques équipés de canons classiques. Se souvenant que la caronade est une arme à courte portée, les Anglais sont restés à bonne distance de l'Essex pour la canonner, faisant un véritable carnage chez leurs adversaires.

caronade Cette bouche à feu est conçue en 1779 par la fonderie écossaise de Carron et elle est à l'origine destinée à la marine marchande. Il s'agit d'une arme légère, à courte portée, qui exige moins de servants qu'un canon de même force. Ses inventeurs ont pensé lui faire tirer des obus explosifs, mais comme elle se révèle impropre à cet usage, on revient aux boulets pleins traditionnels. Même ainsi, la « carronade » est une arme très efficace qui est bientôt adoptée par la marine de guerre. Elle démontre sa supériorité le 4 septembre 1782, lorsque le HMS (His Majesty Ship) *Rainbow*, armé de quarante-huit « carronades », s'empare de la frégate française l'*Hébé* portant vingt-six canons de 18 livres en batterie. Les responsables de notre marine n'en continuent pas moins d'affirmer qu'il s'agit d'une arme « plus dangereuse pour ceux qui l'emploient que pour ceux contre qui elle est employée » (*Encyclopédie méthodique*, partie : *Marine*). Nous attendrons donc 1786 pour adopter un « obusier de vaisseau » en bronze qui sera vite détrôné par un modèle semblable à celui des Anglais. En franchissant la Manche, la caronade perdra le *r* qu'elle conserve toujours dans la langue de Shakespeare.

chebec Sous sa forme définitive, cet élégant navire de la Méditerranée apparaît au XVIIe siècle et devient le bâtiment favori des pirates* barbaresques. Dès l'origine, il porte trois voiles latines dont la surface totale peut atteindre 800 m^2, ce qui en fait un navire très rapide. La marine française mettra plusieurs chebecs en service, essentiellement pour combattre les pirates barbaresques. Certains d'entre eux seront gréés en trois-mâts carrés.

chiourme Ce mot désigne l'ensemble des hommes qui rament sur une galère, qu'il s'agisse des condamnés ou des volontaires appelés « bonne-voglie ». Par extension, le mot chiourme s'est appliqué aux bancs de la galère, puis à l'ensemble des forçats d'un même bagne*. Les « argousins » sont des bas officiers chargés de surveiller la chiourme et ceux qui la commandent sont les « comites ». Le mot chiourme est parvenu jusqu'à nous à travers le « garde-chiourme », petit chef au caractère difficile. Notons que cette appellation n'a jamais existé dans la marine des galères.

compagnies des Indes Ces associations de négociants reçoivent de leurs souverains le monopole des relations commerciales entre un pays d'Europe et les « Indes orientales » (Asie) ou les « Indes occidentales » (Amérique). Les compagnies les plus puissantes sont l'« East India Compagny » anglaise, la « Compagnie des Indes orientales » française et la « Vereenigde Oostindische Compagnie » (VOC) hollandaise qui a servi de modèle aux autres compagnies. L'East India Compagny est active de 1600 à 1858, la VOC de 1602 à 1795, la compagnie française de 1664 à 1769, puis de 1784 à 1791. Cette dernière a son siège à Lorient, que l'on orthographiera longtemps « l'Orient ». Comme ses concurrentes, elle dégage des profits élevés qui permettent de verser de confortables dividendes. Véritables États dans l'État, les compagnies des Indes emploient de nombreux officiers et marins, généralement mieux payés que dans la marine royale.

▲ ***Navire de la Compagnie des Indes néerlandaises au large de Nagasaki,*** **aquarelle (vers 1790). Ce vaisseau hollandais de la VOC va bientôt recevoir son chargement de soieries, de porcelaines et surtout d'épices qui se négocieront à des prix très élevés en Europe.**

Constitution Construite par le maître charpentier américain Joshua Humpreys, cette grande frégate est lancée* à Boston (USA) le 21 octobre 1797. Elle participe à la seconde guerre d'Indépendance contre les Anglais (1812-1815), puis elle effectue plusieurs missions en Méditerranée. En 1830, elle est désarmée à Boston pour y être démolie. Elle est sauvée par un jeune étudiant en droit, Olivier Wendel Holmes, qui parvient à mobiliser les Bostoniens pour la défense de *leur* frégate. Le Congrès ayant débloqué les fonds nécessaires, la *Constitution* est remise en état et elle est utilisée par l'US Navy jusqu'en 1853. Elle est ensuite transformée en navire-école avant de devenir ponton* administratif (1882). En 1905, l'US Navy veut en faire un bateau-cible pour l'entraînement de ses canonniers, mais elle est sauvée une nouvelle fois par la mobilisation des Bostoniens. Amoureusement restaurée, la *Constitution* devient un navire-musée. Exposée à Boston, elle est toujours inscrite sur les listes de l'US Navy.

constructeur Initialement appelés « maîtres de hache », les charpentiers de marine ont longtemps vécu en vase clos, transmettant oralement leur savoir aux élèves qu'ils jugeaient dignes de leur succéder. L'inconvénient de cette pratique est qu'aucun maître de hache ne travaillant de la même manière, les vaisseaux construits dans les différents ports ont des qualités très inégales. L'un des premiers soucis de Colbert sera donc d'obliger chaque constructeur à consigner sa méthode par écrit. De son côté, Tourville fera adopter en 1675 les gabarits types du maître charpentier Blaise Pangalo*. Un siècle plus tard (25 mars 1765), une ordonnance crée le corps des « Ingénieurs-Constructeurs » qui se militarisera progressivement jusqu'à devenir le corps du « Génie maritime » en 1800.

corsaire On donne ce nom à un particulier qui pratique la « guerre de course », c'est-à-dire la guerre contre le commerce ennemi à ses frais et pour son propre compte. Par extension, tout navire, même appartenant à l'État, qui pratique cette forme de guerre est appelé corsaire. Le particulier est muni d'une « lettre de marque » délivrée par son gouvernement et qui lui garantit, s'il est pris, de ne pas être pendu comme pirate. La guerre de course se pratique le long des côtes avec des bâtiments rapides et maniables, lougres* et cotres notamment. Pour des expéditions plus lointaines, on utilise des corvettes ou même des frégates. Pendant toutes les guerres de l'Ancien Régime, de la Révolution et de l'Empire, les corsaires français seront très actifs, mais ils ne parviendront jamais à couper les lignes de ravitaillement anglaises. La guerre de course menée par les particuliers sera déclarée hors-la-loi au congrès de Paris du 30 mars 1856, mais elle restera autorisée pour les navires de guerre.

corvette C'est un navire de guerre à une seule batterie découverte de vingt à trente canons ou caronades*. La corvette est gréée à trois mâts qui supportent des voiles carrées. Très agile et rapide, elle est utilisée pour la reconnaissance et l'escorte des convois. En 1829, une machine de conception anglaise est montée sur le *Sphinx* qui devient la première corvette à vapeur opérationnelle de la marine française. Elle apportera à Toulon la nouvelle du débarquement à Sidi Ferruch (Algérie) et en 1833, elle remorquera le *Louqsor* transportant l'obélisque que l'on érigera place de la Concorde à Paris. Le grade de capitaine de corvette a été créé par Louis XVIII en 1831. Il correspond à celui de commandant ou chef de bataillon de l'armée.

▼ **Louis-Philippe Crépin (1772-1851) : *Combat de la Bayonnaise et de l'Ambuscade,* (1801), œuvre préparatoire, (détail central). Ce tableau reproduit en pages 94 et 95 du présent ouvrage, avait été précédé d'une esquisse qui, à elle seule, est déjà une œuvre d'art.**

cotre

Au XVIIIe siècle, ce mot se prononce « cot'r » ou « cotter ». Il désigne un bâtiment d'origine bermudienne que les contrebandiers anglais affectionnent. Ils l'ont nommé *cutter*, couteau en français, parce que sa marche supérieure lui fait fendre l'eau. Dès les débuts des années 1770, ses qualités le font adopter par les corsaires* du littoral, concurremment avec le lougre. La marine royale utilise également le cotre en augmentant ses dimensions, parfois au-delà du raisonnable. Au moment de la guerre d'Indépendance américaine, le cotre de 26 m (longueur de coque) est presque devenu la référence, mais même avec des équipages de cent cinquante hommes, de tels bâtiments se manœuvrent difficilement. Aussi seront-ils souvent regréés en bricks. Après la chute du premier Empire, les cotres seront exclusivement employés à la pêche, puis plus tard à la plaisance. Dans la seconde moitié du XIXe siècle, les pilotes* du Havre utiliseront des cotres très rapides que l'on surnommera « hirondelles de la Manche ».

PAGE PRÉCÉDENTE :
Cotre de 16 canons,
(début XIXe siècle).
Ce magnifique modèle d'un cotre du premier Empire est un outil de connaissance particulièrement précieux pour l'historien qui y découvrira notamment la reproduction fidèle de l'accastillage et du gréement.

défense du littoral

Pour protéger les côtes des « insultes », c'est-à-dire des débarquements ennemis, on construit des forts qui peuvent soutenir une attaque et même un siège. Les canons armant ces forts sont montés sur des affûts orientables pour pouvoir suivre des buts mobiles. Leur tir est plus précis que celui des pièces embarquées car ils opèrent à partir d'une plate-forme fixe et si on les place en hauteur, leur portée est plus grande. Bénéficiant d'une protection supérieure à celle d'un vaisseau, la batterie de côte fortifiée a fait dire que « la mer ne peut rien contre la terre » (aphorisme attribué à Nelson*). En France, la plupart des places fortes construites sur le littoral atlantique et méditerranéen sont l'œuvre de Vauban. L'Unesco envisage de classer « patrimoine de l'humanité » les fortifications de la Charente dont l'état de conservation est remarquable.

doublage en cuivre

Depuis la fin du XVIIIe siècle, on sait comment protéger efficacement une coque en la recouvrant de minces feuilles de cuivre qui, en s'oxydant, empêchent les vers marins (tarets) d'attaquer le bois. Le doublage assure également une meilleure propreté de la carène, ce qui favorise la marche. Essayée pour la première fois en 1761 sur la frégate anglaise l'*Alarm*, cette protection s'est rapidement imposée malgré son coût important (environ 18 % du prix du navire). Dans les premières années du XIXe siècle, tous les navires de guerre, y compris les plus modestes, sont doublés en cuivre. En France, les feuilles sont des rectangles de 162 mm de long, 49 mm de large et 0,75 mm d'épaisseur. Elles se recouvrent sur quelques centimètres de l'avant vers l'arrière et de bas en haut, un peu comme les écailles d'un poisson. Pour les faire tenir, on place une centaine de clous à tige courte (35 mm) par feuille. Ce procédé restera inchangé pendant toute l'histoire de la marine à voiles.

« Il feroit infiniment avantageux pour toutes les marines militaires, qu'on n'eût jamais songé à doubler les vaiffeaux en cuivre ; ces maffes énormes, deftinées à porter la terreur & la mort, fe feroient mues avec moins de viteffe à la vérité : mais leur marche eût toujours été uniforme. »
Pierre-Alexandre Forfait.
Encyclopédie méthodique, PARTIE : *MARINE*. 1783-1787.

drakkar

Ce mot, qui signifie dragon en scandinave, désigne les navires utilisés par les anciens Vikings et qui arborent souvent une sculpture en tête de dragon à l'avant. Ces bateaux construits à clin ne sont pas pontés. Ils portent un seul mât soutenant une grande voile carrée renforcée par des cordages entrecroisés. Les navires de combat mesurent jusqu'à 30 m de longueur et grâce à leur faible tirant d'eau, ils peuvent remonter les rivières et les fleuves à la voile ou plus souvent à l'aviron. Des fouilles effectuées en 1880 à Gokstad et en 1904 à Tönsberg (Norvège) permettent de mettre au jour deux bateaux vikings qui, après avoir été restaurés, sont exposés dans un musée proche d'Oslo. Les historiens estiment que des bateaux semblables ont permis aux Scandinaves de découvrir l'Amérique plusieurs siècles avant Christophe Colomb.

drome

C'est l'ensemble des mâts et vergues que l'on embarque en tant que rechanges. Disposée sur le pont, de part et d'autre des embarcations, la drome d'un vaisseau de soixante-quatorze canons comprend réglementairement un grand mât de hune, un petit mât de hune, une vergue de grand hunier et une vergue de petit hunier. S'y ajoutent douze pièces de bois brut qui, en cas de besoin, permettront de confectionner deux mâts, un mâtereau et neuf vergues. La drome des embarcations comprend une chaloupe* de 11,70 m, un grand canot de 10,30 m et un petit canot de 8,60 m. On ajoute parfois une yole, dite « yole du commandant », de 6 à 8 m.

► *Flore, frégate de 44 canons,* (détail du pont). L'auteur de ce remarquable modèle de la *Flore*, a réalisé une extraordinaire démonstration d'habileté en représentant les emménagements du navire. On remarque notamment le parquet à la Versailles de la grande chambre, la cloison de séparation avec ses portes vitrées et la double roue de la barre, en ivoire sur le modèle.

Duguay-Trouin

Construit à Rochefort entre 1796 et 1800 sur les plans de l'ingénieur Sané*, ce vaisseau de soixante-quatorze canons est capturé le 4 novembre 1805 à l'issue de la bataille du cap* Ortégal. Il est alors conduit à Plymouth pour y être réparé et incorporé dans la Royal Navy. Sous pavillon britannique, il prend part à des opérations en Baltique et en Méditerranée puis, en 1842, il devient vaisseau-école à Devonport. Rebaptisé *Lion* en 1855, puis *Implacable* en 1912, il est transféré à Portsmouth en 1924 pour une complète remise en état de sa coque, opération qui s'effectue sous le contrôle du lieutenant-colonel Harold Wyllie, peintre de marine et archéologue naval.

Après la Seconde Guerre mondiale, les Anglais doivent également restaurer leur *Victory** et ils n'ont pas les moyens de prendre en charge les deux vaisseaux. Ils proposent alors de restituer le *Duguay-Trouin* au gouvernement français en lui laissant le soin de lui redonner son aspect d'origine. Malheureusement, la France de l'immédiat après-guerre a d'autres priorités et faute d'argent, elle ne peut accepter l'offre qui lui est faite. Le 2 décembre 1949, le *Duguay-Trouin* est finalement dynamité en pleine mer. Son épave repose à environ 25 milles dans le sud-est de Portsmouth. La France perd ce jour-là une occasion unique de retrouver un élément essentiel de son patrimoine maritime. Signalons que le musée national de la Marine de Rochefort expose le grand cabestan* du *Duguay-Trouin*, appareil monumental qui, malheureusement, n'est pas d'origine.

dunette

On donne ce nom à une construction légère établie sur le gaillard* d'arrière, entre le couronnement et le mât d'artimon. On y loge le capitaine et une partie de l'état-major. La dunette procure un réel confort aux officiers, mais elle augmente le « fardage », c'est-à-dire le poids dans les hauts. C'est pourquoi on a construit des « demi-dunettes » qui ne venaient pas jusqu'au mât d'artimon. On a aussi imaginé des « carrosses », sortes de roufs dont on pouvait faire le tour. Aucune de ces innovations n'a eu beaucoup de succès.

emménagement

Ce mot, qui ne doit surtout pas être employé comme synonyme d'aménagement, s'applique à la distribution de l'espace à l'intérieur du navire. La répartition des emménagements varie avec la taille et la nature du bâtiment, mais certaines dispositions sont pratiquement immuables. C'est le cas notamment des logements de l'état-major, toujours installés à l'arrière, les hommes ayant leurs couchages dans les batteries et dans la partie antérieure de l'entrepont*. Un règlement du 25 mars 1765 fixe le détail des emménagements « pour tous les rangs et ordres de bâtiments de Sa Majesté ». L'*Encyclopédie méthodique*, partie : *Marine*, de 1783 consacre onze pages de texte et une planche d'illustrations au mot emménagement.

entrepont Installé sous le pont de la première batterie, l'entrepont est parfois appelé « faux-pont », le mot faux étant pris ici dans son sens marin de « supplémentaire ». De l'arrière vers l'avant, on trouve :

– la sainte-barbe* et éventuellement la « fausse sainte-barbe » ;
– des chambres d'officiers ;
– le poste des aspirants ;
– le poste du chirurgien que l'on nomme le « théâtre » ;
– le poste des maîtres.

Le four à pain est placé dans l'entrepont, en avant du grand mât et deux grands parcs à boulets prennent place de chaque côté du poste des maîtres. Les différents logements sont séparés par des rideaux ou, plus rarement, par des cloisons démontables en bois léger.

flûte D'origine hollandaise, la flûte est un grand navire de charge à trois mâts que l'on utilise essentiellement pour le transport des bois de mâture, des approvisionnements et des munitions*. Leur volume de cale important désigne parfois les flûtes pour des expéditions lointaines. La *Boussole* et l'*Astrolabe* de La Pérouse* sont en réalité les flûtes le *Portefaix* et l'*Autruche* que l'on a rebaptisées frégates pour des raisons de prestige. Inversement, on arme parfois un vaisseau en flûte en débarquant une partie de son artillerie* pour lui permettre de prendre un plus grand chargement. Cette pratique évite d'avoir à s'encombrer d'une flûte, généralement mauvaise marcheuse, qui ralentirait l'escadre. Construites avec des matériaux de second choix, les flûtes sont à l'origine de l'expression « du bois dont on fait les flûtes » qui s'applique à un bois de mauvaise qualité et non, comme on le croit souvent, à un bois précieux utilisé pour fabriquer la flûte, instrument de musique !

La frégate reste le navire rapide et élégant auquel s'est référé Buffon en rappelant que « *le meilleur voilier, le plus vite de nos vaisseaux, la frégate, a donné son nom à l'oiseau qui vole le plus rapidement et le plus constamment sur les mers* ».

frégate Après avoir désigné une barque longue de la Méditerranée, le mot frégate s'est appliqué aux petits vaisseaux utilisés pour l'assistance de la flotte, l'escorte des convois et la guerre de course. La « frégate légère » à une seule batterie apparaît dans les dernières années du XVIIe siècle. Elle possède deux gaillards à l'avant et à l'arrière, ce qui la distingue de la corvette. D'une longueur ne dépassant guère la vingtaine de mètres à l'origine, la frégate verra ses dimensions augmenter en même temps que la puissance de son artillerie. En France, on prendra l'habitude de la désigner non pas par le nombre de ses canons, mais par la force de son artillerie principale (8, 12, 18, 24 et 30 livres). Les frégates légères, qui portent du 6 livres en batterie, sont utilisées en grand nombre pendant la guerre de Succession d'Espagne (1701-1714), les frégates de 8 pendant la guerre de Sept Ans (1756-1763), les frégates de 12 pendant la guerre d'Indépendance américaine (1775-1782) et les frégates de 18 pendant les guerres de la Révolution et de l'Empire (1793-1815). Entre le 10 mai 1797 et le 1er avril 1800, les Américains lancent six grandes frégates de 24 très inspirées des réalisations françaises. Nous reprendrons cette formule après 1815 en construisant des frégates de 24, puis de 30 dont les longueurs de coque atteignent désormais 50 m.

futaille Ce terme générique s'applique à tous les tonneaux embarqués sur le vaisseau. L'eau douce et le vin sont contenus dans des « tonneaux », également appelés « pièces de quatre », de 968 l, des « pipes » de 726 l, des « barriques » de 242 l et des « tierçons » de 161 l. Les vivres* prennent place dans des « barils », des « boucauts » et des « quarts ». Toutes ces futailles prennent place dans la cale sur trois niveaux pour les vaisseaux et deux pour les frégates. Lorsqu'une futaille ayant contenu de l'eau douce est vide, on la remplit d'eau de mer pour ne pas compromettre la stabilité du bâtiment.

gabier C'est un marin d'élite qui a reçu une formation lui permettant de « visiter », c'est-à-dire d'inspecter les mâts, vergues, voiles, gréement dormant* et manœuvres* courantes du vaisseau. On répartit les gabiers à raison de seize pour le grand mât d'un vaisseau (dix à douze pour le grand mât d'une frégate), le même nombre pour le mât de misaine, huit à dix pour le mât d'artimon et le même nombre pour le beaupré. Les gabiers bénéficient d'un supplément de solde.

gaillard

Situés à l'avant et à l'arrière, les gaillards se sont substitués aux « châteaux » des navires médiévaux, mais l'ancien terme est toujours employé pour désigner ces ponts. Au XVIIIe siècle, on installera des passerelles latérales, les « passavants », pour les relier l'un à l'autre. Gaillards et passavants formeront alors une ouverture rectangulaire débouchant sur le pont de la batterie. Cette ouverture est appelée « grande rue » et on y loge les embarcations. Dans les toutes premières années du XIXe siècle, nous placerons, à l'imitation des Anglais, des barrots entre les passavants, ce qui permettra de dégager la batterie en relevant les embarcations au niveau des gaillards. Les Américains iront jusqu'au bout de cette logique en reliant l'avant et l'arrière de leurs grandes frégates par un pont continu qu'ils nommeront *spardeck*. La formule est intéressante, car elle permet d'augmenter sensiblement l'artillerie des gaillards et elle sera reprise après 1815 par toutes les puissances maritimes.

▼ ***Galère,* gravure de Boisseau (1639).**
Au XVIIe siècle, les galères utilisées par les différents États sont devenues si semblables que les spécialistes eux-mêmes, peinent à différencier la Vénitienne à la coque exagérément fine, de l'Espagnole, de la Génoise, de la Florentine ou de la Maltaise plus forte. La galère ottomane est quant à elle, un peu plus haute sur l'eau, ce qui permet de la reconnaître plus facilement. Dans tous les cas, la galère est un navire à voiles qui ne marche que très occasionnellement à la rame. La cadence est alors rythmée, non pas par un tambour dont le vent rendrait le son inaudible, mais au sifflet.

galère

Héritière des navires à rames de l'Antiquité, la galère, anciennement appelée « galée », prend sa forme définitive à partir du XVIe siècle. Il s'agit d'un bâtiment long et étroit qui marche à la voile et à la rame. Une galère embarque cinq cents à six cents hommes, dont trois cent cinquante à quatre cent trente cinq rameurs, et comme elle ne peut loger que très peu de vivres, son autonomie est réduite à une huitaine de jours. Au XVIIe siècle, on construit des galères « ordinaires », encore appelées « senzilles » à vingt-six bancs, des « patronnes » de vingt-sept à vingt-neuf bancs et une « réale » de vingt-huit à trente-deux bancs. Cette dernière est celle du général des galères et elle est toujours décorée de manière très luxueuse. La suppression du corps des galères en 1748 entraînera la disparition progressive de ces bâtiments, mais certaines unités resteront en service jusqu'à la fin du XVIIIe siècle et les galères russes de la Baltique ne seront réformées qu'au milieu du XIXe siècle. Le mot galère évoque irrésistiblement les conditions de vie très dures de la chiourme*. Il a été remis à la mode dans l'expression moderne « galérer » qui s'applique à une situation pénible.

galion La caravelle* est l'instrument des grandes découvertes, mais elle est trop petite pour transporter les richesses venues des pays lointains. Aussi invente-t-on le galion, vaisseau de haut bord qui se situe entre la caravelle et la caraque. Dans les dernières années du XVIe siècle, le galion espagnol devient le modèle dont s'inspireront tous les constructeurs* européens. Long d'une quarantaine de mètres, il est rapide, manœuvrant (c'est-à-dire agile) et très marin. Pour la première fois, l'artillerie est logée à l'intérieur où elle forme une batterie de quarante à soixante canons. Plus fort que la plupart de ses adversaires, le galion est l'ancêtre des navires de guerre en service au XVIIe siècle.

galiote Comme il arrive parfois, ce mot désigne deux types de navires très différents. En Méditerranée, il s'applique à un bâtiment semblable à la galère ordinaire, mais plus petit. On l'appelle d'ailleurs souvent « demi-galère ». La galiote hollandaise est un navire de charge aux formes très pleines que l'on rencontre fréquemment en mer du Nord. En 1681, le chevalier Renaud d'Éligaray a l'idée d'installer deux mortiers sur une galiote et, pour atténuer les chocs provoqués par le tir, il fait reposer les pièces sur un matelas de vieux cordages. Par rapport aux canons de l'époque, les mortiers ont un énorme avantage : ils ne lancent pas des boulets pleins mais des bombes explosives. De plus, leur tir s'effectuant sous un angle de 45°, ils peuvent atteindre un but non visible. Entre 1682 et 1688, les « galiotes à bombes » de Renaud d'Éligaray seront utilisées contre les cités barbaresques d'Alger, de Tunis et de Tripoli qu'elles détruiront presque entièrement.

hamac Transmis par l'espagnol, ce mot d'origine arawak (langue des Indiens caraïbes) désigne un couchage fait d'une forte bande de toile rectangulaire que l'on suspend sous les ponts. Pendant le jour, les hamacs sont logés dans des « bastingages », sortes de coffres en bois ou de filets que l'on établit sur le pavois*. Le hamac était autrefois nommé « branle », nom que l'on retrouve dans l'expression « branle-bas ». « Faire le branle-bas », c'est dépendre et replier les hamacs pour dégager les batteries, soit pour les nettoyer (branle-bas de propreté) soit pour les préparer au combat (branle-bas de combat).

Hermione Faisant suite aux très intéressantes reconstitutions navigantes du *Renard*, cotre corsaire de Saint-Malo, et de la *Recouvrance*, goélette-aviso de Brest, l'*Hermione*, réplique d'une frégate de 1779, est en construction à Rochefort. Au printemps 2003, sa charpente en chêne était entièrement terminée et les premiers bordages étaient mis en place. Depuis la pose de sa quille en juillet 1997, l'*Hermione* a accueilli des milliers de visiteurs ; elle a également contribué à faire découvrir au public les remarquables bâtiments de l'ancien arsenal. Signalons que le musée national de la Marine de Rochefort présente un modèle à très grande échelle (1/24e) de la *Dédaigneuse*, frégate comparable à l'*Hermione*.

hune On donne ce nom à une plate-forme que l'on fait reposer sur les barres solidarisant les mâts de hune aux bas-mâts. À l'origine, la hune est de forme circulaire, mais vers le milieu du XVIIIe siècle, nous adopterons des hunes « carrées » (qui sont en réalité rectangulaires) à l'imitation des Anglais. La grande hune d'un vaisseau de soixante-quatorze canons a une superficie de 40 m^2, ce qui permet aux seize gabiers* du grand mât d'y prendre place. On y loge des combattants et c'est de la grande hune du *Redoutable* qu'est tiré le coup de fusil qui tue Nelson à Trafalgar, le 21 octobre 1805.

▼ Sur cette réplique contemporaine d'un navire marchand américain, la grande hune a été fort bien représentée. On y distingue notamment un bordage à claire-voie permettant à l'eau de pluie de s'écouler rapidement. L'ouverture rectangulaire que l'on voit au centre est le « trou du chat ». Elle permet aux hommes d'accéder commodément à la hune et aux mâts supérieurs.

hydrographie Autrefois, ce mot désignait l'ensemble de ce qui était relatif à la marine et à l'art naval. La célèbre *Hydrographie* du père Georges Fournier (1643) contient ainsi « *la théorie et la practique (sic) de toutes les parties de la navigation* », en laissant une place importante à la construction* navale. Au XVIIIe siècle, le mot hydrographie s'appliquait encore au calcul de la position du navire, puis il n'a plus concerné que l'étude et la description de la mer, de sa profondeur, des approches de la côte et de son balisage. Bien que ces deux sciences soient voisines et complémentaires, l'hydrographie ne doit pas être confondue avec l'« océanographie » qui est l'étude physique, chimique et biologique des eaux et des fonds* marins.

lougre C'est un petit bâtiment de guerre à trois mâts gréant des voiles au tiers. Il a des huniers, parfois des perroquets, et sa coque est souvent bordée à clin. Plus encore que le cotre, il est le bâtiment favori des corsaires, car il est à la fois rapide et agile. Le « chasse-marée » et la « bisquine » sont de petits lougres que l'on utilise essentiellement pour la pêche.

maistrance Ce terme générique désigne les maîtres, seconds maîtres, contremaîtres et quartiers-maîtres des équipages de la flotte mais aussi des arsenaux. La définition de la maistrance est donc différente de celle du XXe siècle qui ne s'appliquera plus qu'aux « officiers mariniers », majors, maîtres principaux, premiers maîtres, maîtres et seconds maîtres.

Mary Rose Construit à Portsmouth entre 1509 et 1511, ce vaisseau chavire et coule le 19 juillet 1545 au large de l'île de Wight. En 1836, des plongeurs localisent l'épave et remontent quelques petits objets. D'autres plongeurs effectuent une fouille complète en 1965, ce qui permet d'établir que la partie tribord, protégée par une gangue de vase, est dans un excellent état de conservation. Renflouée en octobre 1982, la coque est traitée de la même manière que l'avait été celle du *Vasa**. Elle est exposée à Portsmouth, à proximité du *Victory* et du *Warrior**.

matelot On donne ce nom aux marins placés sous les ordres directs de la maistrance* et l'amiral Willaumez affirme « qu'on ne peut pas faire un bon matelot s'il n'a pas commencé à naviguer à l'âge de quatorze à quinze ans et plus tôt ». Au-dessous des matelots viennent les mousses* et les « novices » qui ont déjà effectué une ou deux campagnes. Le recrutement des matelots était autrefois assuré par la « presse », opération qui consiste à boucler un quartier pour enrôler de force les individus dont on se saisit. Colbert met fin à ce procédé barbare en créant un nouveau système dans lequel les gens de mer sont répartis en trois à cinq classes appelées successivement à servir sur les vaisseaux du roi. Les avantages considérables accordés aux marins classés ont permis à ce « système des classes » de fonctionner sans accroc jusqu'à nos jours. En 1795, il sera rebaptisé « Inscription maritime ».

Le mot matelot est employé familièrement pour désigner une paire d'amis et, par extension, on donne aussi ce nom aux navires marchant en ligne.

Mayflower En 1620, ce vaisseau marchand transporte une centaine de puritains, les « Pères pèlerins », en Amérique où ils fondent la première colonie de peuplement en Nouvelle-Angleterre. En 1955, une réplique de la *Mayflower* est construite en Grande-Bretagne. Elle traverse l'Atlantique deux ans plus tard pour rejoindre Plymouth (USA) où elle est convertie en navire-musée. Sa fiabilité historique n'est pas garantie, mais elle donne une idée assez bonne des vaisseaux de commerce du début du XVIIe siècle.

mousse C'est un jeune garçon, âgé de moins de 16 ans, que l'on embarque pour le former au métier de la mer. Le mot « moussaillon » s'emploie pour désigner affectueusement un jeune marin.

Inépuisable source d'inspiration, le vin a peut-être été à l'origine de la reconstruction d'un navire du passé, comme le laisse supposer cette surprenante déclaration de l'écrivain Érik Orsenna (Érik Arnoult), président du Centre international de la mer (Rochefort) :

*« Il y a six ans, on a décidé de relancer avec le maire de la ville, Jean-Louis Frot, et Benedict Donnelly, navigateur français de père américain, ce projet fou de reconstruire à l'identique la frégate l'*Hermione*, sur laquelle La Fayette est parti apporter aux insurgents le soutien du roi de France. Cette idée nous est venue un soir, au bord de la mer, autour d'un plat d'huîtres et d'une bouteille de vin blanc sec. »*

Érik Orsenna
in *Le Spectacle du Monde* n° 484 (NOVEMBRE 2002).

munitions La poudre à canon est composée de 75 % de salpêtre, 12,5 % de soufre et 12,5 % de charbon de bois. Elle est embarquée dans des barils, juste avant l'appareillage, et l'on en place environ un tiers dans des « gargousses », sortes de sacs en peau de mouton qui contiennent la quantité de poudre nécessaire au départ du coup.

Les projectiles les plus couramment utilisés sont les boulets sphériques en fer fondu et la « mitraille », faite de grosses billes également en fer fondu. Contrairement à ce qu'on lit trop souvent, le tir à boulets rouges n'est jamais pratiqué à bord des vaisseaux, car le manque de place et la présence de nombreuses matières combustibles multiplieraient les risques. La marine fait, en revanche, un large usage des « boulets ramés » qui sont constitués de deux demi-sphères réunies par une barre de fer ou une chaîne. Ces boulets sont employés pour le tir « à démâter » et ils sont très efficaces dans ce rôle. Le calibre du canon étant toujours un peu plus fort que le diamètre du boulet, la différence est couramment appelée « évent » ou « vent » du boulet. Ce dernier mot est à l'origine

de l'expression « sentir passer le vent du boulet » que l'on emploie pour signifier que l'on vient d'échapper de justesse à un danger.

nef Du latin *navis* (vaisseau), ce mot désigne un navire médiéval aux formes très arrondies qui porte jusqu'à cinq mâts, les deux premiers à voiles carrées et les autres à voiles latines. À l'avant et à l'arrière se trouvent des châteaux qui donnent à la nef une silhouette très caractéristique. Ces bâtiments sont largement utilisés pour le transport des croisés en Terre sainte. Contrairement à ce qui a souvent été dit, la *Santa María*, navire amiral de Christophe Colomb, n'est pas une caravelle mais une nef.

Bien qu'elle soit située loin de la mer, la ville de Paris a choisi une nef comme emblème avec la célèbre devise : *Fluctuat nec mergitur*, qui signifie : « Elle est battue par les flots, mais ne coule pas. »

négrier On donne indifféremment ce nom au navire et au marin qui pratique la « traite », c'est-à-dire le commerce des esclaves. L'origine de ce trafic remonte au XVe siècle, époque où les Portugais commencent à déporter des Africains à Madère, aux Açores et au Cap-Vert. Les Espagnols pren-

◄ ***Esclaves dans la cale,*** **lithographie de Rugendas, (vers 1830), d'après Johann Moritz (1802-1858). Cette représentation de l'entrepont d'un navire négrier date du XIXe siècle. L'espace attribué aux captifs est assez correctement reproduit, mais les hommes et les femmes n'ont jamais été logés dans la même partie de l'entrepont. Le léger pagne voilant la nudité des captifs n'existait pas non plus dans la réalité, car il aurait pu permettre de dissimuler des objets pouvant servir d'armes. La révolte des captifs était en effet la véritable hantise des négriers et cette seconde étape du voyage triangulaire était celle qui exigeait la plus grande vigilance.**

dront le relais en envoyant dans leurs colonies d'Amérique des centaines de milliers de captifs. En France, ce commerce reste parfaitement légal jusqu'en 1815.

Les négriers quittent l'Europe avec des produits manufacturés qu'ils échangent contre des captifs lorsqu'ils atteignent la côte africaine. Ils se hâtent ensuite de gagner Saint-Domingue, qui est le premier marché négrier du Nouveau Monde, et ils échangent leur cargaison humaine contre des produits coloniaux. Comme les cales du négrier sont, à chaque étape, remplies de produits à forte valeur ajoutée, on donne à ce trafic le nom de « commerce triangulaire ». Les navires utilisés sont spécialement construits ou transformés pour tenir leur rôle de prison flottante. Pour se protéger d'une révolte des captifs, la totalité de l'équipage est logée à l'arrière, à l'abri d'une rambarde percée de meurtrières. Les captifs ne deviennent esclaves qu'à leur arrivée aux Amériques et comme ils représentent une valeur marchande importante, ils sont relativement bien traités. Ce souci, qui n'a strictement rien d'humanitaire, ne doit pas faire oublier que derrière le sucre, le café et les luxueux hôtels particuliers des cités négrières, il y a la déportation de plusieurs millions de captifs. Devenue illégale après 1815, la traite se poursuivra néanmoins jusqu'à l'abolition définitive de l'esclavage par le Brésil en 1888.

« Le Lamaneur qui entreprendra, étant yvre, de piloter un vaisseau, sera condamné en cent fols d'amende, & interdit, pour un mois, du pilotage. Dans le vrai, fi cet article étoit pris à la lettre, les interdictions feroient fi fréquentes & fi multipliées, qu'il n'y auroit prefque jamais de pilotes en exercice, tant les hommes de mer, fur les ports, font fujets à s'enivrer. Mais il eft différens degrés d'ivreffe ; & ce qu'il y a de fingulier, c'eft qu'il eft des pilotes & autres mariniers qui ne montrent jamais plus d'habileté, de courage & de prévoyance tout à la fois, que lorfqu'ils font ivres à un certain point. Le meilleur eft néanmoins de ne pas s'y fier, ne fût-ce qu'à caufe de la difficulté de diftinguer le degré d'ivreffe qui ne feroit pas dangereux ; & à cela le remède eft facile, le maître ayant la liberté de refufer tout pilote qui fera reconnu ivre ; fi enfuite il le laiffe enivrer à fon bord, ce fera uniquement fa faute. »
Nouveau commentaire sur l'ordonnance de la marine du mois d'août 1681. *(Livre IV, titre III, des pilotes lamaneurs, article VIII).*

ordonnances

Sous l'Ancien Régime, l'ordonnance est un règlement approuvé par le roi. Dans le domaine maritime, les premiers textes apparaissent au XIVe siècle. Ils se multiplient ensuite de manière assez désordonnée pour se stabiliser au XVIIe siècle avec Richelieu et surtout Colbert. La grande ordonnance d'avril 1689 reprend, en les complétant, les textes antérieurs. Cet ouvrage juridique monumental (vingt-trois tomes) règle désormais tout ce qui concerne la marine marchande et la marine de guerre. Des réformes partielles interviendront en 1765 et en 1776, mais elles ne porteront que sur des points de détails. Beaucoup plus ambitieuse est l'ordonnance de 1786 qui modifie profondément les structures de la marine. Ce texte, qui visiblement était destiné à être complété, ne le sera jamais car la Révolution mettra un terme au système des ordonnances. La création des préfets maritimes par Bonaparte en 1800 s'inscrit dans la logique des textes précédents. Ce sera le dernier règlement important de l'histoire de la marine à voiles.

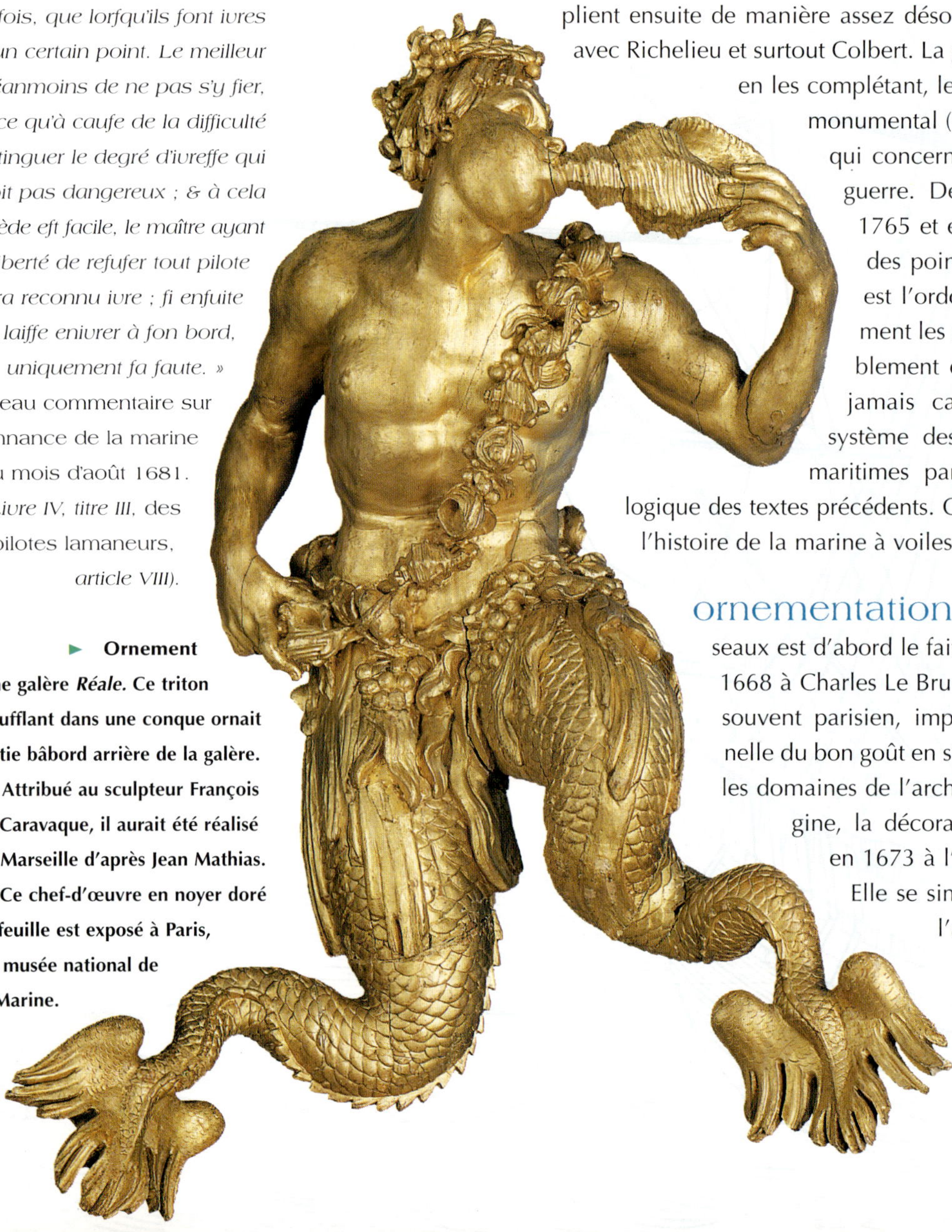

► **Ornement d'une galère *Réale*. Ce triton soufflant dans une conque ornait la partie bâbord arrière de la galère. Attribué au sculpteur François Caravaque, il aurait été réalisé à Marseille d'après Jean Mathias. Ce chef-d'œuvre en noyer doré à la feuille est exposé à Paris, au musée national de la Marine.**

ornementation navale

La décoration des vaisseaux est d'abord le fait d'artistes locaux avant d'être confiée en 1668 à Charles Le Brun, premier peintre du roi. Un seul artiste, souvent parisien, imposera désormais sa conception personnelle du bon goût en s'inspirant largement de ce qui se fait dans les domaines de l'architecture et du mobilier. Très riche à l'origine, la décoration navale s'allégera considérablement en 1673 à l'imitation de ce qui se fait en Angleterre. Elle se simplifiera une nouvelle fois en 1770 avec l'adoption du tableau arrière en forme de fer à cheval qui diminue la surface disponible pour les sculptures. Par économie, on entreprendra alors de standardiser l'ornementation en la limitant à un décor végétal rehaussé d'un écusson aux armes de France. Parallèlement, on s'efforcera d'imposer le lion comme modèle de figure de proue, mais les instructions ministérielles ne seront guère suivies. Ainsi allégée, l'ornementation navale deviendra très élégante. Tout en conservant sa sobriété, elle sera encore plus belle sous la Révolution et l'Empire, périodes qui fourniront de nouveaux thèmes aux sculpteurs. L'ère d'économies qui suivra marquera la disparition progressive de l'ornementation navale.

pacotille C'est une marchandise que les marins d'un navire de commerce embarquent avec l'accord de l'armateur* pour la négocier à leur compte. Les terriens ont repris ce mot au XXe siècle en lui faisant désigner un produit de mauvaise qualité, sens qu'il n'a jamais eu dans le vocabulaire maritime.

phare Ce mot désigne les mâts d'un bâtiment à voiles carrées. Le « phare de l'avant » comprend les trois étages du mât de misaine (bas-mât, petit mât de hune et mât de petit perroquet). Les vergues qui sont supportées par ces mâts et les voiles qui y sont établies font partie intégrante du phare. Le grand mât et le mât d'artimon avec leurs mâts supérieurs, leurs vergues et leurs voiles sont nommés « phares de l'arrière ». Parler d'un voilier « à phares carrés » est un pléonasme, mais l'usage a consacré cette expression.

pilote C'est un marin hautement qualifié qui assure la conduite du navire. Le pilote « hauturier » effectue des navigations au long cours. Il tient le rôle du navigateur* en calculant la position du navire à l'estime et par l'observation des astres. Aussi doit-il posséder des connaissances étendues dans les domaines de l'hydrographie* et des mathématiques. Le « pilote côtier » est généralement un officier marinier qui a été jugé apte à commander au petit « cabotage », mot par lequel on désigne la navigation en vue de la côte. Le « pilote lamaneur » est affecté à un port particulier. Il est plus particulièrement chargé de guider les navires à l'entrée et à la sortie de ce port. À bord, le pilote, qu'il soit hauturier, côtier ou lamaneur, dirige le navire sous sa responsabilité. Les choses s'inverseront au XXe siècle, la présence du pilote ne dégageant plus la responsabilité du capitaine en cas d'accident.

pirate C'est un bandit qui s'attaque à tous les navires marchands qu'il rencontre, y compris ceux de sa propre nation. Dans la mesure où cette coupable activité est souvent encouragée et même soutenue par des États, il est parfois difficile de différencier le pirate du corsaire. La piraterie, qui s'exerce depuis l'Antiquité, sera particulièrement florissante aux XVIe et XVIIe siècles. En Méditerranée, elle est principalement le fait des « Barbaresques », terme qui désigne les pirates d'Afrique du Nord. Aux Antilles, les pirates sont principalement français, anglais et hollandais. Ils s'attaquent aux galions* isolés, mais ils ne dédaignent pas non plus s'en prendre aux localités côtières. Au XIXe siècle, une nouvelle forme de piraterie se manifeste en Extrême-Orient. Communément appelée « piraterie chinoise » (bien qu'elle regroupe des pirates de toutes nationalités), cette piraterie se prolongera jusqu'à l'époque contemporaine. Si le mot « forban » est synonyme de pirate, le terme « flibustier » ne s'applique qu'aux Français établis dans l'île de la Tortue. Ne surtout pas confondre avec le « boucanier » qui est un chasseur de bœufs sauvages. Précisons enfin que le célèbre pavillon noir à tête de mort et tibias entrecroisés n'a été arboré que par les pirates anglais des Caraïbes.

Selon Littré : « *Le corsaire est muni de lettres de son gouvernement et armé seulement en temps de guerre. Pris, il est traité comme prisonnier de guerre. Le pirate n'a point de lettres de marque et attaque même en temps de paix. Pris, il est traité comme voleur et pendu.* » Dans la réalité, la différence est beaucoup moins marquée.

ponton Ce mot désigne un vieux vaisseau dont on a rasé les mâts et que l'on a transformé en bâtiment administratif ou en prison. Pendant les guerres de l'Ancien Régime, de la Révolution et de l'Empire, les Anglais utilisent beaucoup les pontons pour y entasser leurs prisonniers de guerre dans des conditions particulièrement inhumaines. L'atmosphère confinée, le manque d'hygiène et la nourriture insuffisante entraînent une très forte mortalité. Aussi les marins des

► Ce magnifique décor ornait l'arrière d'une galère *Réale* et comme il était très coûteux, il a probablement été réemployé sur un autre bâtiment après la mise hors service du premier. Souvent attribué à Pierre Puget, il a en réalité été exécuté par un sculpteur anonyme d'après Jean Mathias. Ce bas-relief représente l'été. Il est en noyer doré à la feuille avec incrustations en métal.

nations en guerre contre l'Angleterre préfèrent-ils souvent mourir que de se rendre. Entre 1803 et 1814, quand même 125 600 marins et soldats sont les hôtes des pontons de Plymouth, Portsmouth, Chatham* et Yarmouth.

Sous un autre sens, le ponton est une sorte de chaland carré, à fond plat, que l'on utilise pour mettre en place les mâts d'un vaisseau, renflouer un navire coulé, draguer un chenal et d'une manière plus générale, effectuer toutes les opérations qui demandent de la force.

Porter la main sur un supérieur est un acte d'une extrême gravité qui dans, la marine, est toujours sévèrement puni. Herman Melville évoque ainsi le cas du jeune marin Billy Budd qui, pour avoir frappé un officier, fut pendu à la grande vergue du vaisseau l'*Indomitable* (l'*Indomptable*), sentence prononcée et assumée - à son corps défendant - par son capitaine. En 1950, cette histoire fournira le thème de *Billy Budd*, un opéra composé par Benjamin Britten. La première audition de cette œuvre a eu lieu au Royal Opera House de Covent Garden le 1er décembre 1951 avec pour interprètes principaux, Peter Pears, Theodor Uppman et Frederic Dalberg.

punitions Les manquements à la discipline sont sanctionnés par :

– le retranchement de la ration de vin ;

– la détention aux fers qui consiste à lier les pieds du puni à deux larges anneaux que l'on enfile sur une tringle de fer ;

– la « bouline » où le fautif doit courir entre deux rangées de trente matelots qui le frappent sur le dos avec des cordages ;

– la « cale sèche » où le délinquant est précipité à la mer depuis une basse vergue ;

– la « grande cale », ou « cale humide », qui consiste à faire passer le condamné sous la quille* et à le remonter sur l'autre bord.

Les supplices de la bouline et de la cale sont supprimés par un décret du 13 mars 1848 qui leur substitue des peines d'emprisonnement. Les officiers peuvent se voir infliger des arrêts. Les punitions plus graves sont obligatoirement prononcées par un conseil de justice ou de guerre.

renard Dans l'ancienne marine, on donnait ce nom à un plateau de bois où se trouvait dessinée une rose des vents. Huit trous étaient percés sur chaque rayon d'aire de vent et à chaque demi-heure du quart, on plaçait une cheville pour marquer le rhumb suivi. Le renard, dont l'invention remonte au XVIe siècle, jouait donc le rôle d'aide-mémoire. Il a largement été utilisé par les marins du monde entier avant de disparaître dans le dernier quart du XIXe siècle. Bien que le renard n'ait jamais été un instrument de précision, certains modèles ont été réalisés en bois précieux et il arrivait même qu'on les recouvre d'une plaque de laiton. De tels exemplaires sont très appréciés des amateurs d'antiquités marines, mais ils sont assez difficiles à trouver. Aujourd'hui, la Marine nationale appelle « renard » le tableau où sont portés les noms des officiers à bord ou à terre lorsque le navire est à quai.

sainte-barbe On donne ce nom au local situé à l'arrière de l'entrepont. La sainte-barbe est le magasin du maître canonnier qui y range les objets et ustensiles dont il se sert fréquemment. Contrairement à ce qui est souvent affirmé, la sainte-barbe n'a rien à voir avec la « soute aux poudres » qui se trouve dans la cale. Sur certains vaisseaux, on installe une sainte-barbe supplémentaire que l'on appelle « fausse sainte-barbe ». Elle est réservée aux maîtres qui y prennent leurs repas.

Santa María Construite en 1992 pour célébrer le 500e anniversaire de la découverte de l'Amérique, la réplique du célèbre navire amiral de Christophe Colomb a été la vedette du film de Ridley Scott *1492 : Conquest of Paradise*. Cette reconstitution, due à l'historien espagnol José Maria Martinez-Hidalgo y Teràn, est la meilleure de toutes celles qui ont existé. Elle est présentée au Museum of Science and History de Corpus Christi (Texas) aux côtés des deux autres navires de Christophe Colomb, la *Niña* et la *Pinta*.

scorbut C'est une maladie qui se manifeste par une asthénie, puis par le saignement des gencives et par des enflures accompagnées de lésions cutanées aux membres inférieurs. Dans la phase terminale de la maladie, la peau se nécrose, des hémorragies internes se déclarent et le patient meurt dans de grandes souffrances. On a longtemps cherché les causes de ce véritable fléau. La Pérouse se flatte de l'avoir vaincu en renouvelant fréquemment ses provisions d'eau. L'eau fraîche est bien sûr sans effets sur la maladie, mais les fruits embarqués aux escales* sont d'excellents antiscorbutiques. Au

début du XIXe siècle, les Anglais découvrent les vertus du jus de citron. Persuadés que le remède est uniquement lié à l'acidité du citron, les responsables de notre marine font délivrer aux équipages de la choucroute (qui contient un peu de vitamine C) et du vinaigre qui se révèle totalement inefficace ! Il faudra attendre le dernier quart du XIXe siècle pour découvrir que le scorbut est dû à une carence en vitamine C.

◄ ***Combat naval du 1er juin 1794 : le Vengeur forçant le blocus contre trois vaisseaux anglais.*** **Imagerie d'Épinal. Pendant les guerres de la Révolution et de l'Empire, les marins français font preuve d'un courage incontestable, mais comme ils sont moins bons tacticiens que leurs adversaires, le sort des armes leur sera souvent défavorable.**

tactique navale Les grands traités de tactique navale des XVIIe et XVIIIe siècles recommandent le combat en ligne qui permet d'utiliser au mieux l'artillerie des vaisseaux. Cette « ligne de bataille » dans laquelle les navires se suivent en file indienne a cependant ses limites, car si l'une des deux armées navales parvient à couper la ligne, elle peut prendre son adversaire entre deux feux et donc le placer dans une situation critique. C'est exactement la tactique que Nelson appliquera à Trafalgar avec le succès que l'on sait. Le tir le plus efficace est le tir « en enfilade » que l'on pratique en se plaçant perpendiculairement à l'arrière du vaisseau ennemi. Ses effets sont très meurtriers, car les boulets et la mitraille ravagent toute la batterie. Le tir « en plein bois » au-dessus de la flottaison est également très destructeur. C'est avec le tir « à démâter » celui qui est le plus fréquemment appliqué. En profitant de la gîte* du vaisseau ennemi, on peut également envoyer quelques boulets sous sa flottaison. Ce tir est dit « à couler bas », mais malgré son nom, il est peu efficace, car le maître charpentier dispose de tampons suiffés qui lui permettent de boucher les brèches.

vaisseau Ce terme générique désigne tout navire à trois mâts et à voiles carrées. Sous un sens plus restreint, il définit un bâtiment à plusieurs ponts ou batteries. La grande ordonnance de 1689 répartit les navires de guerre en cinq rangs. Du premier au cinquième rang, on trouve des vaisseaux de 110, 74, 56, 46 et 36 canons. Malgré les modifications régulièrement imposées par la mise en service de nouveaux types de vaisseaux, cette répartition s'appliquera pendant toute l'histoire de la marine de guerre à voiles. Construit à La Havane en 1769, la *Santissima Trinidad* de cent quarante-quatre canons, qui disparaîtra à Trafalgar, a été le plus grand vaisseau à voiles du monde (72,60 m de longueur de coque). Il avait été entièrement réalisé en acajou de Cuba.

Vasa Construit en 1628 par le maître charpentier hollandais Hendrik Hybertsson, ce vaisseau de guerre suédois de soixante-quatre canons est si peu stable qu'il chavire et coule peu après son premier appareillage. Il passe ensuite plus de trois siècles dans la vase de la baie de Stockholm et lorsqu'il est redécouvert en 1956, les archéologues navals constatent que la coque est pratiquement

► *Le* Sans Pareil, *vaisseau de 108 canons,* XVIIIe siècle. Ce très beau modèle du vaisseau à trois ponts a été construit à Toulon vers 1760. Il porte le nom d'un bâtiment qui devait être construit à Brest, mais dont la commande a été annulée. Le choix d'une très grande échelle d'exécution (1/28,8[e]), a permis de reproduire avec beaucoup d'exactitude, des éléments d'accastillage généralement passés sous silence sur les modèles plus petits.

intacte. Renfloué le 24 avril 1961, le vaisseau est immédiatement transféré dans un vaste hangar où pendant dix-sept ans il est aspergé en permanence d'une solution de polyéthylène glycol qui raffermit les cellules du bois. Cette technique appliquée pour la première fois à une épave de grandes dimensions a permis de sauver le *Vasa*. Présenté dans un musée spécialement construit pour lui, ce vaisseau est un témoin très précieux de la marine du début du XVIIe siècle.

Victory Mis sur cale à Chatham le 23 juillet 1759, ce vaisseau dessiné par l'ingénieur Thomas Slade n'est lancé qu'en 1765, des restrictions budgétaires ayant retardé son achèvement. Maintenu en réserve jusqu'au déclenchement de la guerre d'Indépendance américaine, le *Victory* prend part à la bataille d'Ouessant (1781) puis il est envoyé pour renforcer Gibraltar. En 1797, il participe à la bataille du cap Saint-Vincent et en 1803, il devient le navire amiral de Nelson. C'est à son bord que le vaillant amiral trouve la mort, le 21 octobre 1805, au cours de la bataille de Trafalgar.

Réparé à Gibraltar, le *Victory* effectue plusieurs campagnes avant d'être désarmé à Portsmouth en 1812. Il entre dans la forme n° 2 de l'arsenal en 1922 pour être reconstruit et transformé en navire-musée. En 1941, une bombe allemande lui occasionne d'assez gros dégâts. Restauré après la guerre, il est progressivement remis dans son état de 1805. Le *Victory* est toujours inscrit sur les listes de la Royal Navy.

▲ Le *Victory* dont on voit ici le tableau arrière et la bouteille bâbord, a été le vaisseau-amiral de Nelson à Trafalgar. Selon l'historien français René Maine, c'est en souvenir de cette bataille que : « les matelots de France et d'Angleterre portent autour du cou une cravate noire, ceux-ci pour pleurer leur chef tombé dans la mêlée, ceux-là leurs illusions perdues ».

vivres Ce sont les aliments liquides et solides dont se nourrit l'équipage. Pour les officiers mariniers et les matelots*, la ration journalière qui se consomme en trois repas comprend : 750 g de biscuit, 120 g de légumes secs, 240 g de bœuf salé, 120 g de morue salée, 180 g de lard, 90 g de fromage, 60 g de riz et 69 cl de vin. Les officiers sont beaucoup mieux traités. Barthélemy de Lesseps rapporte qu'à bord de l'*Astrolabe*, navire de l'expédition La Pérouse, « le repas était composé de : la soupe au bœuf, au cochon et à la volaille, le bouilli, une entrée, un rôti ou un autre plat ou de la pâtisserie qu'on faisoit avec de la graisse de cochon lorsqu'on en tuait. Ordinairement, il y avoit quatre ou cinq mets en comptant le potage, et l'on peut se faire une idée en comparant ces dîners à un bon ordinaire bourgeois ».

voiles Un vaisseau de la fin du XVIIIe siècle possède des voiles carrées qui assurent l'essentiel de sa propulsion. Sous le beaupré, se trouvent la « civadière » et la « contre-civadière ». Le phare* de l'avant supporte de bas en haut la « misaine », le « petit hunier » et le « petit perroquet ». Au grand mât se trouvent la « grand-voile », le « grand hunier » et le « grand perroquet ». Le mât d'artimon n'ayant pas de « basse voile », le « perroquet de fougue » et la « perruche d'artimon » sont installés au-dessus d'une « vergue sèche » qui ne soutient aucune voile. Ces noms correspondent à ceux des vergues et des mâts, le beaupré étant la seule exception. Signalons que dans les dernières années du XVIIIe siècle, on ajoutera deux étages supplémentaires qui porteront les noms de « cacatois » et de « contre-cacatois ».

Notre vaisseau porte également des voiles axiales pour la manœuvre, virements* de bord notamment, et pour la navigation aux allures* non portantes. Elles sont soutenues par des cordages appelés « drailles » qui suivent la direction des étais. Du bas vers le haut, le beaupré supporte le « petit foc* », le « contre-foc » et le « grand foc » dont les noms changeront à plusieurs reprises au XIXe siècle. Entre le mât de misaine et le grand mât se trouvent la « grande voile d'étai », la « voile d'étai de grand hunier », la « contre-voile d'étai » et la « voile d'étai de grand perroquet ». Deux voiles sont disposées entre le grand mât et le mât d'artimon. Ce sont la « voile d'étai d'artimon » et la « voile d'étai de perroquet de fougue ». Seule voile axiale à être soutenue par une antenne, la « voile d'artimon » sera remplacée dans les toutes dernières années du XVIIIe siècle par une brigantine disposée entre deux vergues.

·VII·

La marine de l'ère industrielle

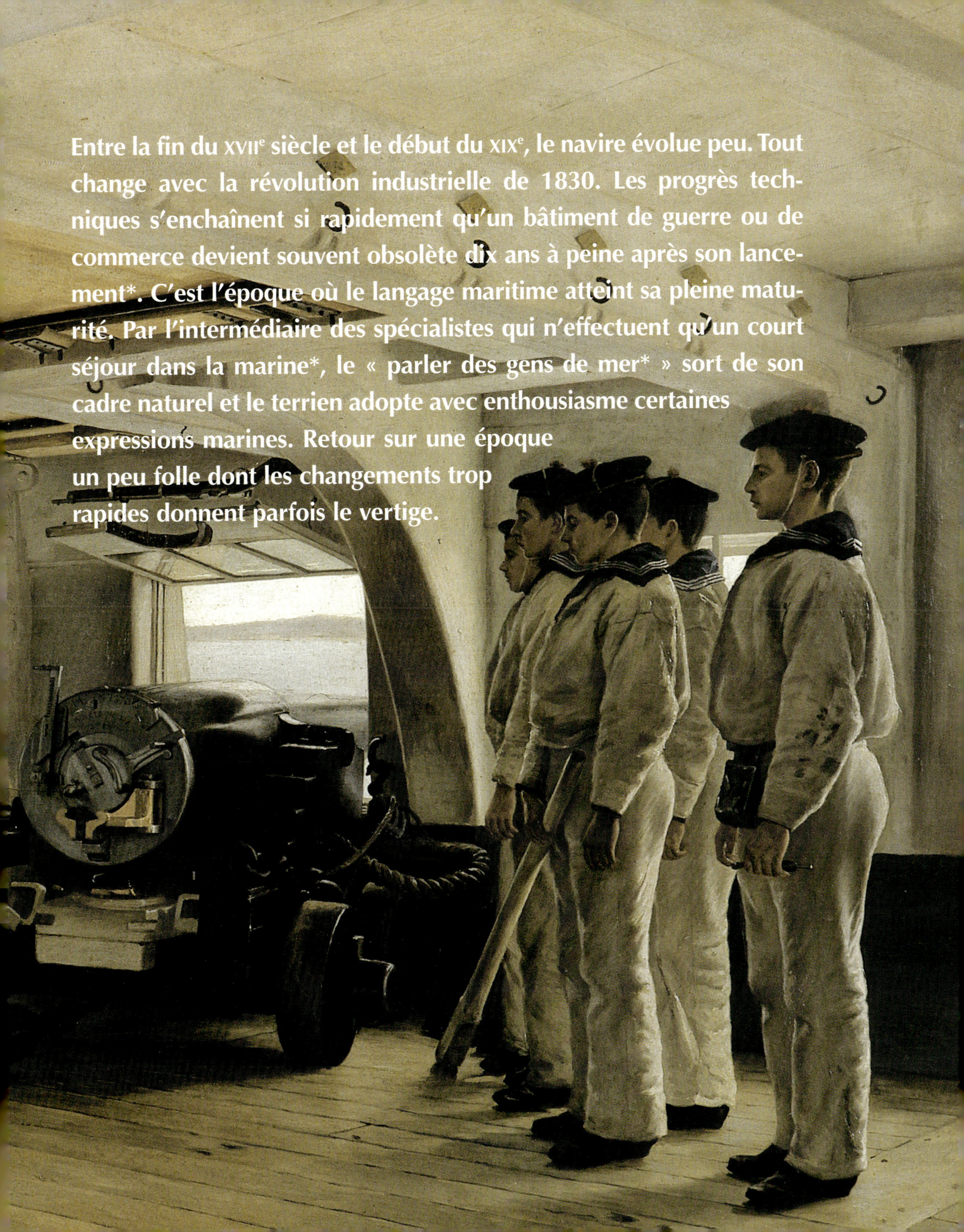

Entre la fin du XVIIe siècle et le début du XIXe, le navire évolue peu. Tout change avec la révolution industrielle de 1830. Les progrès techniques s'enchaînent si rapidement qu'un bâtiment de guerre ou de commerce devient souvent obsolète dix ans à peine après son lancement*. C'est l'époque où le langage maritime atteint sa pleine maturité. Par l'intermédiaire des spécialistes qui n'effectuent qu'un court séjour dans la marine*, le « parler des gens de mer* » sort de son cadre naturel et le terrien adopte avec enthousiasme certaines expressions marines. Retour sur une époque un peu folle dont les changements trop rapides donnent parfois le vertige.

PAGE PRÉCÉDENTE : Gustave Bourgain (1856-1918) : *À bord de l'Austerlitz,* (1888). Sur ce tableau quasi « photographique », on peut voir la manœuvre d'un canon de 16 cm. La pièce se charge par la culasse, mais le tube est toujours monté sur un affût traditionnel.

armateur Armer un navire, c'est lui fournir un équipage* et le munir de tout ce qui est nécessaire à la navigation* qu'il va entreprendre. De ce mot est issu l'armateur, négociant qui arme à ses frais des bâtiments de commerce, de pêche et autrefois des corsaires*. Au XIXe siècle, le développement considérable du transport maritime entraîne la création de grandes « sociétés d'armement » qui exploitent leurs propres navires. L'utilisation des pavillons de complaisance* et l'installation de « sociétés écrans » dans des « paradis fiscaux » font qu'il est aujourd'hui très difficile de savoir qui est le véritable propriétaire du bateau.

artillerie Dans le dernier quart du XIXe siècle, le canon de marine devient une arme particulièrement redoutable, car il bénéficie de plusieurs progrès techniques. À partir de 1833, le boulet plein est remplacé par un obus explosif auquel on donnera par la suite la forme ogivale qu'il conserve aujourd'hui. L'âme du canon reçoit des rayures qui, en imprimant un mouvement de rotation au projectile, améliorent sensiblement la précision du tir. La portée est également augmentée par l'emploi de la poudre B, beaucoup plus performante que l'ancienne poudre noire. Le chargement par la culasse, enfin, permet un tir plus rapide.

Pour la fabrication des tubes, on utilise désormais l'acier. Les calibres ne cessent d'augmenter. Ils atteindront la valeur de 420 mm en 1883 avant de se stabiliser à 305 mm dix ans plus tard. Pour repousser les attaques des torpilleurs* on installe une artillerie légère à tir rapide sur les grands bâtiments.

À l'issue de la Seconde Guerre mondiale, les missiles remplacent progressivement les canons de gros calibre, mais les navires de guerre conservent quelques pièces légères, généralement du calibre de 100 mm.

baleinier Ce mot désigne à la fois le marin* qui chasse la baleine et le bateau qu'il utilise. Pratiquée dès le Moyen Âge par les Basques, cette chasse au cétacé se fait longtemps avec des embarcations légères, les « baleinières », sur l'avant* desquelles se tient le harponneur. En 1868, le Norvégien Sven Foyn installe un canon-harpon à l'avant d'un navire à vapeur et la chasse à la baleine, jusque-là artisanale, devient une véritable industrie. Les flottilles de baleiniers sont désormais accompagnées de navires-usines chargés du dépeçage. Après la Seconde Guerre mondiale, 50 000 cétacés sont régulièrement capturés chaque année et certaines espèces sont en voie d'extinction. Dans les années 1960, la Commission baleinière internationale impose des quotas de pêche et à partir de 1970, la plupart des pays cessent de chasser la baleine. Depuis 1985, la pêche commerciale est interdite, mais la capture de quelques cétacés reste autorisée pour la recherche scientifique.

barre Employé seul, ce mot désigne la barre à roue et même le « joystick », sorte de minimanche qui tend à la remplacer. Dans la marine de plaisance, celui qui manœuvre la barre est le barreur*. Il est l'« homme de barre » dans la Marine nationale et cette appellation a tendance à remplacer l'ancien terme « timonier » qu'emploie encore la marine marchande. Le surnom de « grand timonier » avait été attribué à l'ancien président chinois Mao Tsé-toung, sans pour autant que le mot timonier parvienne à s'imposer dans le vocabulaire politique.

barrer le T Dans un combat naval, cette manœuvre consiste à couper à angle droit la ligne de bataille ennemie. Tous les navires de l'escadre barrant le T peuvent ainsi concentrer leur feu sur les bâtiments de tête de l'adversaire, ceux qui suivent ne pouvant riposter car ils se masquent les uns les autres. L'amiral qui parvient à barrer le T se retrouve donc dans une position si avantageuse qu'il est presque toujours assuré de remporter la victoire. Cette tactique* sera employée pendant tous les conflits précédant la Seconde Guerre mondiale. Les nouvelles formes du combat naval (aviation embarquée, missiles à longue portée…) l'ont rendue désormais obsolète.

Belem Construit en 1896 par les chantiers Dubigeon, le *Belem* est un trois-mâts barque* à coque* en acier destiné au transport de la fève de cacao entre le Brésil et la France. Entre 1896 et 1914, il effectue trente-deux voyages pour le compte de trois armateurs* successifs, puis la concurrence des vapeurs ayant rendu son exploitation difficile, il est revendu au duc de Westminster qui décide de le convertir en yacht*. À cette occasion, le *Belem* subit de nombreuses transformations dont la plus importante est l'adjonction de deux moteurs* auxiliaires. Après avoir changé plusieurs fois de propriétaire, le *Belem* est sauvé par la Caisse d'épargne qui, avec l'aide de la Marine nationale, le ramène en France. L'année suivante, la Fondation Belem est créée ; elle parviendra en 1984 à faire classer le navire monument historique.

En 1985, le *Belem* est restauré et de nouvelles transformations lui permettent d'accueillir près de deux mille stagiaires chaque année. Dernier témoin d'un passé maritime prestigieux, il n'a cependant plus grand-chose en commun avec le navire d'origine car il a fallu effectuer de nombreuses modifications pour le rendre conforme aux règles de sécurité d'aujourd'hui. Même ainsi, ce grand voilier reste un élément capital du patrimoine maritime.

bonnet Le mot béret n'existant pas dans le vocabulaire maritime, on doit parler du « bonnet », familièrement appelé « bachi » dans la Marine nationale. Surmonté d'un pompon de couleur rouge, il est porté jusqu'au grade de quartier-maître de 1re classe inclus. Le pompon est réputé porter bonheur à la jeune femme qui le touche, à condition toutefois… d'embrasser le marin !

bosco C'est le nom que les marins donnent familièrement au « maître d'équipage » (marine marchande) ou au « maître de manœuvre » (Marine nationale) qui a autorité directe sur eux. Ce mot qui vient de l'anglais *boatswain* est parfois employé pour désigner le patron d'une embarcation.

briquer Dans l'ancienne marine, les ponts* étaient régulièrement frottés avec une brique et du sable. De là vient le mot briquer, qui désigne l'action de passer sa brique sur le pont. À ne surtout pas confondre avec le « briquet » qui est un sabre d'abordage* à lame courte. Par extension, un navire de guerre « brique la mer » en la parcourant en tous sens pour découvrir l'ennemi.

brise-glace *Le Petit Larousse* précise que ce mot est invariable, mais que l'on peut indifféremment l'orthographier brise-glaces ou brise-glace. Contrairement à ce que son nom pourrait laisser supposer, le brise-glace ne percute pas la glace pour la disloquer. Pour s'ouvrir un passage, il remplit son « ballast » (réservoir) arrière et monte sur la glace grâce à son avant en forme de cuiller. En transférant l'eau du ballast arrière vers celui de l'avant, il écrase la glace sous son poids. Plusieurs brise-glace ont été équipés de machines* à propulsion nucléaire.

caboteur C'est un navire marchand qui pratique le « cabotage », nom que l'on donne à la navigation entre deux ports* d'une même côte*. Autrefois le mot caboteur s'appliquait également au marin, mais il n'est plus employé dans ce sens aujourd'hui. Le « petit cabotage » se fait de cap en cap, sans perdre la terre de vue. Le « grand cabotage » s'étend à toute la Méditerranée, à la mer Baltique, à l'Islande et même à Terre-Neuve. On distingue également le « cabotage international », qui se fait entre un port français et un port étranger, du « cabotage national » entre deux ports français. L'origine des mots cabotage et caboteur viendrait de l'espagnol *cabo* (aller de cap en cap).

canonnière Ce mot désigne un petit navire qui porte un gros canon. À l'origine, on utilisait des chaloupes*, mais on se rend très vite compte qu'elles ne sont pas des plates-formes de tir idéales. C'est pourquoi les canonnières vont rapidement prendre de l'embonpoint. Pour ses projets de descente en Angleterre, Napoléon fait construire des bâtiments d'assez grandes dimensions qui portent tous un à trois canons de gros calibre.

► Avec sa coque en acier, ses vergues à rouleau et ses cinq étages de voiles, le *Belem* est un pur produit de la révolution industrielle, même si c'est toujours le vent qui le propulse.

Les premières canonnières à propulsion mécanique sont engagées contre les Russes dès 1854 en mer Noire, puis en mer Baltique. Leur conception évolue après la guerre de Crimée (1854-1856). On construit alors des grandes canonnières pour les stations lointaines et des bâtiments plus petits pour la navigation fluviale. Mais même si ces navires ont pris du volume, le concept du petit bâtiment portant un ou plusieurs gros canons reste le même. À partir de 1881, les canonnières à vapeur sont surtout affectées à la surveillance des colonies, principalement en Extrême-Orient. Pour montrer aux populations autochtones la puissance de la nation colonisatrice, certaines canonnières sont équipées d'un éperon* destiné à rendre leur silhouette plus martiale.

L'expression « politique de la canonnière » est aujourd'hui employée comme synonyme de « politique de force », avec un sens très péjoratif.

capital-ship

Ce terme anglais apparaît pour la première fois dans le traité de Washington* de 1922 pour désigner les navires de guerre concernés par la limitation de tonnage convenue entre les puissances signataires du traité. Passée dans le langage courant, l'expression s'applique au navire capable de gagner une bataille à lui seul, si l'ennemi ne possède pas de bâtiment équivalent. La notion de capital-ship est donc très variable puisque à chaque guerre, le rôle est tenu par des bâtiments très différents. Avant la Seconde Guerre mondiale, la plupart des experts pensent que le cuirassé* restera le capital-ship qu'il est depuis le début de l'ère industrielle, mais il est détrôné par le porte-avions*. On estime que le sous-marin* nucléaire lanceur d'engins* (SNLE) est le capital-ship d'aujourd'hui.

cargo

Le mot anglais *cargo* (chargement, cargaison) est à l'origine du *cargo-boat*, navire aménagé pour le transport des marchandises. En entrant dans notre vocabulaire maritime, le *cargo-boat* s'est simplifié en devenant le cargo, faux ami qui ne désigne pas la cargaison, mais le navire. Cette appellation est utilisée pour la première fois sous le second Empire et ne s'applique qu'aux navires à propulsion mécanique transportant du fret. Aujourd'hui, les cargos sont généralement désignés par le nom des marchandises transportées (pétroliers, méthaniers, pinardiers, minéraliers, bananiers…), ou par les emménagements* réalisés pour le transport des cargaisons (porte-conteneurs*, frigorifiques, vraquiers…). Il existe des « cargos mixtes » prévus pour le transport d'un petit nombre de passagers. Les « ferries » enfin transportent des véhicules (car-ferries) ou des wagons de chemin de fer (ferry-boats).

chadburn

En devenant un nom commun, Chadburns a perdu sa majuscule et sa dernière lettre. Ce mot désigne un transmetteur d'ordre à commande manuelle, avec répétiteur à cadran et sonnerie. Le chadburn, qui permet de transmettre les ordres de la passerelle* aux machines, est doublé d'un tube acoustique, d'un téléphone direct ou d'un interphone. Aujourd'hui, les machines sont commandées depuis la passerelle, sans intervention du chef mécanicien, mais par sécurité, la liaison par interphone a été maintenue.

chalutier

C'est un bateau spécialement équipé pour la pêche au « chalut », nom que l'on donne à un filet en forme de poche que le chalutier traîne près du fond*. Le filet, avec ses accessoires (filins, flotteurs, panneaux d'ouverture, etc.), forme le « train de pêche ». Lorsque le chalutier travaille sur le côté, ce train de pêche est toujours mouillé par tribord*, car le sens de rotation de l'hélice facilite le remorquage. Aujourd'hui, les chalutiers sont pour la plupart équipés pour mouiller, remorquer et relever les filets par l'arrière*. Les derniers chalutiers à voiles* disparaissent dans les années 1950 et l'acier a remplacé le bois pour la construction* des coques. Sous la pression des mouvements écologistes qui craignent la disparition de certaines espèces, une réglementation tatillonne définit désormais les dimensions de la maille des filets. Cette législation est devenue si contraignante que de nombreux pêcheurs ont dû cesser leur activité.

▲ **Transmetteur d'ordre. Aujourd'hui remplacé par des commandes actionnées directement depuis la passerelle, le chadburn est devenu une antiquité marine très appréciée des collectionneurs.**

chambre On donne ce nom au logement d'un officier à bord d'un navire de guerre. « Passer à la chambre », c'est se présenter devant le commandant* pour prendre connaissance de son dossier et pour être éventuellement proposé pour le grade supérieur. Le mot « cabine* », qui est synonyme de chambre, n'est jamais employé dans la marine de guerre.

chaudière Dans l'ancienne marine, ce nom était donné à un très grand récipient en cuivre qui servait à réchauffer la nourriture de l'équipage. Le mot a été repris par les mécaniciens pour désigner l'appareil destiné à produire la vapeur actionnant les machines. Une chaudière se caractérise par son « timbre » (pression de la vapeur qu'elle produit), par sa « puissance » (débit horaire de la vapeur) et par sa « surface de chauffe ». Dans les « chaudières cylindriques », les gaz chauds provenant du foyer circulent dans des tubes plongés dans l'eau à vaporiser. Les « chaudières à tubes d'eau » fonctionnent selon un procédé inverse, l'eau à vaporiser étant à l'intérieur des tubes. En souvenir de l'époque où la chauffe s'effectuait au charbon, les marins emploient le mot « combustible » pour désigner le carburant liquide.

classe Vers la fin du XIXe siècle, ce mot se substitue au rang pour désigner certains navires de guerre en fonction de leur tonnage et de leur armement. Cette subdivision n'étant plus employée aujourd'hui, le mot classe s'applique à un ensemble de bâtiments semblables. On utilise toujours le nom du premier navire de la série pour la désigner en disant par exemple que la frégate* furtive *Courbet* est de la « classe *La Fayette* ». La marine de commerce emploie plus volontiers le mot « type » en lui donnant le même sens et depuis quelques années, la Marine nationale utilise indifféremment les deux appellations.

PAGE SUIVANTE : Après avoir participé à la bataille de Tsoushima (27 mai 1905), le croiseur russe *Aurora* entre dans l'histoire le 25 octobre 1917 en tirant deux coups de canon (à blanc) sur le palais d'Hiver de Petrograd. Décoré de l'ordre de la bannière rouge, le croiseur prend part à la défense de Leningrad pendant la Seconde Guerre mondiale. Il est aujourd'hui exposé à flot sur le fleuve Neva à Saint-Pétersbourg. L'*Aurora* est l'un des derniers croiseurs survivants du début du XXe siècle.

clipper Le mot clipper vient de l'anglais *to clip* (couper) et les Américains l'utilisaient pour désigner des navires rapides qui « fendaient l'eau ». Ce terme s'applique pour la première fois aux goélettes* américaines de la guerre de 1812. Il désigne ensuite des navires de commerce à trois mâts* dont le *Rainbow* de 1845 est le prototype. Sans aucun lien de parenté avec les « Baltimore clippers » de la période précédente, le *Rainbow* a une coque très fine qui lui assure une marche supérieure. Il inspire tous les grands voiliers utilisés à partir de 1848 pour relier la côte est à la côte ouest en passant par le cap* Horn. En 1849, l'Angleterre construit ses propres clippers pour le commerce du thé de Chine puis de la laine d'Australie. Ces bâtiments, de dimensions généralement plus modestes, se révèlent aussi rapides que leurs homologues américains et ils parviennent régulièrement à relier Shanghai à Londres en moins de cent jours. Dans les années 1860, les chantiers Alexander Hall d'Aberdeen mettent au point la construction « composite », technique qui consiste à faire reposer un bordé* en bois sur une charpente métallique. Ce procédé est plus coûteux, car il fait appel à deux catégories d'ouvriers spécialisés (charpentiers et forgerons), mais il assurera aux clippers une exceptionnelle longévité.

Vers 1880, la fiabilité accrue des navires à propulsion mécanique portera un coup fatal aux clippers qui cessent d'être rentables. La domination de ces grands voiliers n'aura donc duré qu'une trentaine d'années (1850-1880).

commandant C'est le titre que l'on donne à celui qui commande un navire, quel que soit son grade. Par courtoisie, on peut donner ce titre à un officier de marine responsable d'un établissement terrestre, mais cet usage n'a rien d'obligatoire. Seul responsable du navire qui lui a été confié, le commandant ne quitte pratiquement jamais la passerelle quand, pour telle ou telle raison, la navigation s'avère délicate. N'étant pas astreint aux quarts*, il coule en revanche des jours heureux lorsque le temps* est beau et que la route* est dégagée. D'où son surnom de « pacha », terme apparu au XIXe siècle. Les marins n'appartenant qu'à la mer, on ne dit pas « mon commandant » comme dans l'armée, mais simplement « commandant ». Si le commandant est une femme, on évitera de l'appeler « commandante », appellation qui selon Littré désigne la femme du commandant. Dans la marine marchande, le commandement

est assuré par le « capitaine », mais l'usage permet d'appeler ce dernier commandant. Dans la marine de pêche, celui qui commande est le « patron » alors qu'en plaisance, on parle plus volontiers du skipper*. L'expression « seul maître à bord après Dieu » est d'origine littéraire, mais les marins l'emploient quelquefois. L'aviateur a créé le « commandant de bord », terme inconnu du marin. Signalons enfin que, dans la Marine nationale, on appelle commandant les « capitaines de corvette* », les « capitaines de frégate » et les « capitaines de vaisseau* », même s'ils n'exercent aucun commandement.

conteneur Cette caisse métallique, que l'on désigne souvent par son nom anglais *container*, a révolutionné le transport maritime. La plupart des conteneurs ont une longueur de 20 pieds (6,10 m). Ils peuvent être chargés sur des camions, des wagons de chemin de fer et des navires spécialement aménagés que l'on appelle « porte-conteneurs ». Les conteneurs y sont empilés les uns sur les autres et des glissières installées sur les faces supérieures et inférieures facilitent l'arrimage*. On peut donc augmenter sensiblement les cadences de chargement et de déchargement, tout en réduisant le nombre de dockers. La recherche d'une productivité toujours plus accrue a conduit les armateurs à entasser plusieurs étages de conteneurs sur le pont. Par mauvais temps, il n'est pas rare de voir quelques conteneurs tomber à la mer et ces épaves* rarement signalées constituent autant de dangers pour la navigation.

coursive Dans le langage des galères*, la « coursie » était un couloir qui reliait l'avant à l'arrière. Ce mot s'est transformé en coursive. Il est employé comme synonyme de couloir, terme qui n'existe pas dans le vocabulaire maritime. Les « bruits de coursive » sont les rumeurs du bord.

croiseur C'est un navire de guerre auquel on confie une grande variété de missions (guerre de course, éclairage de la flotte*, surveillance des routes maritimes, escorte des convois amis…). Un seul type de bâtiment ne pouvant accomplir toutes ces tâches, le croiseur s'est diversifié en :

– « croiseur cuirassé », puissamment armé et blindé ;

– « croiseur protégé », fortement compartimenté pour limiter les effets des obus explosant à l'intérieur de sa coque ;

– « croiseur de bataille », puissamment armé mais assez faiblement blindé.

La marine française a utilisé les appellations « croiseur lourd », « croiseur léger » ou encore « croiseur de 1e, 2e et 3e classe », mais cette classification a été éphémère. Le « croiseur auxiliaire » est un cargo ou un paquebot* rapide sur lequel on a installé quelques canons. On l'utilise pour la protection des convois et contre le commerce ennemi. Cette formule a été largement utilisée par l'ensemble des belligérants au cours des deux guerres mondiales.

Le 14 juin 1905, l'équipage du cuirassé *Kniaz Potemkin* se révolte pour une affaire de viande avariée. Les mutins tuent leurs officiers et mettent le cap sur Odessa qui entre en insurrection peu de temps après l'arrivée du cuirassé. Cet épisode authentique de la révolution de 1905 est à l'origine du chef-d'œuvre cinématographique de Sergueï Mikhaïlovitch Eisenstein : *Le Cuirassé Potemkine*. Tourné en 1925 avec des moyens matériels considérables, le film suscita, dès sa sortie en novembre 1926, une telle vague d'enthousiasme que, guerre froide oblige, sa projection fut interdite en France jusqu'en 1952. Il est aujourd'hui considéré comme un grand classique du cinéma.

cuirassé Jusqu'au début de la Seconde Guerre mondiale, ce navire de guerre tient le rôle de capital-ship*. Son origine remonte aux « canonnières* blindées », également appelées « batteries flottantes cuirassées », de la guerre de Crimée qui, en dépit de leurs piètres qualités* nautiques, s'avèrent très efficaces. En 1859, l'ingénieur Dupuy de Lôme* lance la *Gloire*, premier vrai cuirassé opérationnel de l'histoire. Les Anglais ripostent dès le début de l'année suivante avec le *Warrior** et dans les décennies qui suivent, le navire de guerre cuirassé ne cesse de s'améliorer. Il montrera sa supériorité lors de la guerre russo-japonaise (1904-1905) et de la Première Guerre mondiale. L'avion lui fera perdre son rang de capital-ship et l'entrée en service des missiles mer-mer mettra définitivement fin à son règne.

◄ Charles Leduc (1831-1911) : *Le Rochambeau.* Achetés aux États-Unis en 1867, les cuirassés *Dunderberg* et *Onondaga* sont essentiellement des bâtiments expérimentaux. Le premier que l'on voit sur ce document a été rebaptisé *Rochambeau* ; il sera rayé des listes en 1874. Le second conservera son nom. Il restera en service jusqu'en 1905.

Cutty Sark Ce clipper* britannique, dessiné par l'architecte* naval Hercules Linton, est lancé en 1869. Dans les années qui suivent, il ramène le thé de Chine en Angleterre, puis à partir de 1873, il assure le transport de la laine d'Australie. Ces voyages commerciaux donnent lieu à des courses acharnées entre les clippers et le public parie des sommes élevées sur les chances de chaque navire. Le *Cutty Sark* devient rapidement un clipper de légende et à l'issue d'un très long service à la mer, il est converti en navire-musée. Exposé à Greenwich dans une cale sèche spécialement construite pour lui, il présente l'intéressante particularité d'avoir son bordé en bois (teck) posé sur une charpente métallique.

dominique C'est le nom que les marins donnent familièrement au coffre qui contient la solde de l'équipage. L'étymologie de ce terme est incertaine mais Gruss cite le commandant Armand Hayet pour qui dominique viendrait de l'île* de la Dominique (Antilles), célèbre aux XVIIe et XVIIIe siècles pour sa production de coffres en bois exotiques. Très fréquemment utilisé jusqu'à la fin du premier conflit mondial, ce mot est tombé en désuétude.

engin On donne ce nom à une fusée contenant une charge explosive. Également appelé « missile », l'engin est généralement pourvu d'un système de guidage actif (radar) ou passif (infrarouge). Il peut être lancé d'un navire de surface, d'une batterie terrestre, d'un sous-marin en plongée, d'un avion ou d'un hélicoptère. En France, la société Aérospatiale développe dès 1976 le MM 38 « Exocet » (MM pour mer-mer), qui doit donner naissance à une gamme étendue de missiles. La version AM 39 (air-mer) est utilisée pour la première fois au combat par l'aéronavale argentine lors de la guerre des Malouines de 1982. Le MM 40 d'aujourd'hui a une portée de 70 km et sa précision a été améliorée. Ses successeurs devraient pouvoir atteindre des cibles distantes de 180 km.

éperon Au début des années 1850, les progrès de la métallurgie semblent consacrer la victoire de la cuirasse sur l'obus. Pour redonner une capacité offensive aux navires de guerre, les ingénieurs imaginent alors d'installer une pointe renforcée à la partie inférieure de l'étrave. En abordant un bâtiment ennemi, de préférence à pleine vitesse, il devient possible d'ouvrir une brèche sous sa flottaison, cette partie n'étant pas protégée. Le 20 juillet 1859 (bataille de Lissa), le cuirassé autrichien *Ferdinand Maximilian* envoie ainsi par le fond son adversaire italien *Re d'Italia,* mais les progrès de l'artillerie* rendront bientôt cette tactique obsolète. On n'en continuera pas moins d'installer des éperons sur les navires de guerre jusqu'à la fin de la guerre russo-japonaise. Il ne s'agit plus alors que d'un élément décoratif, comme en témoignent les éperons en bois rapportés sur l'avant des canonnières coloniales.

François Geoffroy Roux (1811-1882) : *Le Renard*, aviso, (1846). Dans les années 1860, les responsables des marines militaires s'enthousiasment pour l'éperon qu'ils font installer sur tous les navires de guerre, y compris les plus modestes. L'aviso que l'on voit ici a été pourvu de cet appendice fort peu esthétique.

flotte On donne ce nom à une réunion importante de navires, dans un sens beaucoup plus large qu'escadre. Employé isolément, le mot flotte sous-entend qu'il s'agit d'une flotte de guerre. Autrement, on parle de flotte marchande, de plaisance ou de pêche. Sous un sens plus restrictif, on utilise ce mot pour désigner un ensemble de navires se livrant à la même activité, flotte pétrolière par exemple. Une « flotte en vie » est une force navale que l'on tient en réserve pour inquiéter l'adversaire, l'expression anglaise *fleet in being* étant plus fréquemment employée dans ce cas. Une « flottille » est une flotte composée de bâtiments légers et non pas une petite flotte comme son nom pourrait le laisser supposer.

godaille Ce mot désigne la part de poisson que le pêcheur se réserve pour sa consommation personnelle. Par extension, le mot godaille s'applique également à une pêche très peu importante.

hiérarchie Dans la Marine nationale, la hiérarchie comporte trois grands corps : officiers, officiers mariniers, équipage. Contrairement aux marines anglo-saxonnes, nous avons conservé des grades très évocateurs de la marine d'autrefois, ce qui pose un délicat problème de féminisation des titres, particulièrement en ce qui concerne les officiers mariniers. Si l'on peut à la rigueur admettre le néologisme « majore », les termes « maîtresse principale », « première maîtresse », « maîtresse » et « seconde maîtresse » sont difficilement utilisables en l'état. En attendant une improbable féminisation des titres et des appellations, les grades de la Marine nationale se subdivisent comme suit :

Corps	Grade	Insigne de grade	Appellation
officiers généraux	amiral*	5 étoiles	amiral
	vice-amiral d'escadre	4 étoiles	
	vice-amiral	3 étoiles	
	contre-amiral	2 étoiles	
officiers supérieurs	capitaine de vaisseau	5 galons or	commandant (Cette appellation s'applique également à celui ou celle qui commande un navire, quel que soit son grade.)
	capitaine de frégate	5 galons panachés (3 or et 2 argent)	
	capitaine de corvette	4 galons or	
officiers subalternes	lieutenant de vaisseau	3 galons or	capitaine
	enseigne de vaisseau 1re classe	2 galons or	lieutenant
	enseigne de vaisseau 2e classe	1 galon or	
	aspirant	1 galon or coupé par des brides bleues	
officiers mariniers supérieurs	major	1 galon + 2 demi-galons or et deux ancres entrecroisées	major
	maître principal	1 galon + 2 demi-galons or	maître principal
	premier maître	1 galon + 1 demi-galon or	premier maître
officiers mariniers	maître	3 galons dorés en biais	maître
	second maître	2 galons dorés en biais	second maître
équipage	quartier-maître de 1re classe	3 galons rouges en biais	quartier-maître
	quartier-maître de 2e classe	2 galons rouges en biais	
	matelot* breveté	1 galon rouge en biais	matelot

Dans la Marine nationale, l'enseigne de vaisseau de 1re classe et l'amiral sont les seuls dont le grade n'est pas l'objet d'appellation argotique. L'aspirant et l'enseigne de vaisseau de 2e classe sont des « midships », le lieutenant de vaisseau est un « loufiat », surnom qu'il partage avec le garçon de café. Le capitaine de corvette est un « corvettard », le capitaine de frégate un « frégaton » et le capitaine de vaisseau un « cap-de-veau » ou un « vaisselier », ce dernier terme ayant beaucoup vieilli.

machines On désigne sous ce nom tout ce qui concerne l'appareil propulsif du navire, le mot « moteur » étant utilisé uniquement pour les petites embarcations. Par extension, la machine, ce sont aussi les mécaniciens que l'on surnommait autrefois « bouchons gras » (terme tombé en désuétude). Sur les anciens voiliers long-courriers, le mot machine était un terme générique employé pour désigner l'ensemble des appareils auxiliaires (pompes d'assèchement, appareils de distillation de l'eau de mer, treuils mécaniques, etc.).

marie-salope C'est une sorte de chaland qui sert à transporter au large* la vase, le sable et les immondices dragués dans un port ou dans un chenal. Dans le vocabulaire maritime, le terme marie-salope n'a pas la connotation grossière qu'il possède dans le langage courant. Bien que l'erreur soit relativement fréquente, la marie-salope ne doit pas être confondue avec la « drague », bâtiment spécialement équipé pour curer le fond d'un fleuve ou d'un bassin*.

▲ **Machine à vapeur du *Sphinx* (modèle). En 1829, la marine met en service le *Sphinx*, corvette à roues construite à Rochefort sur les plans de l'ingénieur Hubert. Sa machine a été achetée outre-Manche, car en matière de construction mécanique, l'industrie française de l'époque est très en retard sur celle de l'Angleterre.**

marine Pris isolément, ce mot désigne l'ensemble des navires et des installations de l'armée de mer. En France, on a toutefois pris l'habitude de parler de la « Marine nationale » pour la distinguer des quatre autres marines qui sont la « marine de commerce », la « marine de pêche », la « marine de travail » et la « marine de plaisance ».

médecin de papier Expression par laquelle les marins désignaient autrefois le traité de médecine pratique auquel se référait le capitaine quand il n'y avait pas de médecin à bord. Aujourd'hui, le médecin de papier est le formulaire médical du coffre à médicaments. Il contient un certain nombre de questions, adressées par radio à une équipe médicale basée à terre, dont les réponses permettent d'établir un diagnostic rapide et précis.

navire-hôpital C'est un navire spécialement aménagé pour accueillir les malades et les blessés. En France, les premiers navires-hôpitaux apparaissent sous Louis XIII et la formule connaît un tel succès qu'elle sera par la suite rendue obligatoire. Avec l'ère industrielle et les progrès de la médecine, le navire-hôpital se diversifie. On emploie d'une part des navires stationnaires qui deviennent des sortes d'hôpitaux permanents et d'autre part, des transports rapides (généralement des paquebots) pour rapatrier les malades. Lors de la guerre russo-japonaise, des navires-hôpitaux accompagneront les flottes belligérantes. Ils rendront également d'éminents services pendant les deux guerres mondiales. Aujourd'hui, tous les navires de guerre importants possèdent un équipement médical de premier ordre qui permet de soigner les patients dans les mêmes conditions que dans un hôpital terrestre. Les navires-hôpitaux sont protégés par le pavillon* de la Croix-Rouge. Ils portent des signes distinctifs très apparents : coque blanche ceinturée d'une large bande verte marquée de plusieurs croix rouges.

navire de débarquement En France, les premiers bâtiments spécialisés apparaissent sous le Directoire et formeront l'essentiel des flottilles réunies à Boulogne entre 1797 et 1805 pour l'invasion de l'Angleterre. Lors des conflits suivants, les opérations amphibies seront peu nombreuses et s'effectueront avec un matériel classique. Les Alliés attendront le débarquement en Normandie du 6 juin 1944 pour utiliser une grande variété de navires spécialisés dans le transport de l'infanterie et des chars. Ces bâtiments sont conçus pour s'échouer par l'avant. Ils sont équipés d'une porte et d'une rampe permettant le débarquement des troupes et des véhicules. La marine américaine et plusieurs autres marines étrangères utilisent des « aéroglisseurs » évoluant sur coussin d'air. Ces bâtiments sont beaucoup plus rapides, mais aussi plus fragiles. C'est pourquoi ils n'ont pas encore détrôné les navires classiques de débarquement.

neuvage C'est la période pendant laquelle le navire qui vient d'être lancé procède à ses essais. Pour reconstituer un bâtiment disparu, les historiens se réfèrent toujours à son neuvage.

nid-de-pie À l'origine, ce terme désignait le sac en filet dans lequel les marins plaçaient leurs outils lorsqu'ils travaillaient dans le gréement* ou sur la muraille. Dans le vocabulaire maritime d'aujourd'hui, le nid-de-pie est un observatoire placé assez haut sur le mât de misaine de certains navires et dans laquelle se tient l'homme de vigie. À bord des navires polaires, on emploie plus volontiers le terme « nid-de-corbeau » qui a exactement la même signification.

paillet Employé seul, ce mot s'applique à un entrecroisement de cordages* que l'on place sur les manœuvres* dormantes pour les garantir du frottement. Le « paillet lardé » n'est pas enduit de lard, comme on pourrait le penser, mais simplement renforcé par de petits morceaux de cordage. Le « paillet Makaroff » (du nom de son inventeur, l'amiral russe Stephan Osipovich Makaroff) est un grand carré de toile matelassée et de cordages que l'on glisse à l'extérieur de la coque pour aveugler une voie d'eau*. Comme on l'enduit généralement de suif pour faciliter l'opération, les terriens le confondent parfois avec le paillet lardé !

paquebot En anglais, le *packet-boat* était autrefois un bateau spécialisé dans le transport des dépêches. En traversant la Manche, ce mot a changé à la fois de sens et d'orthographe puisque depuis la fin du XVIIIe siècle, le paquebot désigne un navire aménagé pour le transport des passagers. Les progrès techniques, qui se succèdent à partir de 1830, permettent d'établir des liaisons régulières entre les continents et dans les premières années du XXe siècle, les paquebots traversent couramment l'Atlantique en six jours. C'est l'époque où les compagnies françaises, britanniques, allemandes et américaines se livrent à une concurrence impitoyable, rivalisant pour la conquête du « ruban bleu », trophée accordé au navire ayant effectué la traversée la plus rapide. La période de l'entre-deux-guerres sera le véritable âge d'or du paquebot, chaque compagnie s'efforçant d'attirer la clientèle aisée en misant sur la vitesse, le confort et le luxe. La mise en service d'avions long-courriers à réaction au début des années 1960 sonnera le glas des lignes maritimes régulières, mais le paquebot retrouvera une nouvelle jeunesse (et une nouvelle rentabilité !) en effectuant des croisières touristiques.

Selon Littré, le *t* du mot paquebot « *ne se prononce pas et ne se lie pas* », alors qu'au pluriel, « *l's se lie : des pa-ke-bo-z* ». Aujourd'hui, cette ancienne règle n'est plus appliquée et l'on ne doit prononcer ni le *t* ni le *s*.

pardon Cette cérémonie propre à la Bretagne était à l'origine un simple pèlerinage religieux, puis l'expression s'est appliquée à l'ensemble des cérémonies de bénédiction de la mer. La tradition du « Grand Pardon » s'est maintenue. Elle débute par un cortège religieux, se poursuit par la bénédiction de la mer, se prolonge avec la messe à bord d'un chalutier* et s'achève par la bénédiction de tous les bateaux présents dans le port. Bien évidemment, tous les navires arborent le grand pavois*.

passerelle Apparue avec la propulsion mécanique, la passerelle était à l'origine un petit pont léger que l'on établissait en surélévation vers le milieu du navire. L'officier de quart y donnait ses ordres par tube acoustique et l'expérience ayant montré que cet emplacement permettait de diriger commodément le bateau, on installa la barre, le compas* et le chadburn* sur la passerelle. Aujourd'hui, les passerelles sont munies de verrières panoramiques résistant aux paquets de mer. Les porte-avions ont une « passerelle aviation », familièrement appelée « passerelle avia », qui est l'équivalent d'une tour de contrôle.

► *Compagnie des Messageries Maritimes,* **paquebots, lithographie de Dellepiane.**
Au cours des années 1930, les compagnies de navigation se livraient à une concurrence acharnée sur l'Atlantique nord. Les autres lignes représentaient elles aussi, des enjeux économiques importants, comme le montre cette affiche publicitaire de la Compagnie des Messageries Maritimes.

pontée Toujours employé au féminin et au singulier, ce mot s'applique à l'ensemble des marchandises arrimées sur le pont. Cette manière de charger le navire est toujours dangereuse, car le fret est placé très au-dessus du centre de gravité et les paquets de mer risquent de le désarrimer. Jusqu'à une période récente, on ne chargeait en pontée que les produits dangereux ou les marchandises encombrantes. Tout a changé avec les porte-conteneurs qui, pour des raisons uniquement économiques, ont pratiquement toujours plusieurs étages de conteneurs en pontée.

▲ Le porte-avions nucléaire *Charles De Gaulle* (2001). Sur cette photographie du porte-avions lancé à pleine vitesse, on distingue parfaitement la piste oblique qui optimise l'emploi de l'aviation embarquée.

porte-avions Apparu en Angleterre au cours du premier conflit mondial, ce navire est l'objet de vives controverses pendant la période de l'entre-deux-guerres. Mussolini ne s'y intéresse pas car l'Italie est selon lui « un porte-avions insubmersible ». Hitler fait bien mettre en chantier le *Graf Zeppelin*, mais ce navire ne sera jamais achevé et en 1939, le Japon sera le seul pays de l'axe à posséder des porte-avions, neuf au total. La marine nippone en emploiera six pour attaquer Pearl Harbor, le 7 décembre 1941.

Les autres nations sont tout aussi partagées. La France met au point son aéronautique navale, mais son unique porte-avions, le *Béarn*, est un bâtiment d'essais qui est loin d'être pleinement opérationnel. L'URSS n'a pas de porte-avions, l'Angleterre en possède sept et les États-Unis le même nombre.

Pendant la guerre, les Américains lancent de grands « porte-avions d'escadre » et des « porte-avions d'escorte » plus petits, pour accompagner les convois. Dans les deux cas, les superstructures sont regroupées dans un « îlot » situé à tribord. Le pont continu comporte une aire d'« appontage » à l'arrière et un parking avions à l'avant. Les avions sont équipés d'un crochet que le pilote engage dans des câbles transversaux, les « brins », pour se freiner. De vastes ascenseurs permettent de descendre l'avion aux hangars situés sous le pont. C'est là qu'il sera révisé, réparé et ravitaillé en carburant et en munitions. Le décollage se fait par l'avant, le navire étant lancé à pleine vitesse face au vent.

Les hangars n'étant pas prévus pour servir de parking, les avions sont rangés sur l'avant, ce qui oblige à les déplacer vers l'arrière au moment du décollage et à effectuer l'opération inverse pour l'appontage. La piste oblique supprimera cet inconvénient, mais elle ne sera adoptée qu'après la guerre. Dans les années 1950, les avions à réaction sont lancés par des « catapultes » à vapeur d'origine anglaise. Plus récemment, des tremplins ont été installés sur certains bâtiments pour les avions à décollage court. Aujourd'hui, les porte-avions sont employés pour des frappes à longue distance (guerre des Malouines, guerre du Golfe), ou comme force de dissuasion.

portemanteau On donne ce nom à une potence qui permet de hisser* ou de mettre à l'eau les embarcations. Les portemanteaux vont généralement par deux. Ils sont pivotants lorsqu'ils tournent à 180° dans le sens horizontal ; ils sont oscillants lorsqu'ils peuvent s'abaisser. On les appelle également bossoirs*, mais ce terme est moins précis car il ne s'applique pas uniquement à la manutention des embarcations.

« Sa Majesté m'a ordonné de vous faire savoir qu'elle n'estime pas à propos de recevoir à quarantaine le vaisseau chargé de laines venant des côtes d'Espagne, ne croyant pas que ces sortes de marchandises puissent être reçues sans risque dans le royaume, quoique ledit vaisseau ait déjà fait quarantaine à Saint-Malo. »
Lettre de Seignelay au duc de Chaulnes, 2 septembre 1681.

quarantaine C'est une période d'isolement à bord ou dans un hôpital, le « lazaret », qui permet de détecter d'éventuelles maladies contagieuses. Apparue au XVIe siècle dans les ports européens de la Méditerranée, la quarantaine dure, comme son nom l'indique, quarante jours et elle est destinée à éviter la propagation de la peste. Aujourd'hui, la durée de la quarantaine est très variable et le navire qui y est astreint envoie* les « pavillons de quarantaine » (lettres *t* et *m* du Code international des signaux). La levée de la quarantaine est la « libre pratique ».

rôle Dans le vocabulaire maritime, ce mot est synonyme de liste. Le « rôle d'équipage » est un document sur lequel sont portés les noms et les qualifications de l'équipage. Le « rôle de combat » précise les postes qu'occuperont les membres de l'équipage au moment du combat. Le « rôle d'abandon* » est l'ordre dans lequel le navire sera évacué en cas d'accident. Selon Michel Vergé-Franceschi (*Dictionnaire d'histoire maritime*), le mot rôle viendrait des listes anciennement écrites sur des parchemins que l'on enroulait autour d'un bâton.

roues La propulsion par roues à aubes remonte au XVIIIe siècle, mais tant que ce système a été actionné à bras, il n'a guère donné satisfaction. Tout change avec la machine à vapeur dont le rendement est très nettement supérieur à celui du moteur humain. Les premiers « vapeurs » sont propulsés par des roues à aubes que l'on ne cesse de perfectionner, en les dotant notamment de pales articulées qui s'enfoncent verticalement dans l'eau. La roue présente toutefois plusieurs inconvénients. Trop fragile, elle ne convient pas à la navigation par mauvais temps et au combat, elle est extrêmement vulnérable. De plus, sa présence limite le nombre de canons que l'on peut installer dans la batterie* et sur le spardeck. Rapidement supplantée par l'hélice, la roue est encore utilisée sur certains navires fluviaux et lacustres.

Royale (la) L'inventeur de cette expression est inconnu, mais la formule a connu un franc succès. Plusieurs auteurs affirment qu'elle traduit le caractère supposé hautain des officiers de marine, sans d'ailleurs expliquer pourquoi elle s'applique également aux officiers mariniers et aux équipages. D'autres établissent un rapport avec le siège de l'ancien ministère de la Marine au 2 rue Royale à Paris, mais là encore, l'explication semble un peu courte.

L'expression « la Royale » est en tout cas parfaitement impropre à désigner une marine de guerre qui, au fil des siècles, a reçu successivement (et uniquement) les noms officiels de « Marine royale », « Marine nationale » et « Marine impériale ». Parler de « la Royale » à un marin provoquera donc au mieux, un sourire condescendant et au pire, une répartie cinglante.

◄ **Scaphandre Denayrouse & Charles Petit : casque à fermeture simplifiée, (après 1889). Les anciens casques des scaphandriers étaient en cuivre et en bronze. Ils ont cessé d'être employés dans les années 1950 et ils sont aujourd'hui très recherchés par les collectionneurs.**

scaphandre À l'origine, ce mot désignait une sorte de brassière de sauvetage* en liège, mais il a rapidement changé de sens en s'appliquant à un appareil individuel permettant d'évoluer sous l'eau. Le vêtement souple à casque n'est plus utilisé depuis les années 1950, mais les casques en cuivre sont très appréciés des amateurs d'antiquités marines*. Aujourd'hui, les plongeurs sont autonomes grâce au système respiratoire Cousteau-Gagnan. Ils peuvent descendre jusqu'à 90 m et plus bas encore sous certaines conditions (paliers de décompression plus longs, mélanges respiratoires hélium-oxygène...). Les marines militaires utilisent des systèmes respiratoires à oxygène en circuit fermé qui ne produisent pas de bulles repérables en surface.

second En franchissant la Manche, le *first officer* (premier officier) a perdu un rang puisqu'il n'est plus que le « second » s'il est officier supérieur ou l'« officier en second » s'il est officier subalterne. Dans la marine marchande, il est « second capitaine ». Le second est plus particulièrement chargé de la discipline, de la sécurité et de l'entretien du navire. De manière plus générale, il assiste le commandant et doit être éventuellement capable de le remplacer en cas de défaillance, maladie ou accident notamment.

sous-marin C'est un bateau qui a la capacité de naviguer sous l'eau. Le principe de base a été défini par les ingénieurs italiens de la Renaissance, mais il faut attendre 1776 pour que l'Américain David Bushnell construise la *Turtle*, premier sous-marin opérationnel de l'histoire. Malgré les perfectionnements apportés par Robert Fulton* en 1800 sur son *Nautilus*, le sous-marin reste peu performant tant qu'il reste propulsé par la force musculaire de son équipage. En 1870, Jules Verne* fait sensation avec son livre *Vingt Mille Lieues sous les mers*. Il est couramment admis que ce roman est de la pure science-fiction, mais les travaux de l'historien Michel Métivier ont montré que le sous-marin de Jules Verne était réalisable avec la technologie de l'époque.

Avant la Première Guerre mondiale, la France possède une grande avance dans le domaine de la navigation sous-marine. Elle ne dispose toutefois que d'une flotte hétéroclite à faible valeur militaire. L'Allemagne déploie en revanche des sous-marins modernes et bien conçus qui prouveront rapidement leur capacité. Pendant la Seconde Guerre mondiale, les sous-marins allemands porteront des coups sévères aux convois alliés, mais sans parvenir à couper les lignes de ravitaillement ennemies. Dans le Pacifique en revanche, l'action des sous-marins américains sera déterminante.

Au début des années 1950, la guerre froide amène l'URSS et les USA à construire de nouveaux sous-marins en améliorant les formes de coque et la propulsion. Le 3 août 1958, le *Nautilus* atteint le pôle Nord et à partir des années 1960, les grandes puissances maritimes mettent en service des sous-marins stratégiques à propulsion nucléaire. Parallèlement, ces mêmes puissances développent des sous-marins nucléaires d'attaque capables de combattre aussi bien les flottes de surface que leurs propres congénères. Très discrets en plongée, les sous-marins d'aujourd'hui sont difficilement détectables et pour de nombreux experts, ils sont les capital-ships du XXIe siècle.

◄ Le sous-marin nucléaire *Le Triomphant*.
Le sous-marin à propulsion nucléaire est aujourd'hui pratiquement indétectable en plongée. Il est une composante essentielle de la dissuasion.

terre-neuviers On donne ce nom aux navires qui pratiquent la pêche à Terre-Neuve. Ces bâtiments ont beaucoup évolué depuis la découverte de Terre-Neuve par Jean Cabot en 1497 et les navires-usines d'aujourd'hui n'ont plus grand-chose en commun avec leurs prédécesseurs. Vers la fin du XIXe siècle, les navires européens qui pêchent la morue à Terre-Neuve sont de grandes dimensions, car ils restent sur place pendant toute la « campagne de pêche ». Les Américains et les Canadiens effectuent au contraire de fréquentes navettes entre les bancs de Terre-Neuve et leurs ports de la côte est. Ils disposent pour cela de voiliers extrêmement rapides. Certains ont d'ailleurs été convertis en yachts de course. Le terme terre-neuvier désigne également le pêcheur, mais l'on emploie plus volontiers le mot « terre-neuvas » qui lui est synonyme.

torpille Au XIXe siècle, ce mot désigne une charge explosive immergée qui reçoit par la suite les noms de « torpille dormante » puis de « mine ». La « torpille portée » est une sorte d'obus placé à l'extrémité d'une hampe. Elle est supplantée en 1867 par la « torpille automobile » de l'ingénieur anglais Whitehead. Il s'agit d'un engin sous-marin propulsé par un moteur à air comprimé dont le cône avant contient une charge explosive. Un système gyroscopique la maintient dans la bonne direction et un régulateur d'immersion conserve la profondeur nécessaire pour percuter le but. Les torpilles modernes fonctionnent selon ce même principe, mais elles ont été constamment perfectionnées. Il existe aujourd'hui des torpilles « intelligentes » qui grâce à des dispositifs acoustiques, magnétiques ou électroniques se dirigent automatiquement vers leur but.

▼ **Henri Edmond Rudaux (1865-1927) : *Torpilleur rentrant au port,* (1895). Dans les dernières années du XIXe siècle, les grandes puissances maritimes s'enthousiasment pour les petits torpilleurs semblables à celui-ci. Ces bâtiments qui déplacent moins de 100 t manquent d'endurance et ont une très mauvaise tenue à la mer. On considère néanmoins qu'ils peuvent s'opposer victorieusement aux cuirassés.**

torpilleur C'est le nom que l'on donne au navire de surface qui utilise la torpille* comme arme principale. Vers la fin du XIXe siècle, un mouvement qui s'est lui-même baptisé Jeune École préconise la construction de torpilleurs rapides qui pourraient s'opposer victorieusement aux cuirassés. « La marine va être livrée aux infiniment petits comme la médecine de monsieur Pasteur » a prophétisé Gabriel Charmes, l'une des figures les plus emblématiques de ce mouvement. En 1892, 1 260 torpilleurs de faible tonnage sont en service ou en construction dans le monde. L'Angleterre en possède 180, la Russie 152, l'Allemagne 143, l'Italie 129. La France se classe en tête avec 220 unités et elle en veut toujours plus. Elle renoncera pourtant à les lancer contre la Royal Navy, lors de la crise de Fachoda en 1898.

Pendant de la guerre russo-japonaise, ces bâtiments s'avéreront extrêmement décevants. Les Japonais qui avaient beaucoup cru en cette arme nouvelle lanceront 370 torpilles au total. Ils n'obtiendront que 17 impacts, soit une proportion de 4 % à peine.

Cet échec marquera la fin des « torpilleurs de défense mobile » qui déplacent tout juste 70 à 80 t. Les flottes de combat mettront alors en service des bâtiments plus grands. Ils seront désignés sous le nom de « destroyers » à l'étranger et sous celui de « contre-torpilleurs » en France.

Warrior Cette frégate cuirassée de la Royal Navy est lancée en 1861 pour répondre à son homologue française la *Gloire*, entrée en service l'année précédente. Sur le papier, les deux bâtiments sont à peu près équivalents, chacun possédant ses qualités et ses défauts. Ils surclassent tous les navires de guerre des autres pays mais, rattrapés et dépassés par le progrès technologique, ils deviennent rapidement obsolètes. En 1871, le *Warrior* est désarmé et placé en réserve puis, en 1883, il est transformé en ponton*. Restauré à partir de 1979, il rejoint Portsmouth en 1987 où il est exposé à flot comme navire-musée aux côtés du *Victory** et de la *Mary Rose**.

Un peu avant son arrivée à Portsmouth en juin 1987, le *Warrior* est salué par le HMS *London* qui vient tout juste d'entrer en service (6 février 1987). Son commandant adresse alors au *Warrior*, le message suivant : *« J'espère que nous nous porterons aussi bien que vous à votre âge ! »*

Washington (traité de) Signé le 6 février 1922, ce traité est destiné à limiter les armements. Il prévoit l'institution de « vacances navales », c'est-à-dire l'abandon des programmes de construction des bâtiments de ligne et l'instauration des maxima suivants :

- Grande-Bretagne et États-Unis : 525 000 t pour chaque pays ;
- Japon : 315 000 t ;
- France et Italie : 175 000 t.

Les déplacements mentionnés sont conventionnels et ne font pas entrer en compte l'eau de réserve et le combustible. C'est pourquoi on parle désormais de tonnes « Washington » (tW). Elles serviront de référence pour le calcul des maxima individuels qui ne devront pas excéder 35 000 tW pour les navires de ligne, 27 000 tW pour les porte-avions et 10 000 tW pour tous les autres types de bâtiments. Sous réserve de ne pas posséder de canons d'un calibre supérieur à 8 pouces, soit 203 mm, les autres bâtiments entrent dans la catégorie des « forces auxiliaires combattantes de surface » et leur construction reste autorisée sans aucune autre restriction. Après avoir éprouvé de grandes difficultés d'application, le traité de Washington sera dénoncé par les puissances signataires le 30 juin 1938.

Au Moyen Âge, la mer* était peuplée d'animaux terrifiants qu'il ne faisait pas bon rencontrer. Nous pensons aujourd'hui que de tels monstres appartiennent à la légende, mais nous sommes loin d'avoir percé les secrets des grandes profondeurs. Il nous faut donc nous contenter des prédateurs que nous connaissons. Calmars* géants, requins*, crocodiles* de mer et autres reptiles marins sont toutefois suffisamment horribles pour faire frémir l'amateur de « films catastrophes ». Quelques armateurs* cachés dans des paradis fiscaux sont beaucoup plus

·VIII·

Les dangers de la mer

dangereux. Faisant naviguer
leurs navires sous pavillon de complaisance*, ils n'ont d'autre loi que celle du profit et en cas d'accident, il est toujours très difficile de les identifier. La politique du transport maritime à coût réduit qu'ils défendent se paye au prix fort et l'on est en droit de se demander si la « mer ténébreuse » d'autrefois n'était finalement pas préférable aux marées noires d'aujourd'hui.

PAGE PRÉCÉDENTE : Le pétrolier *Prestige* en train de sombrer. Le 19 novembre 2002, le *Prestige* coule au nord-ouest des côtes espagnoles avec 70 000 t de fioul lourd dans ses soutes.

abandon Abandonner un navire en perdition*, c'est l'évacuer en transférant son équipage* et ses passagers sur des embarcations de sauvetage* ou sur un autre navire. Selon une règle toujours en usage, on évacue les femmes et les enfants en premier, puis les passagers masculins et enfin l'équipage. Le commandant* doit quitter le navire en dernier après s'être assuré qu'il ne reste plus personne à bord. Depuis le naufrage* du *Titanic* (15 avril 1912), chaque navire doit disposer de canots* de sauvetage en nombre suffisant pour embarquer la totalité des passagers et de l'équipage. Ces embarcations, autrefois en bois*, ont été remplacées par des canots pneumatiques plus pratiques et plus sûrs.

En droit maritime, l'abandon est un acte par lequel le propriétaire renonce à ses droits sur le navire et sa cargaison au profit de ses créanciers. Ne pas confondre avec le « délaissement » qui consiste à abandonner l'épave* à l'assureur, en contrepartie de la somme assurée.

abordage Ce mot est synonyme de collision, terme qui n'est guère employé dans le langage maritime. L'abordage peut être volontaire. On « monte à l'abordage » pour prendre d'assaut un navire ennemi, mais si on le percute pour le faire couler, on emploie plus volontiers le verbe « éperonner ». Lorsque l'abordage est accidentel, le capitaine du navire abordeur doit mettre tous ses moyens en œuvre pour sauver les naufragés. Il doit également porter assistance au navire abordé, sauf s'il y a danger pour son propre bâtiment. L'étrave étant l'une des parties les plus robustes de la coque*, les dommages subis par le navire abordeur sont généralement moindres que ceux qu'il occasionne au bâtiment abordé. Certains capitaines peu scrupuleux s'abstiennent donc volontairement de réduire leur vitesse, même lorsque la visibilité est réduite et que le radar est défaillant. Cette pratique est à l'origine de plusieurs accidents et malgré la sévérité des peines encourues, les cas de non-assistance aux victimes d'un abordage tendent à augmenter.

avarie C'est un dommage éprouvé par le navire ou sa cargaison. Le mot avarie s'applique également à une panne, avarie de gouvernail* ou de machines* par exemple. En droit maritime, l'expression « avaries communes » désigne une action effectuée pour sauver le navire d'un péril imminent. Sacrifier la mâture ou jeter à la mer un chargement en pontée* pour aider le bâtiment à se redresser sont des cas fréquents d'avaries communes. Les « avaries particulières » ne concernent que le navire ou sa cargaison et elles découlent toujours d'un cas fortuit que les marins* nomment fortune de mer, cette expression ne s'appliquant pas uniquement au naufrage. Les frais occasionnés par les avaries sont supportés proportionnellement par chaque partie intéressée.

► Le barracuda n'est pas seulement dangereux en tant que prédateur. Les toxines qu'il emmagasine peuvent provoquer une intoxication, le « ciguatera », chez celui qui le consomme. Cette affection se traduit par des troubles gastro-intestinaux et neurologiques ainsi que des malaises cardio-vasculaires pouvant, dans certains cas, entraîner la mort. Les gros poissons ayant une plus forte concentration en toxines, il est recommandé de ne consommer que de petits barracudas (moins de 3 kg).

barracuda C'est un poisson carnassier de la famille des sphyrénidés qui vit dans toutes les mers chaudes et tempérées du globe. Son corps longiligne l'apparente à celui du brochet et il porte d'ailleurs également le nom de « brochet de mer ». Grâce à sa nageoire caudale puissante, le barracuda peut

nager très vite et surtout, il est capable d'effectuer de vives accélérations. Ses fortes mâchoires aux dents recourbées vers l'intérieur en font un formidable prédateur. Les grands barracudas peuvent atteindre 3 m et peser jusqu'à 40 kg. De tels individus sont très redoutés des plongeurs, mais les barracudas plus petits sont tout aussi dangereux, car ils attaquent en groupe. On note cependant que les accidents ont toujours impliqué des amateurs de chasse sous-marine portant des poissons morts à la ceinture. Aucune agression contre des baigneurs n'a encore été officiellement relevée, mais il est possible que des attaques effectuées par un ou plusieurs barracudas aient été attribuées aux requins.

Bien qu'elle ne soit nullement en voie d'extinction, l'espèce est protégée. Certains États autorisent toutefois la capture de quelques individus dans le cadre de la pêche sportive.

Bermudes (triangle des)

On donne ce nom à une zone de l'océan Atlantique située entre Fort Lauderdale en Floride, les îles* Bermudes et Porto Rico. Également appelée « triangle du Diable », cette étendue a une surface de 3,9 millions de km^2 et elle contient cent cinquante petites îles.

La dénomination « triangle des Bermudes » apparaît pour la première fois en février 1964 dans un magazine de science-fiction américain. L'auteur y énumère une série de disparitions mystérieuses qui débutent, selon lui, à l'époque de la découverte de l'Amérique par Christophe Colomb (1492). Les faits semblent lui donner raison puisque de nombreux navires et avions se sont perdus dans cette zone sans laisser de traces, mais c'est incontestablement le mystère du vol 19 qui a fait entrer le triangle des Bermudes dans la légende. L'affaire remonte au 5 décembre 1945, lorsque cinq avions-torpilleurs « TBM Avenger » quittent Fort Lauderdale pour une mission d'entraînement. Une heure après le décollage, le lieutenant Charles Taylor, chef de patrouille, signale qu'il est perdu. Le contrôle aérien lui demande de mettre le cap* à l'ouest, mais Taylor répond : « Nous ne savons pas où est l'ouest. Tout est faux, étrange, nous ne sommes sûrs d'aucune direction. Même l'océan ne semble pas comme d'habitude. » Ce sera le dernier message du vol 19 et, fait encore plus mystérieux, l'hydravion envoyé au secours de la patrouille disparaît à son tour sans laisser de traces.

Entre 1945 et 1975, trente-sept avions et une cinquantaine de bateaux se sont évanouis à l'intérieur du triangle des Bermudes sans qu'aucun débris ni aucun corps n'ait été retrouvé. Si l'on écarte la peu probable hypothèse d'une intervention extraterrestre ou l'influence encore plus incertaine de l'Atlantide, on note que de nombreuses disparitions « mystérieuses » sont en réalité parfaitement explicables. Les plus fréquentes concernent des navires ou des avions qui ont changé de destination sans se signaler. Le mystère est dans ce cas, rapidement éclairci, mais l'heureux dénouement retient rarement l'attention du public. Dans le cas d'un naufrage, il faut se souvenir que la mer est grande et qu'elle ne garde pas longtemps les traces d'une catastrophe. Un peu partout dans le monde, des avions et des bateaux disparaissent sans nécessairement faire les gros titres des journaux, sauf bien sûr, si ces disparitions se produisent à l'intérieur du « triangle du Diable ». Les archives de la Lloyd's montrent pourtant que cette zone n'est statistiquement pas plus dangereuse que les autres régions du globe. Elle conserve néanmoins une réputation sinistre qui, si elle n'effraie plus le marin ou l'aviateur, continue de faire frissonner les amateurs de mystères.

En 1976, le triangle des Bermudes est sur toutes les lèvres grâce au *Papa Tango Charlie* du chanteur **Mort Shuman.** On retiendra l'appel angoissé d'un contrôleur aérien :
« Allo Papa Tango Charlie
« Vous vous dirigez plein sud
« Vers le triangle des Bermudes » ;
Et la réponse déroutante du pilote :
« Ici Papa Tango Charlie
« Me laisserez-vous enfin
« Je n'ai plus besoin de vous
« Je vole par vent debout
« Je vais noyer ma solitude
« Dans le triangle des Bermudes ! »

calmar géant

Comme ses cousins plus petits, le calmar (ou calamar) géant a un corps allongé, terminé par une nageoire. Il possède huit tentacules, ainsi que deux fouets plus longs, aux extrémités couvertes de ventouses. Sa taille, tentacules compris, peut atteindre 15 m, mais il est possible que des individus beaucoup plus grands n'aient pas encore été découverts.

Très agressif, l'*Architeuthis*, nom savant du calmar géant, n'hésite pas à s'attaquer à des bateaux d'assez grande taille. Lors d'un tour du monde en équipage, le *Geronimo* du skipper* français Olivier de Kersauson* a ainsi été agressé par un calmar géant. « On l'a vu à l'arrière* du bateau, rapporte le navigateur*, il était énorme. Cela fait quarante ans que je navigue, je n'avais jamais vu ça. J'en ai entendu parler. Tous les marins ont entendu ce genre d'histoires. Du temps où je naviguais avec Éric Tabarly* et Alain Colas*, on en parlait et on se disait qu'il devait falloir y aller à coup de

hache » (dépêche de l'Agence France-Presse du 14 janvier 2003). Le 22 juillet de l'année précédente, un *Architeuthis* de 250 kg avait été retrouvé mort sur une plage australienne. Selon un scientifique, les deux fouets que l'animal avait perdus mesuraient environ 15 m de long, ce qui fait de ce calmar l'un des plus grands spécimens observés à ce jour. L'*Architeuthis* est l'animal marin le plus dangereux qui soit. On ne lui connaît qu'un seul prédateur : le gros cachalot, qui garde souvent d'énormes cicatrices de ses combats avec le calmar géant.

« chapelle (faire) » Un voilier « fait chapelle » lorsque le vent* vient subitement « masquer » ses voiles en les frappant sur leurs faces antérieures. On disait autrefois « faire chapel », de l'ancien mot « chapel » qui signifiait chapeau, car il y a effectivement une certaine ressemblance entre un couvre-chef et une voile carrée prise « à contre ». Faire chapelle est toujours très dangereux, surtout si le vent est frais et que la mer est houleuse*. La brusque pression sur les voiles risque en effet d'entraîner la rupture des mâts*, accident qui peut dans certains cas entraîner la perte du navire. C'est pourquoi l'homme de barre* averti s'efforcera de prévoir les éventuelles sautes de vent. Si malgré ses soins, le navire fait chapelle et que par chance, il ne démâte pas, l'équipage manœuvrera comme s'il s'agissait d'un simple virement* de bord, vent devant. On reprendra les mêmes amures* en revirant vent devant ou en effectuant un cercle complet.

classification (sociétés de) Sous le contrôle des États, ces sociétés privées s'assurent que les navires sont construits et entretenus conformément aux normes de sécurité internationales. La plus ancienne société de classification est la Lloyd's Register of Shipping. Elle a été créée en 1760 à Londres par des assureurs maritimes qui avaient pris l'habitude de se réunir dans les salons de la Lloyd's Coffee House pour attribuer des cotes aux navires qu'ils assuraient. En France, le Bureau Veritas existe depuis 1828 et comme son homologue britannique, il a été créé par des assureurs maritimes. Son rôle s'est progressivement étendu à l'aviation, à l'automobile et à d'autres branches de l'industrie (usines, bâtiments terrestres, etc.). D'autres pays ont leurs propres sociétés de classification. Les plus importantes sont l'American Bureau of Shipping (USA), la Germanischer Lloyd (Allemagne), la Polski Rejestr Statkow (Pologne), la RINA (Italie) et la Nippon Kaiji Kyokai (Japon). Une association internationale, l'International Association of Classification Societies (IACS), regroupe la plupart des sociétés de classification.

Le principal inconvénient du système est qu'il repose sur des sociétés privées soumises à la concurrence. Lorsqu'un armateur ne parvient pas à se faire délivrer le « certificat de classification » qui lui permettra de faire naviguer son navire, il a toujours la possibilité de s'adresser à une société de classification moins regardante. Faute d'inspecteurs en nombre suffisant, les dix-huit nations européennes signataires de la charte de Paris (1978) ne parviennent pas à contrôler les 25 % des navires fréquentant leurs ports* (pourcentage d'inspections fixé par l'accord).

« Après chaque marée noire, il est de bon ton de réclamer la suppression des pavillons de complaisance, véritable clé de voûte du système. Puis une fois l'émotion passée, tout reprend comme avant. D'ailleurs, les pays les plus prompts à en réclamer la suppression, comme la France et la Grande-Bretagne, possèdent les leurs : les Kerguelen pour la première, les îles Anglo-Normandes pour la seconde. »

Marianne n° 292 – 25 novembre au 1er décembre 2002.

cnidaire Le *Petit Larousse* précise que cet invertébré aquatique « mène alternativement une vie errante (forme méduse) et une vie fixée (forme polype) ». Les cnidaires sont pourvus de cellules urticantes qui provoquent des brûlures très douloureuses pouvant parfois entraîner la mort par choc allergique. Si les plongeurs se tiennent prudemment à l'écart du « corail de feu », il leur est plus difficile d'éviter le contact avec certaines grandes méduses dont les tentacules, presque transparents, sont longs de plusieurs mètres.

complaisance (pavillons de) Battre pavillon de complaisance, c'est arborer les couleurs d'un État où la fiscalité est réduite, quand elle n'est pas inexistante. Ces États, également nommés « paradis fiscaux », sont selon le juge Éric Halphen, des zones « qui échappent à toute réglementation en matière fiscale et elles hébergent des banques peu regardantes. Pas de questions indiscrètes sur les identités de ceux qui viennent y ouvrir des comptes, ni sur l'origine des sommes énormes qui y sont déposées, parfois en espèces ». Sans qu'il y ait nécessairement une relation de cause à effet, on remarque que certains paradis fiscaux sont situés dans des îles qui servaient de refuges aux pirates* d'autrefois ! La législation sociale y est généralement réduite à sa plus simple expression, ce qui est un attrait supplémentaire pour les armateurs peu scrupuleux.

L'utilisation des pavillons de complaisance est régulièrement dénoncée, mais aucun grand État ne semble vouloir réellement y mettre un terme, car cette pratique participe à la globalisation de l'économie mondiale en abaissant considérablement les coûts du transport maritime.

◄ L'apathie de ce crocodile n'est qu'apparente. Jacques-Yves Cousteau* et Yves Paccalet, qui ont longuement fréquenté ces reptiles ont noté : « Leur vitesse d'attaque, quand ils ont localisé une proie, est stupéfiante. Dans l'eau, ils foncent comme un mortel éclair vert et jaune. Si la victime est à terre, ils se propulsent avec leur queue et leurs pattes, de telle sorte qu'on croit les voir jaillir hors de la rivière, presque à la verticale : ils effectuent dans ces occasions, des sauts qui peuvent atteindre deux ou trois fois leur longueur corporelle. » Jacques-Yves Cousteau et Yves Paccalet. *Le destin du Nil.*

crocodile Le crocodile est un reptile qui vit dans les marais et le long des cours d'eau des régions intertropicales. Sa queue est plus longue que son corps et ses pattes postérieures palmées en font un excellent nageur. Sur terre, le crocodile peut se déplacer rapidement, mais uniquement sur de courtes distances. Il se nourrit d'oiseaux, de poissons et parfois aussi de grands mammifères qu'il entraîne au fond de l'eau pour les noyer. On dénombre quatorze espèces de crocodiles, tous dangereux pour l'homme. Le « crocodile de mer » dont la longueur peut atteindre 9 m est le plus grand de tous les reptiles. Il vit en mer et dans les estuaires.

L'« alligator » a un corps plus court et une tête plus arrondie. Contrairement au crocodile, les dents de ses mâchoires inférieures ne sont pas apparentes quand sa gueule est fermée. On le trouve en Chine, dans le fleuve Jaune, et aux États-Unis, dans le Mississippi. Il n'y a pas d'alligators en Australie bien que le fleuve où se trouvent les crocodiles soit appelé le « fleuve Alligator ». Les « caïmans » ont le museau plus court et plus large. Ils vivent en Amérique du Sud. Le « gavial » a le museau long et étroit ; il vit dans les grands fleuves de l'Inde.

Lorsque le crocodile referme ses mâchoires sur sa proie, la pression exercée sur ses glandes lacrymales entraîne l'apparition de larmes. Dans le langage courant, les « larmes de crocodile » s'appliquent à des pleurs hypocrites.

détresse Un navire est en détresse quand il se trouve dans une situation dangereuse. Avant l'apparition de la radio, on tirait des coups de canon, on brûlait des amorces et on envoyait des « fusées de détresse ». Le premier appel d'urgence radiotélégraphique a été le signal CQD dont les trois

► **Le dimanche 14 avril 1912 à 23 h 40, le *Titanic* aborde un iceberg. Sur un total de 2 201 personnes à bord (passagers et équipage), 711 seulement seront sauvées. Gravure tirée du *Petit journal,* mai 1912.**

lettres sont faciles à mémoriser en code Morse. Par la suite, on s'apercevra que CQD peut être employé comme abréviation de *Come quick danger* (« Venez vite danger »). De nombreux radiotélégraphistes utiliseront ce moyen mnémotechnique pour se souvenir d'un signal qu'ils auront heureusement peu d'occasions de transmettre ou de recevoir.

En 1906, une conférence internationale réunie à Berlin a adopté un nouveau signal formé des lettres SOS. Ce code constitué de trois points, trois traits et trois points a l'avantage d'être très facile à déchiffrer. De plus, il est facilement audible, même sous un brouillage assez fort. Les lettres qui le composent n'ont aucune signification particulière, mais comme pour le CQD, on s'apercevra rapidement qu'on peut les employer comme abréviation de *Save our souls* (« Sauvez nos âmes »).

En 1927, la Conférence internationale de radiotélégraphie de Washington ajoutera au signal graphique SOS, le mot « mayday » pour les transmissions en phonie. Selon Gruss, ce mot qui doit être répété trois fois viendrait de l'expression française « m'aider », mais cette étymologie est incertaine.

Le 2 juillet 1816, la frégate la *Méduse* s'échoue sur un haut-fond, au large de la Mauritanie. Les canots ne suffisant pas à embarquer l'équipage et les passagers, 152 personnes s'entassent sur un radeau hâtivement construit. 15 seulement survivront en massacrant leurs compagnons et en allant jusqu'à manger de la chair humaine. Quand Géricault peindra son célèbre tableau, le *Radeau de la Méduse*, il se rendra à la morgue pour y trouver ses modèles. Très critiquée en France, cette œuvre remportera un vif succès à Londres, lors de sa présentation en 1820.

échouement

Ce mot s'applique à un contact involontaire du navire avec le fond*. Il ne doit pas être confondu avec l'« échouage » qui est toujours volontaire. Quand on ne peut aveugler une voie d'eau*, l'échouement peut être le seul recours, mais bien que cette manœuvre soit volontaire, on ne parle pas d'échouage, car elle résulte d'un événement accidentel. L'échouement se produit généralement quand le navire est en marche et même si le fond est sableux, cet accident peut provoquer de graves avaries*. Après un échouement, il faut immédiatement alléger le bâtiment en se débarrassant de tous les objets pesants. Le naufrage de la frégate* la *Méduse* (2 juillet 1816) sur le banc d'Arguin, au large de la Mauritanie, est l'un des plus célèbres échouements de l'histoire.

El Niño

Ce terme signifie l'« enfant Jésus » en espagnol. Il désigne un courant océanique* chaud qui se manifeste au moment de Noël le long de la côte* ouest de l'Amérique du Sud et qui disparaît au printemps. Le phénomène El Niño ne se produit pas chaque année et son intensité est variable. Les eaux chaudes qui forment ce courant s'élèvent de plusieurs centimètres, provoquant en retour un affaissement de la mer dans les autres régions. Lors des récents phénomènes El Niño (1982-1983, 1997-1998, 2000-2001), le niveau de la mer s'est anormalement élevé de 20 à 25 cm sur près de 6 000 km à partir de l'Équateur. Il s'est abaissé simultanément d'une dizaine de centimètres dans le Pacifique Ouest, exposant et détruisant les couches supérieures des récifs coralliens. Les températures de surface aux îles Galápagos et le long de la côte de l'Équateur sont passées de 22 à 27 ° centigrades. L'eau chaude étant très pauvre en plancton, la chaîne alimentaire a été gravement perturbée, ce qui a provoqué de véritables catastrophes écologiques.

Le phénomène El Niño est dû aux changements dans la circulation normale des alizés*. Ces vents qui soufflent habituellement vers l'ouest chassent l'eau chaude de surface vers l'Indonésie et l'Australie et permettent le retour d'eaux plus froides le long de la côte de l'Amérique du Sud. Lorsque les alizés diminuent d'intensité ou s'inversent, l'air chaud du Pacifique Est provoque une augmentation sévère des précipitations en Équateur et au Pérou. Inversement, l'Australasie connaît des sécheresses anormales. Ce phénomène appelé ENSO (El Niño Southern Oscillation) influence également les vents de l'hémisphère du Nord, occasionnant des changements climatiques importants en Europe et en Amérique du Nord.

Tous les quatre à cinq ans environ, une masse d'eau plus froide que d'habitude apparaît au large de l'Amérique du Sud. Ce courant* froid nommé « La Niña » engendre des hivers plus rigoureux au Canada et plus chauds dans le Sud des États-Unis.

Si l'on connaît bien les effets d'El Niño et de son contraire La Niña, on ne parvient toujours pas à expliquer pourquoi les alizés diminuent ou s'inversent dans un cas et se renforcent dans l'autre. Certains scientifiques pensent que ces phénomènes sont liés au réchauffement général de la planète, mais cette hypothèse ne fait pas l'unanimité.

épave Ce mot s'applique aux objets abandonnés en mer (en surface ou au fond) ou rejetés sur le rivage. L'« inventeur » d'une épave est celui qui l'a découverte. Il est tenu de la signaler sans tarder aux Affaires maritimes* et il peut éventuellement prétendre à une indemnité. Un navire abandonné*, un conteneur* à la dérive, un gros poisson qui s'échoue sont considérés comme des épaves. Par extension, on donne également le nom d'épave à un navire vétuste ou hors d'usage. Les « derelicts » sont des épaves qui flottent au ras de l'eau ou entre deux eaux. Le plus souvent, il s'agit de conteneurs passés par-dessus bord et que l'on a jugé impossible ou trop peu rentable de récupérer. Ces épaves représentent de grands dangers pour la navigation, car elles sont difficilement décelables.

Le mot épave a été repris par le garagiste et par l'assureur qui l'emploient pour désigner un véhicule irréparable. Dans le langage courant, une épave est une personne tombée dans une misère extrême.

fatiguer Un navire fatigue quand les mouvements violents de la mer ébranlent sa coque et son gréement*. Sous l'effet de ces chocs, certaines pièces peuvent « consentir » en se déformant de manière permanente. Ne pas confondre avec une pièce « échauffée » dans laquelle on a découvert un début de pourriture.

« Sur des bateaux marchant depuis plusieurs années au mazout, toute la structure en bois, à l'odeur, au toucher même, paraît imprégnée, sinon saturée de pétrole. Cela ne présente aucun danger lors d'une imprudence courante commise par un fumeur, mais que, pour une raison quelconque, un foyer d'incendie naisse, et tout flambera comme une torche. »

Charles Faroux in l'Auto du 19 mai 1932

feu À toutes les époques, le feu a été l'un des pires ennemis du marin. Les anciennes coques en bois s'enflammaient facilement et au cours des siècles, l'homme a multiplié les inventions destinées à détruire son adversaire par le feu. L'incendie est également à l'origine d'un nombre élevé d'accidents. Les plus spectaculaires, car les plus médiatisés, concernent les paquebots*. Au cours de la période de l'entre-deux-guerres, le *Paul Lecat* français a été détruit par le feu à Marseille (novembre 1928). Il a inauguré une série de catastrophes qui se poursuivra avec les incendies de l'*Europa* allemand à Hambourg (avril 1929), du *München* allemand à New York (février 1930), du *Tricolore* norvégien au large de Ceylan (janvier 1931) et du *Bermuda* anglais à Belfast (novembre 1931). Pour cette période, la catastrophe la plus célèbre est incontestablement celle du *Georges Philippar*, paquebot français détruit par le feu dans la nuit du 16 au 17 mai 1932 au large d'Aden en faisant quatre-vingt-onze victimes, dont le célèbre journaliste Albert Londres. Les mesures de sécurité prises à l'issue de cette série de désastres n'empêcheront pas le paquebot *Normandie* de brûler dans le port de New York, le 9 février 1942, lors de sa conversion en transport de troupes. Après la guerre, les moyens de lutte contre l'incendie seront renforcés, mais le feu restera toujours l'un des principaux dangers qui menacent le marin.

iceberg C'est une grande masse de glace détachée des glaciers polaires qui, après avoir glissé dans la mer, est entraînée par les courants. La glace est faite d'eau douce, ce qui au début des années 1970 avait donné l'idée de remorquer des icebergs à proximité des régions désertiques pour permettre l'irrigation de ces zones. Le projet était techniquement réalisable mais il n'a pu être appliqué, car son coût aurait été prohibitif.

Les dimensions des icebergs sont parfois considérables, avec des longueurs dépassant fréquemment le kilomètre et des hauteurs au-dessus de l'eau pouvant atteindre 50 m. Grandes ou petites, ces montagnes de glace sont toujours un danger pour la navigation*. Elles ont provoqué de nombreux naufrages, le plus célèbre étant bien sûr celui du *Titanic*. À la suite de cette catastrophe, une Convention internationale pour la sauvegarde de la vie humaine en mer s'est tenue à Londres en janvier 1914. L'une des résolutions les plus importantes de cette conférence a été la création de la International Ice Patrol (patrouille internationale des glaces) destinée à signaler la position des icebergs dangereux pour la navigation. Le « bergy bit » est un iceberg de dimensions réduites. Il ne doit pas être confondu avec le « floe » qui est un bloc de glace de mer isolé, ni avec le « pack », terme général désignant une vaste étendue de glaces détachées de la banquise. La partie émergée d'un iceberg représente environ le cinquième de sa hauteur totale. Dans le langage courant, la « partie visible de l'iceberg » désigne la fraction révélée d'une affaire obscure. Cette expression est généralement utilisée dans un sens péjoratif.

implosion Selon le dictionnaire Gruss, ce néologisme a été créé par Sir Charles Wyville Thomson, naturaliste et océanographe écossais, lors de la croisière du *Challenger* (1872-1876). *Le Petit Larousse* définit l'implosion comme un « phénomène physique par lequel un milieu solide ou un corps creux, soumis à une pression externe supérieure à sa résistance mécanique, s'écrase violemment et tend à se concentrer en un volume réduit ». On sait par ailleurs que la pression d'un liquide s'exerce sur tous les points d'un corps immergé et qu'elle correspond au poids d'une colonne de ce liquide ayant pour hauteur la distance à la surface et pour base, une valeur conventionnelle, généralement de 1 cm^2. Lorsqu'un sous-marin* s'immerge, sa coque est soumise à une pression qui augmente avec la profondeur. Au début de la Seconde Guerre mondiale, on considérait que 80 m était la limite absolue, mais des sous-marins ont plongé plus profondément sans imploser. Les coques sont aujourd'hui beaucoup plus résistantes. Elles ne mettent toutefois pas le sous-marinier à l'abri d'une implosion s'il franchit la limite de sécurité.

« mer ténébreuse » Cinq siècles avant Jésus-Christ, le mathématicien grec Pythagore avait établi que la terre était ronde et trois cents ans plus tard, Ératosthène en avait calculé sa circonférence avec une approximation de seulement 300 km. Au Moyen Âge, notre planète était redevenue plate. Elle flottait sur la « mer ténébreuse » dans laquelle s'engloutissait le voyageur qui s'était

◄ **Monstre marin (détail), dessin tiré de l'*atlas* de Mercator (éd. 1619). British Library, Londres. Cet étrange animal marin évoque les dangers de la « mer ténébreuse ». Les artistes de la Renaissance aimaient reproduire ces monstres terrifiants sur leurs cartes marines, peut-être pour en faire oublier la trop grande imprécision.**

► **Joseph Vernet (1704-1789) :** ***Tempête naufrage,*** **(1777).** **Musée Calvet, Avignon.** **Les naufrages ont toujours inspiré les artistes. Ici, le temps orageux, la mer forte, la côte rocailleuse et les quelques survivants qui parviennent à débarquer, renforcent l'aspect dramatique du tableau.**

trop rapproché du bord. Cette mer était peuplée de monstres terrifiants et dans certaines régions, l'eau se mettait à bouillir sous l'action du Soleil. À l'aube de la Renaissance, cette vision du monde était soigneusement entretenue par les navigateurs arabes et persans qui gardaient jalousement le secret de leurs découvertes. Pour les marins occidentaux, le cap* Bojador (Sahara occidental) marquait la fin du monde. Le contour de l'Afrique semblait donc impossible, même après le franchissement du redoutable obstacle par le navigateur portugais Gil Eanes (1434). Vasco de Gama mettra définitivement fin à la légende de la mer ténébreuse en découvrant la route maritime menant aux vraies Indes (1498), mais les monstres marins continueront longtemps d'alimenter le folklore des gens de mer.

naufrage C'est la perte totale d'un bâtiment, quelle qu'en soit la cause, et s'il n'y a pas de survivants, on dira que le navire a péri « corps et biens ». Le verbe « naufrager » exprime une action volontaire que l'on retrouve dans le mot « naufrageur », terme qui désignait autrefois celui qui allumait des feux sur le rivage pour provoquer des naufrages et piller les épaves. Les verbes « couler » et « sombrer » sont synonymes, mais ce dernier terme n'est guère employé par les marins, même si on le retrouve fréquemment dans la littérature. Une « fortune de mer » est un accident fortuit que l'on nommait autrefois « acte de Dieu », expression qui n'est plus employée aujourd'hui. Pour diverses raisons, certains naufrages sont plus célèbres que d'autres, mais les capitaines incriminés entrent rarement dans l'histoire. Qui se souvient de Hugues Duroy de Chaumareys (commandant de la *Méduse*) ou de Edward John Smith (commandant du *Titanic*) ?

orque Également appelée « épaulard » et « baleine tueuse », l'orque a une taille de 7 à 10 m pour un poids de 5 à 9 t. Ce formidable prédateur s'attaque aussi bien aux grands cétacés qu'aux oiseaux marins, aux poissons et aux phoques. La chasse occupe une place importante dans la vie des orques. Elle se pratique généralement en groupe de cinq à trente individus, avec des méthodes qui varient selon les types de proies. Quand une orque repère un banc de poissons, elle avertit ses congénères qui encerclent le banc. Les épaulards plongent alors tour à tour vers leurs proies, tout en émettant des signaux qui indiquent leur position aux autres membres du groupe. Pour la chasse aux grands cétacés, la meute s'efforce de repousser la proie vers des eaux peu profondes en lui barrant l'accès du large*. Dans les mers polaires, l'orque scrute la banquise en sortant la tête de l'eau et lorsqu'elle repère une proie, elle fonce sous la glace pour la briser ou la secouer afin de faire tomber la proie dans l'eau. L'orque est le seul cétacé à chasser des mammifères, mais elle ne s'attaque pas à l'homme. Remarquablement intelligente, elle se laisse facilement apprivoiser et elle est la vedette de nombreux spectacles. Sa présentation dans les « marinelands » est de plus en plus contestée, car elle ne survit pas longtemps en captivité.

perdition Un navire en perdition est sur le point de faire naufrage. Il ne s'agit plus alors d'un risque, mais d'une certitude, la seule question qui se pose étant de savoir combien de temps le bâtiment restera à flot. Après avoir abordé* un iceberg*, le *Titanic* était en perdition, car avec une brèche de 100 m sous sa flottaison, sa disparition était inéluctable. À l'époque, certains ont affirmé qu'une double coque aurait permis de sauver le navire. Rien n'est moins sûr, car la coque interne se serait sans doute également déchirée. Un navire « désemparé » ou en détresse* n'est pas nécessairement en perdition, ces deux mots n'impliquant pas l'idée de naufrage imminent.

« Les coups de canon me firent frémir : je ne pouvais douter qu'ils ne fussent les signaux de détresse d'un navire en perdition. »
Bernardin de Saint-Pierre.
Paul et Virginie.

« péri en mer » Cette expression est employée comme épitaphe et on la retrouve sur de trop nombreuses stèles des cimetières marins. Elle s'applique à une personne disparue en mer ou morte par noyade. Un marin tué au combat n'est pas « péri en mer », mais « mort pour la France ». Au XIXe siècle, les pêcheurs bretons usaient parfois de la périphrase « se laver les yeux » pour désigner le fait de se noyer. Cette expression est aujourd'hui tombée en désuétude.

► **José Julio de Sousa Pinto (1856-1939) : *Le bateau disparu*, (1890). Musée national d'Art contemporain, Lisbonne. Tout le sens de l'expression « péri en mer » se retrouve dans ce tableau où l'on voit une épouse pleurer son mari et une mère son fils. Aujourd'hui encore, le risque est loin d'avoir disparu du métier de marin.**

PAGE SUIVANTE : Victor Hugo (1802-1852) : *La pieuvre*, dessin tiré des *Travailleurs de la mer*, (1866). Bibliothèque nationale, Paris. En plus de ses talents d'écrivain, Victor Hugo possédait un grand sens artistique qui lui a permis de reproduire de manière très réaliste, cette pieuvre géante mise en scène dans son célèbre roman.

pieuvre

Comme son cousin le calmar, la pieuvre appartient à classe des « céphalopodes ». Son nom latin est *Octopus* et elle est également appelée « poulpe ». La pieuvre possède une tête pourvue d'un bec, huit tentacules et un manteau musculaire qui peut propulser l'eau à travers un entonnoir, permettant ainsi à l'animal de se déplacer par réaction. Grâce aux ventouses situées sur ses tentacules, la pieuvre peut s'agripper aux roches et aux coraux lorsqu'elle se déplace. Si elle est attaquée, elle crache un jet d'encre qui déconcertera son adversaire.

Sa taille varie de quelques centimètres à près de 15 m. Toutes les pieuvres peuvent injecter un venin, mais seul celui de la « pieuvre bleue » est mortel. Ce tout petit animal (2 à 10 cm) diffuse un poison plus violent que tous ceux que possèdent les animaux terrestres.

Moins agressive que le calmar, la pieuvre représente toujours un danger potentiel pour le plongeur, car ses réactions sont souvent imprévisibles. Victor Hugo affirmait que « comparées à la pieuvre, les vieilles hydres font sourire » et il ajoutait que grâce à ses ventouses « la pieuvre est de toutes les bêtes la plus formidablement armée » (*Les Travailleurs de la mer*).

La pieuvre est entrée dans le langage courant pour désigner péjorativement une entreprise aux ramifications multiples et donc « tentaculaires ».

piraterie

Avec l'assassinat du navigateur néo-zélandais Sir Peter Blake* (6 décembre 2001), le grand public découvre que la piraterie est toujours une activité florissante. De la mer de Chine à l'océan Indien, de l'Atlantique aux Caraïbes, les forbans des temps modernes menacent aussi bien les grands cargos* que les petits yachts* de plaisance. Entre 1995 et 2000, plus de trois cents marins ont été tués ou blessés par des pirates.

Les experts s'accordent à penser que la criminalité maritime n'est que la simple transposition de ce qui se pratique à terre. Il convient donc de distinguer une « piraterie artisanale », exercée contre de petits bâtiments sans défense, d'un grand banditisme lié aux réseaux mafieux. Cette « pira-

terie industrielle » s'appuie toujours sur la corruption des administrations et sur l'absence de répression résultant d'un manque de volonté politique. La Chine est souvent mise en cause, car c'est dans ses ports qu'aboutissent la plupart des bateaux volés. Elle a réagi en condamnant à mort et en exécutant les treize pirates* accusés d'avoir tué les vingt-trois hommes d'équipage du cargo *Cheung Son* en 1999. Cette sévérité a rassuré la communauté internationale, mais dans la plupart des autres pays où la piraterie s'exerce, l'indulgence des autorités rend illusoire la possibilité d'éradiquer ce fléau.

pollution Le 18 mars 1967, le pétrolier libérien *Torrey Canyon* s'échouait à proximité des îles Scilly (Grande-Bretagne) et déversait 120 000 t de brut à la mer. Ce naufrage inaugurait une série de catastrophes écologiques auxquelles on a donné le nom de « marées noires ». Lorsque les hydrocarbures atteignent les côtes, les dommages sont très spectaculaires. Le nettoyage se fait manuellement en ramassant le pétrole avec des pelles et des seaux. Il existe bien des barrages flottants mais leur efficacité est nulle par forte houle. Lorsque les nappes de pétrole sont entraînées vers le large, les atteintes à l'environnement sont aussi graves mais comme elles sont moins visibles, la presse en parle peu.

▼ Plage du Morbihan polluée par le pétrole. Qu'elles soient provoquées par un naufrage ou par un dégazage en catimini, les marées noires sont toujours catastrophiques pour l'environnement. Et lorsque les hydrocarbures se déversent sur les plages, ce sont le plus souvent des bénévoles qui se chargent du nettoyage.

Depuis l'affaire du *Torrey Canyon*, les marées noires se sont multipliées et il est difficile de ne pas faire le lien entre ces naufrages à répétition et la pratique des pavillons de complaisance. En 1990, les États-Unis ont interdit l'accès de leurs ports aux « navires poubelles », c'est-à-dire aux bâtiments vétustes dont les propriétaires se dissimulent derrière une cascade de sociétés écrans. L'Europe n'a pas encore pris de mesures aussi radicales.

Moins spectaculaires que les naufrages, les « dégazages », nom que l'on donne au nettoyage des soutes en haute mer, provoquent des pollutions globalement plus importantes. Cette pratique illégale est passible d'amendes, mais qui ne sont guère dissuasives, surtout lorsque le véritable propriétaire du bateau a pris soin de dissimuler son identité.

La pollution d'origine terrestre est encore plus préoccupante, car elle augmente chaque année de manière exponentielle. Elle est formée de tous les rejets domestiques, agricoles et industriels qui se déversent dans la mer par l'intermédiaire des fleuves. Les mouvements écologistes estiment que la mer est désormais en danger. Aussi demandent-ils une réglementation internationale en faveur de l'environnement maritime et il est urgent qu'ils soient entendus.

▼ Requin pélagique. **Avec la curieuse disposition de ses yeux sur deux expansions latérales, le requin-marteau est toujours une énigme pour les biologistes. L'explication la plus vraisemblable est que ces appendices permettent un plus grand champ de vision. Prédateur particulièrement agressif, le requin-marteau fait partie des espèces les plus dangereuses pour l'homme.**

requin

L'origine du nom est inconnue, mais certains auteurs pensent que le mot pourrait venir de « requiem », terme qui illustre parfaitement la dangerosité de ce prédateur. Les premiers requins sont apparus il y a environ quatre cents millions d'années, à une époque où la vie était pratiquement concentrée dans les océans. On dénombre aujourd'hui plus de trois cents espèces, dont une trentaine seulement sont dangereuses pour l'homme. Le plus féroce est le « requin blanc », héros du film *Les Dents de la mer* de Steven Spielberg (1975). Son nom latin est *Carcharodon carcharias*. Il est le descendant du *Carcharodon megalodon*, monstre marin aujourd'hui disparu, dont la taille pouvait dépasser 15 m. Plus petit (5 m en moyenne), l'actuel requin blanc est un tueur presque aussi formidable. Parmi les espèces les plus meurtrières, figurent le « requin-tigre », le « requin bleu », le « mako », le « requin du Gange » et le « requin-marteau ». Pendant la Seconde Guerre mondiale, des chercheurs américains ont mis au point une « poudre antirequins » essentiellement composée d'acétate de cuivre. Ce produit a eu pour mérite de remonter le moral des naufragés, mais des expériences effectuées dans les années 1960 ont montré sa totale inefficacité. Les filets antirequins constituent en revanche une excellente protection. Ils sont toutefois très coûteux, leur maniement est peu pratique et on ne peut les employer partout.

Dans le langage courant, le mot requin est employé pour désigner péjorativement un homme d'affaires impitoyable et sans scrupules.

saborder

À l'origine, ce verbe désignait l'action de crever les fonds d'un bâtiment pour le couler. Son sens s'est un peu élargi puisqu'il s'applique aujourd'hui à la destruction volontaire du navire et de ses équipements, quel que soit le moyen utilisé. Le « sabordage » le plus spectaculaire de l'histoire a été celui de la flotte* française à Toulon, le 27 novembre 1942, avec la destruction de soixante-quinze navires de guerre sur le point d'être saisis par les Allemands. Dans le langage courant, saborder une entreprise ou un projet, c'est le ruiner volontairement.

▲ **Canot de sauvetage, *Cdt Philippes de Kerhallet,* (1897). Apparues dans le dernier tiers du XIXe siècle, les sociétés de sauvetage mettent en œuvre des canots tous temps pour secourir les naufragés. Celui que l'on voit sur ce document a été utilisé jusque dans les toutes premières années du XXe siècle. Il marchait à la voile et à la rame. Des caissons étanches disposés à l'avant et à l'arrière le rendaient insubmersible.**

sauvetage L'entraide a toujours été la caractéristique des gens de mer, mais il a fallu attendre la convention de Bruxelles de 1910 pour que le sauvetage des naufragés devienne une obligation légale. Plusieurs « sociétés de sauvetage » se sont développées avant cette date. En France, elles existent depuis 1825 au niveau local. La Société nationale de sauvetage en mer (SNSM) est née en 1967 de la fusion des Hospitaliers Sauveteurs bretons, association fondée en 1873, et de la Société centrale de sauvetage des naufragés, créée en 1865. Cette institution est implantée sur toutes les côtes de France, Corse comprise. Elle est également présente à Saint-Pierre-et-Miquelon, aux Antilles et à l'île de la Réunion. La SNSM dispose de vedettes tous temps* pour les sauvetages au large. La surveillance des plages est assurée par des canots pneumatiques et des scooters des mers*. Le système reposant entièrement sur le bénévolat, le sauvetage des vies humaines est gratuit, mais celui du matériel est payant.

Dans les autres pays, le sauvetage des personnes et des biens est assuré par un organisme d'État ou par des sociétés humanitaires semblables à la SNSM.

serpent de mer La Bible est le premier ouvrage qui fait allusion au serpent de mer. « Dieu avec sa dure, grande et forte épée s'occupera de Léviathan, le serpent glissant, oui de Léviathan, le serpent tortueux et, à coup sûr, il tuera le monstre marin qui est dans la mer » (Isaïe, chapitre XXVII, verset 1). L'aspect symbolique de ce texte semble avoir complètement échappé aux marins du Moyen Âge qui à maintes reprises affirment avoir observé de gigantesques serpents de mer. L'existence de tels animaux ne peut être totalement exclue, mais l'absence d'indices la rend très improbable. Il est donc fort possible que des dauphins bondissant successivement hors de l'eau aient pu être confondus avec les anneaux d'un énorme serpent. De la même manière, les tentacules d'un calmar géant font un serpent très vraisemblable. Les serpents de mer existent néanmoins, mais leur taille ne dépasse pas 3 m. Ils sont tous venimeux et leur morsure est généralement mortelle. Dangereux pour le plongeur, ils sont rarement capables de se déplacer hors de l'eau de manière efficace. Ils ne sauraient donc constituer une menace pour le navigateur.

sirène Génie maléfique de la séduction, la sirène est initialement pourvue d'un corps et d'ailes d'oiseau sur lequel se greffe une tête de femme. Elle devient monstre marin avec Homère* qui la met en scène dans l'*Odyssée*, mais il faudra attendre le début du XVIe siècle pour qu'elle devienne la femme-poisson à la queue d'écailles et à la longue chevelure blonde que nous connaissons. Homère ne donne aucune indication sur l'apparence physique de ses sirènes. Il précise en revanche que tombant sous le charme de leurs chants mélodieux, les marins s'échouent sur des écueils où ils sont aussitôt dévorés par ces trop belles séductrices. Ulysse parviendra toutefois à leur résister en se faisant attacher au mât de son navire.

Bizarrement, on a donné le nom de sirène à un instrument à vent, dont le son puissant, mais fort peu mélodieux, est utilisé comme signal d'alerte. Au figuré, les sirènes sont des propositions aussi séduisantes que simplistes. Aussi les responsables politiques accusent-ils régulièrement leurs adversaires d'écouter les sirènes du protectionnisme, du nationalisme, etc.

superstitions Personnage rationnel, le marin d'aujourd'hui continue néanmoins de croire en certaines superstitions que, par pudeur, il nomme traditions. S'il ne refuse plus la présence d'une femme adultère à son bord, s'il ne fouette plus la mer pour l'apaiser, s'il n'a plus peur des malédic-

◄ Des ressortissants cubains avaient pris place à bord de cette embarcation avec laquelle ils espéraient rejoindre les États-Unis. Victimes d'un chavirement, ils sont secourus par les garde-côtes américains.

tions des sorcières, il continue de penser que siffler fait venir le vent et que coudre le fait tomber. L'innocent lapin est proscrit sur un bateau, au point que pour le désigner, on parle du « cousin du lièvre » ou de la « créature ». Manger du lapin à bord n'est donc pas recommandé et il est même prudent de s'en abstenir la veille du départ. L'origine de cette superstition remonte à l'époque où l'on embarquait des animaux vivants pour la table des officiers et accessoirement pour nourrir les malades. Quand les lapins parvenaient à s'échapper de leurs cages, ils se précipitaient sur ce qui se rapprochait le plus de leur alimentation naturelle : la fibre de chanvre que l'on retrouvait à bord dans l'étoupe et dans les cordages. Si le lapin qui fait démâter le bateau en rongeant ses haubans et ses étais appartient à la légende, les dégâts occasionnés aux cordages qui maintenaient la cargaison à sa place ont été bien réels. En s'attaquant à l'étoupe du calfatage, les « cousins du lièvre » sont également responsables de plusieurs catastrophes. Notons que le rat n'a jamais souffert d'une réputation aussi détestable, peut-être parce qu'en montant sur le pont* au moment du danger, il signale la présence d'une voie d'eau*.

« Un homme à la mer ! » C'est l'alerte que l'on doit pousser lorsqu'une personne est tombée à la mer. Comme il ne s'agit pas de décrire cette personne, mais de signaler immédiatement l'accident, on criera : « Un homme à la mer ! », même si la victime est une femme ou un enfant. Il faut aussitôt lancer une bouée* ou tout autre objet flottant, puis virer face au vent pour casser l'erre. Si l'on dispose d'une embarcation, on l'utilisera pour aller chercher le naufragé, sinon, on manœuvrera pour se placer entre le vent et lui et on lui jettera un bout (cordage) pour le récupérer. Pendant toute la manœuvre, un membre de l'équipage sera chargé de « garder » le naufragé en conservant toujours les yeux sur lui. Même par beau temps, passer par-dessus bord peut avoir des conséquences tragiques.

« vaisseau fantôme » Au temps de la marine* à voiles, il n'était pas rare de rencontrer en plein océan, un navire abandonné par son équipage. Les causes en étaient multiples : mutineries, épidémies, épuisement des vivres* dû à un calme* plat persistant, évacuation prématurée d'un navire que l'on a cru en perdition… On a donné à ces épaves dérivant au gré des vents et des courants le nom de « vaisseaux fantômes ». Ils étaient dangereux pour la navigation et les marins pensaient qu'ils étaient gouvernés par des puissances maléfiques. Le brick* américain *Mary Celeste* est incontestablement le vaisseau fantôme le plus célèbre de l'histoire. Le 4 décembre 1872, il a été découvert en plein Atlantique par le voilier britannique *Dei Gratia* qui, intrigué par son comportement, lui a envoyé une équipe de visite. Comme ils s'y attendaient, les marins anglais ont constaté que la *Mary Celeste* était abandonnée, mais ils ont également été les témoins de plusieurs faits troublants. Dans la cuisine, le fourneau était encore chaud et une casserole contenait un poulet cuit à point. Seul occupant du navire, un chat noir dormait tranquillement sur le haut d'une armoire. L'affaire sera largement amplifiée par la presse et elle deviendra rapidement *le* mystère du siècle. L'enquête démontrera toutefois qu'il s'agissait d'une banale tentative d'escroquerie à l'assurance, mais aujourd'hui encore, le « mystère de la *Mary Celeste* » continue d'alimenter la légende.

voie d'eau Cette expression désigne un trou ouvert accidentellement sous la flottaison et qui laisse pénétrer l'eau à l'intérieur de la coque. Si malgré l'action des « pompes d'assèchement », l'eau continue de monter, les marins disent que la voie d'eau « gagne ». Elle est « étalée* » ou « affranchie » si l'eau ne monte plus, mais pour l'« aveugler », il faut glisser un paillet* Makaroff sous la coque ou encore introduire un tampon dans la brèche. Les cloisons étanches des navires modernes ont considérablement réduit les conséquences des voies d'eau.

◄ Sirène
Robert A. Bell : *Mermaid,* (1900). Relief en gypse coloré et doré.
Les sirènes évoquées par Homère envoûtent les marins par leurs chants mélodieux et dès le début du XVIe siècle, elles prennent leur apparence définitive de femmes-poissons. Avec ses longs cheveux blonds qui encadrent un visage angélique, cette sirène est un classique du genre.

·IX·

Les grandes courses à la voile

« Panem et circenses » (du pain et les jeux du cirque). Cette invective qu'adressait en son temps Juvénal aux Romains est encore très actuelle. Avec l'extraordinaire développement des communica-

tions et la toute-puissance des médias, le sport est devenu spectacle. Il est aussi le support privilégié des sociétés commerciales cherchant à mieux se faire connaître pour augmenter leurs ventes. Par rapport aux Romains, nous avons donc innové puisque le « pain » s'affiche désormais sur les jeux du cirque !

La voile n'a pas échappé à ce phénomène et pour étonner le public par des performances toujours plus surprenantes, les sponsors* n'hésitent pas à investir des sommes considérables. Mais si les bateaux portent des noms souvent peu marins, nos modernes gladiateurs n'en continuent pas moins de se battre contre les éléments*, avec en plus, l'obsession d'aller toujours et encore plus vite pour être les premiers à franchir la ligne d'arrivée. Tout cela ne doit pas faire oublier que les concurrents des grandes courses à la voile sont avant tout des marins qui vivent avec passion leur amour de l'aventure, de la mer et des bateaux.

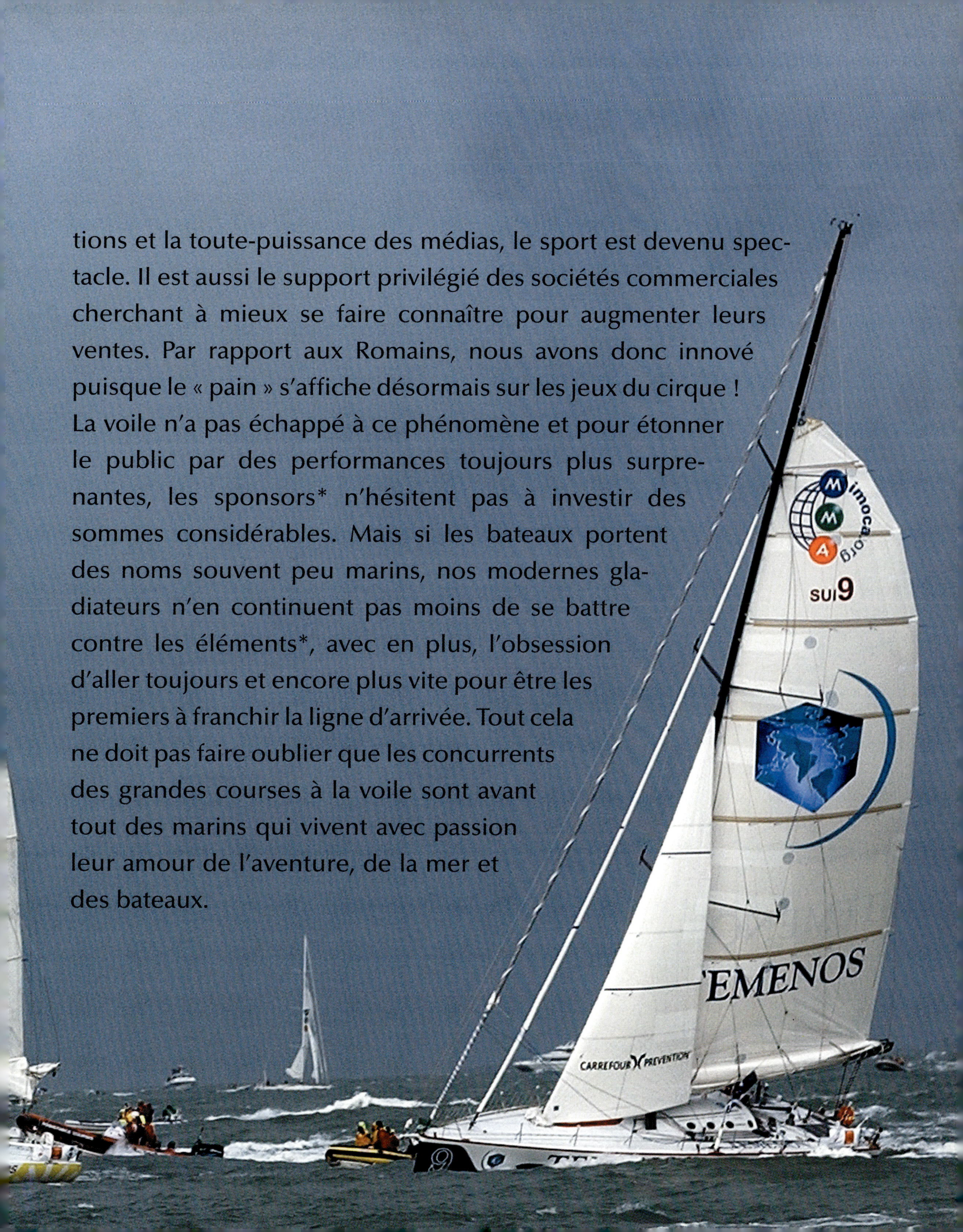

Page précédente : Le vent soufflant grand frais a obligé ces concurrents de la Route du rhum, à réduire la voilure en prenant des ris.

Admiral's Cup

Sur la côte* nord de l'île* de Wight, se trouve la petite localité de Cowes dont le nom est étroitement associé à l'histoire de la course côtière à la voile. Depuis le XIXe siècle, le fameux Royal Yacht Squadron a pris l'habitude d'organiser chaque année la Semaine de Cowes, manifestation qui connaît toujours un vif succès. En 1957, Sir Miles Wyatt, commodore* du Royal Ocean Racing Club (RORC), créait l'Admiral's Cup pour attirer les meilleurs navigateurs* de course-croisière du monde. Il s'agissait d'une série de régates disputées tous les deux ans sur une période de deux semaines, la dernière coïncidant avec la Semaine de Cowes. Chaque pays participant aligne aujourd'hui trois équipages* armant deux monotypes*, le « Mumm 36 » et le « Sydney 40 », ainsi qu'un voilier de 13 à 15 m avec handicap. L'Admiral's Cup comprend donc à la fois des régates côtières très techniques, car disputées avec des bateaux identiques, et des courses au large* beaucoup plus ouvertes. La Wolf Rock Race qui clôture la manifestation se déroule sur la côte sud. Les concurrents, partis de Cowes, doublent les îles Scilly à l'extrême ouest de l'Angleterre, puis retournent à leur point de départ. C'est de loin la régate la plus difficile, mais aussi la plus prestigieuse.

allégeance

Ce terme de régate est synonyme de handicap lorsque les voiliers en course sont de conceptions et de dimensions différentes. Il désigne le temps que les bateaux les plus rapides doivent « rendre » aux autres concurrents, selon des formules devenues au fil des ans incroyablement complexes. Chaque bateau se voit attribuer une « jauge* théorique » qui est fonction d'un certain nombre de critères, longueur à la flottaison, déplacement et surface de voilure notamment. En multipliant la jauge par le temps de course réel, on obtient un « temps compensé » permettant de désigner le vainqueur. Ce système, qui était à l'origine destiné à égaliser les chances des concurrents, est aujourd'hui très controversé, car il rend les courses difficiles à suivre. Le public a en effet beaucoup de mal à comprendre pourquoi un bateau est déclaré vainqueur alors qu'il franchit la ligne d'arrivée plusieurs heures, quand ce n'est pas plusieurs jours, après son concurrent. De plus, le handicap est souvent un frein aux progrès de l'architecture navale*, car les règles changent continuellement. Dans les régates de monotypes ou de bateaux dont les plans sont réglementés, le premier qui franchit la ligne d'arrivée est le vainqueur et en raison de cette simplicité, ces courses connaissent un succès grandissant.

architecture navale (évolution de l')

Jusque vers le début des années 1950, les bateaux étaient pour la grande majorité en bois* et comme ce matériau imposait ses normes, l'architecture navale a évolué assez lentement et au gré de l'évolution des jauges. Elle a bénéficié d'un formidable coup d'accélérateur avec l'apparition de matériaux nouveaux, plastiques notamment. Les lourds bateaux, faits pour affronter le gros temps*, sont progressivement remplacés par des voiliers à déplacements légers que leur vitesse emporte hors des zones dangereuses. Ce concept sera repris et développé par des architectes navals de talent. Le Hollandais Ricus Van de Stadt, le Néo-Zélandais Bruce Farr, l'Américain Bill Lee et le Français Guy Ribadeau Dumas comptent parmi ceux qui ont véritablement marqué leur époque. Avec le *Crédit agricole* de 1983, Guy Ribadeau Dumas a défini ce qui est désormais devenu la norme : une équipe travaillant sur un projet unique avec un budget très élevé. Comme pour tous les autres sports de haut niveau, la course à la voile exige un matériel de premier ordre, mais même ainsi, le talent de l'architecte naval est toujours déterminant.

Around Alone

Cette expression anglaise peut se traduire par « tout autour, tout seul ». Elle désigne la course en solitaire la plus longue qui soit au monde. C'est aussi la plus technique après le Vendée Globe Challenge* (sans escale*) et la plus difficile, car elle se déroule dans des conditions extrêmes. La première édition d'Around Alone date de 1982, époque à laquelle l'épreuve s'appelait BOC Challenge, du nom de son sponsor, la British Oxygen Company. Elle se déroulait alors en quatre étapes, contre cinq aujourd'hui. Le parcours a relativement peu varié. Les concurrents partent de Newport ou de New York pour Torbay en Angleterre, puis ils rejoignent Cape Town en Afrique du

Sud. De là, ils gagnent un port* australien ou néo-zélandais (au choix des organisateurs), avant de faire route* vers le Brésil et Newport. Contrairement à ce que l'on pourrait croire, cette course est beaucoup plus complexe qu'un tour du monde sans escale, car sachant qu'ils pourront effectuer des réparations aux étapes, les concurrents poussent leurs bateaux au maximum. Rééditée tous les quatre ans, cette épreuve est devenue un événement majeur qui attire les plus grands skippers* internationaux. Around Alone a un impact médiatique très fort, car les villes où la course fait escale n'hésitent pas à investir des sommes importantes dans sa promotion.

▲ Arrivé en tête de l'édition 2002-2003 de la course Around Alone, le Suisse Bernard Stamm est acclamé par une foule en liesse.

Bermuda Race

Cette régate océanique, la première de l'histoire de la plaisance, a été créée en 1906. Elle est organisée tous les deux ans par le Cruising Club of America et le Royal Bermuda Yacht Club. Les concurrents, venus du monde entier, partent de Newport et rejoignent Saint-David's Head au nord-est des Bermudes, après avoir effectué un parcours de 635 milles (1 176 km environ). La principale difficulté est la traversée du Gulf Stream, car la rencontre de ce courant* chaud et des eaux plus froides qui le bordent a une incidence sur l'atmosphère qui se traduit par des orages* assez fréquents. De plus, la mer* est souvent grosse à l'intérieur du Gulf Stream. La meilleure route pour traverser ce courant dépend de nombreux facteurs, variables en fonction du temps. Une victoire dans la Bermuda Race est donc toujours le résultat d'une excellente stratégie de course et d'un peu de chance ! En 1996, certains bateaux ont fait des traversées très rapides alors que d'autres sont restés longtemps encalminés. Cette année-là, le *Boomerang* du skipper américain George Coumantaros a effectué une traversée en 57 h, 31 min et 50 s, pulvérisant le record de soixante-deux heures établi en 1982 par le voilier *Nirvana*. Contrairement à ce que son nom pourrait laisser supposer, la Bermuda Race se déroule à l'extérieur du célèbre triangle des Bermudes*, ce qui explique sans doute qu'aucune disparition mystérieuse n'ait été signalée.

BT Challenge Créée en 1992, sous le nom de British Steel Challenge, cette course autour du monde est devenue le BT Challenge (BT pour British Telecom) en changeant de sponsor. L'idée est de permettre à des navigateurs « ordinaires », amateurs pour la plupart, de participer à l'une des courses les plus dures, puisque le tour du monde se fait « à l'envers », c'est-à-dire d'est en ouest en remontant les vents* dominants. Les voiliers engagés sont des « 72 pieds » (21,34 m) identiques. Armés par plus de trois cents compétiteurs venus des quatre coins du monde, les bateaux entreprennent une circumnavigation* en sept étapes. Les concurrents prennent le départ à Ocean Village à Southampton pour rejoindre Boston, puis Buenos Aires, Wellington, Sydney, Cape Town, La Rochelle et Southampton d'où ils sont partis. Le parcours totalise 30 000 milles (55 500 km environ). Très populaire, car ouverte à des concurrents non professionnels, cette course porte désormais le nom de BT Global Challenge.

Chicago-Mackinac Comme son orthographe ne l'indique pas, Mackinac se prononce « Mackinau ». Ce nom d'origine indienne a été donné à une ville située à l'extrémité nord du lac Michigan, le troisième des grands lacs américains par ses dimensions. La course Chicago-Mackinac a été créée en 1898 par des plaisanciers* qui avaient leurs résidences secondaires sur l'île de Mackinac. Elle est considérée comme la première course offshore* de l'histoire du yachting en raison de sa longueur et des conditions météorologiques difficiles qu'on y rencontre souvent. Elle se déroule sur toute l'étendue du lac, 333 milles (616 km). Bien qu'il s'agisse d'une compétition en eau douce, les conditions de temps peuvent être épouvantables. En 1911, les concurrents ont dû affronter un véritable ouragan. Les courses disputées en 1937 et en 1970 ont également été très éprouvantes, à cause de forts coups* de vent engendrant des lames* de 6 à 9 m.

La Chicago-Mackinac n'est donc pas une course de débutants et les organisateurs prennent d'ailleurs soin de n'inscrire que des concurrents expérimentés. Le règlement prévoit que le nombre de bateaux engagés ne peut dépasser trois cents. Les départs se font toutes les demi-heures, les concurrents les plus lents partant les premiers.

En 1911, la goélette* *Amorita* ralliait Mackinac en 31 h, 14 min et 30 s. Ce record ne sera battu que soixante-seize ans plus tard par le voilier *Pied Piper*.

« Si tu ne comprends pas que la course est un sprint de plus de deux mois, si tu ne comprends pas qu'en course, seule la course compte, alors ça prouve que tu n'as rien à faire à bord. »

Olivier de Kersauson.

circumnavigation À l'origine, ce mot s'appliquait à une navigation* autour d'une étendue terrestre, mais on ne l'emploie plus que pour désigner une navigation autour du monde. Magellan* aurait pu être le premier « circumnavigateur », s'il n'avait été tué aux Philippines par des indigènes. La gloire en est revenue à l'un de ses lieutenants, Juan Sebastian del Cano, premier à avoir bouclé le tour du monde d'Est en Ouest.

En 1895, l'Américain d'origine canadienne Joshua Slocum* réalisait l'exploit de naviguer autour du monde *en solitaire* à bord du *Spray*, un petit yacht* de 11 m. Il sera suivi en 1942 par l'Argentin Vito Dumas* sur *Legh II*, puis par l'Anglais John Guzzwell sur *Trekka*, un minuscule yacht de 6 m. Le Britannique Francis Chichester* fera quant à lui le tour du globe avec une seule escale à Sydney (1966) et cet incroyable exploit lui vaudra d'être anobli par la reine. La prouesse de Sir Francis inspirera le Golden Globe Challenge*, première grande course en solitaire autour du monde.

Coupe de l'America C'est le plus ancien trophée sportif du monde moderne (1851). La récompense remise au vainqueur de cette course n'est pas une coupe, mais une « aiguière », sorte de pichet en argent. Acheté en 1848 par le marquis d'Anglesey à l'orfèvre anglais Garrard, cet « objet d'art » nous semble aujourd'hui du plus parfait mauvais goût. Il est pourtant l'enjeu de la compétition la plus célèbre du monde. C'est aussi la plus ancienne, puisque la première régate s'est déroulée dès 1851 autour de l'île de Wight et de la côte sud de l'Angleterre. Elle portait alors le nom de Coupe des 100 guinées et à la grande stupéfaction des spectateurs britanniques, la goélette *America* du skipper John C. Stevens se classa en tête.

▲ **la goélette l'*America*. En 1851, l'*America* intrigua fort la bonne société anglaise venue à l'île de Wight pour assister à la régate. Longue de 31 m, sa coque était très effilée.**

Exposé dans la salle d'honneur du New York Yacht Club (NYYC), le trophée prend le nom du bâtiment vainqueur, mais avec une petite entorse à la réalité puisqu'il devient la coupe et non l'aiguière de l'America. Cette « coupe » sera régulièrement remise en jeu à l'occasion de « défis » lancés par le NYYC. Entre 1899 et 1930, le magnat du thé Sir Thomas Lipton relèvera cinq défis, sans parvenir à reconquérir la coupe. Dans les années 1970, le richissime baron français Marcel Bich investira lui aussi des sommes considérables dans la Coupe de l'America. Aucun de ses bateaux ne parviendra à se classer en tête, mais son obstination contribuera largement à relancer l'intérêt du public pour cette course.

En 1983, sept concurrents se sont proposés de relever le défi. Les organisateurs ont alors décidé de créer des épreuves éliminatoires en trois manches, deux demi-finales et une finale. Le vainqueur se verra attribuer la « coupe Louis Vuitton », offerte par cette société coorganisatrice de la course. Il aura surtout le redoutable honneur de se mesurer au détenteur de la coupe de l'America. Cette année-là, *Australia II* équipé d'une quille* révolutionnaire à aileron a gagné la coupe Louis Vuitton devant son adversaire britannique *Victory 83*, puis il s'est adjugé la coupe de l'America en battant l'Américain *Liberty*. Pour la première fois depuis sa création, la coupe a changé de mains et conformément au règlement, la course suivante s'est déroulée dans les eaux du pays vainqueur. En 1986, elle a donc eu lieu à Fremantle, sur la côte ouest de l'Australie. Remporté par *Stars & Stripes* du skipper américain Dennis Conner*, le trophée a rejoint San Diego en Californie. En 1995, il a été transféré en Nouvelle-Zélande après la victoire de *Team New Zealand* et en 2003, le bateau suisse *Alinghi* a ramené pour la première fois la coupe en Europe. Un humoriste a déclaré à cette occasion que la Suisse ne pouvait plus désormais prétendre à de bons résultats en ski alpin, puisqu'elle était devenue une nation de marins* !

► **BT Global Challenge.** Le mauvais temps accompagne souvent les concurrents des courses à la voile. Ce skipper engagé dans le BT Challenge, est très attentif aux lames énormes qui font de la mer, un véritable « chaudron de sorcière ».

BT
Global
LG
FLATRON
41

Course de la laine L'ouverture du canal de Suez (1869) ayant permis aux navires à vapeur de surclasser les clippers* sur la route du thé, ces derniers se sont reconvertis dans le commerce de la laine d'Australie au début des années 1880. Achetée à un prix très bas, de l'ordre de 4 pence et demi par livre, cette laine était revendue 43 pence sur le marché de Londres, mais il était essentiel qu'elle parvînt rapidement en Angleterre, car la bourse du commerce ne vendait que pendant la période comprise entre début janvier et fin mars.

Comme pour le commerce du thé, celui de la laine exigeait donc des navires très rapides. Or, dans ce trafic, les vapeurs n'étaient pas concurrentiels, car ils devaient emprunter les mêmes routes que les voiliers et il était impossible à l'époque de placer des dépôts de charbon sur la totalité du trajet. Les anciens clippers du thé étaient donc les seuls à pouvoir exploiter cette ligne. Ils y disputaient des compétitions qui enthousiasmaient le public car, comme dans la Course du thé*, les navires de tête arrivaient à Londres pratiquement au même moment. Les « clippers de la laine » traversaient l'océan Pacifique en suivant une route qui les maintenait longtemps dans les « quarantièmes rugissants* », puis après avoir doublé le cap Horn, ils remontaient l'Atlantique pour rejoindre

Quelques années après l'ouverture du canal de Suez, les vapeurs ont remplacé les clippers sur la route du thé. Sincèrement peiné de cette situation dont il est responsable, **Ferdinand de Lesseps** écrit : *« J'en demande pardon à la marine à voiles. »*

l'Angleterre. En 1885, le *Cutty Sark** qui n'était jamais parvenu à se classer vainqueur dans la Course du thé, remportait la Course de la laine devant son vieux rival, le *Termopylæ*. Impliquant des navires comparables, ces compétitions étaient couvertes par les journaux du monde entier et elles préfiguraient les grandes courses à la voile d'aujourd'hui.

Course du thé

Dans les années 1860, les importateurs de thé avaient pris l'habitude de verser une prime de 10 schillings par tonne à l'armateur* du premier navire déchargeant sa cargaison sur les quais de Londres. Une somme de 100 livres sterling, représentant environ six mois de solde, était remise au capitaine vainqueur. Les hommes ne recevaient aucune prime, mais ils pariaient jusqu'à un mois de salaire sur les chances de leur navire.

Chaque année, la Course du thé déchaînait les passions, car les clippers du thé ayant des performances très comparables, les navires du groupe de tête arrivaient toujours pratiquement en même temps. C'est ainsi qu'en 1866, le *Tæping* a battu l'*Ariel* de seulement trente minutes sur une navigation d'une centaine de jours, les autres navires étant arrivés quelques heures plus tard. Régu-

◄ Albert Brenet (1903) :
Ariel et Taeping.
En 1866, lors de la Course du thé, l'*Ariel* et le *Taeping* se sont livrés une lutte sans merci pour décharger en premier leur précieuse cargaison sur les quais des *East India Docks* de Londres.

lièrement informé par les journaux de la position des seize concurrents, le public s'est enthousiasmé pour cette course de 1866 qui a marqué l'apogée de l'histoire des clippers. Ces derniers seront supplantés par les navires à vapeur après l'ouverture du canal de Suez en 1869. La Course du thé cessera alors progressivement d'être disputée, mais la domination des clippers continuera de s'exercer sur d'autres routes jusque dans les années 1890.

Fastnet Cette course est le pendant européen de la Bermuda Race* qui la précède historiquement. Elle a été organisée pour la première fois en 1925 avec sept concurrents en lice. La course du Fastnet s'est déroulée tous les ans jusqu'en 1933, puis tous les deux ans, en alternance avec la Bermuda Race, avec une interruption due à la guerre (1939-1945). Aujourd'hui, le parcours est de 600 milles (1 110 km environ). Les concurrents partent de Cowes dans l'île de Wight, puis ils longent la côte sud de l'Angleterre jusqu'au cap* Lizard. De là, ils se dirigent vers le rocher du Fastnet au sud-ouest de l'Irlande et après l'avoir doublé, ils repartent en sens inverse jusqu'à l'arrivée à Plymouth. Les tempêtes* venues de l'Atlantique font du Fastnet une course très dure. En 1979, un fort coup de vent a provoqué une véritable tragédie. Avant même que l'avis de tempête ait été diffusé par la météo* marine, les concurrents affrontaient une mer de niveau 9 et des vents de force 10. Cent douze bateaux ont été désemparés, soixante-dix-sept ont chaviré, vingt-quatre ont été abandonnés* par leurs équipages. Soixante-dix marins ont été hélitreuillés, mais quinze autres ont perdu la vie. Malgré la vive émotion suscitée par ce drame, la course du Fastnet reste l'une des compétitions les plus appréciées du public.

« Le sport va chercher la peur pour la dominer, la fatigue pour en triompher, la difficulté pour la vaincre. »
Pierre de Coubertin.

Golden Globe Challenge En 1966, Francis Chichester a effectué une circumnavigation en à peine neuf mois avec une seule escale à Sydney. Cet exploit va inspirer la première course en solitaire autour du monde et deux ans plus tard, le journal anglais *The Sunday Times* a offert un prix de 5 000 livres sterling à celui qui naviguerait autour du globe en partant de n'importe quel port de Grande-Bretagne avant le 31 octobre 1968. Le défi, qui porte le nom de Golden Globe, sera relevé par neuf navigateurs qui partiront tous à des dates différentes. Seul le Britannique Robin Knox-Johnston, sur son ketch* de 9 m *Suhaili*, terminera la course après avoir parcouru 20 123 milles (55 727 km) en trois cent treize jours. Le Français Bernard Moitessier* prendra quant à lui la décision totalement inattendue de repartir pour un second demi-tour du monde. La course sera endeuillée par la disparition du Britannique Donald Crowhurst et le suicide, quelques mois après son abandon, de son compatriote Nigel Tetley.

Le Cap-Rio Cette course océanique est la plus longue de toutes celles qui se déroulent dans l'hémisphère Sud. Elle oblige les concurrents à contourner la zone de calme* de l'Atlantique Sud et comme la position de cette zone varie, la victoire revient généralement au skipper qui a le mieux interprété les bulletins météorologiques. Il faut en effet longer l'anticyclone pour raccourcir la route, mais ne pas trop s'en approcher pour ne pas se retrouver encalminé. C'est la seule vraie difficulté de cette épreuve au caractère presque familial. De nombreux concurrents participent d'ailleurs uniquement pour le plaisir de la traversée, sans chercher à se classer en tête. D'autres bénéficiant de budgets plus importants s'efforcent d'établir des records. Comme dans plusieurs autres courses, les organisateurs ont prévu des départs échelonnés pour que l'attention du public ne soit pas concentrée sur les bateaux les plus rapides. La course Le Cap-Rio a lieu tous les deux ans et sa première édition remonte à 1971.

Mini-Transat Si l'on s'en tient à la longueur du parcours, cette course n'est pas précisément « mini » car, de Concarneau à la Guadeloupe, les concurrents couvrent une distance d'environ 4 800 milles (8 890 km). L'épreuve comporte deux étapes avec une escale aux îles Canaries et sa première édition remonte à 1977. Elle est « mini » par la taille des bateaux participants dont la longueur

▲ À l'allure du vent arrière, ce concurrent de la Mini-Transat glisse avec élégance sur une lame. Cet exercice exige de sa part une attention soutenue.

ne doit pas dépasser 21 pieds (6,50 m). Une très grande liberté est laissée aux architectes navals pour la conception des coques* et du gréement*, car les seules restrictions portent sur la longueur hors tout et les matériaux utilisés. Les innovations liées à cette course ont permis de réaliser des bateaux très rapides à des prix relativement peu élevés. Des amateurs peuvent donc participer, même s'ils n'ont pratiquement aucun espoir de se classer en tête. Jusqu'en 1997, l'utilisation du GPS (Global Positioning System) était interdite et la navigation se faisait uniquement au sextant. Une autre particularité de la Mini-Transat est l'absence de moyens de communication sophistiqués. Ne disposant que de radios VHF, les concurrents ignorent le plus souvent leur position dans la course. Les choix stratégiques qu'ils doivent effectuer sont donc beaucoup plus difficiles que dans d'autres épreuves.

Nioulargue

Cette course est née en 1981 d'un défi entre les skippers Dick Jayson et Jean Lorain à l'initiative de Patrice de Colmont. Elle se déroule en Méditerranée sur un parcours de 12 milles (22 km) et elle réunit quelques-uns des plus beaux voiliers du monde. Au cours de cette manifestation, de magnifiques yachts anciens côtoient en effet les monocoques et multicoques* les plus récents. Événement à la fois sportif, mondain et convivial, la Nioulargue tire son nom d'un haut-fond* situé à 5 milles au large de Pampelonne. Cet endroit appelé Nieulargo, « nid du large » en provençal, est un excellent lieu de reproduction pour les poissons.

La course, qui est rapidement devenue un classique du genre, a été suspendue en 1995 à la suite d'un abordage* ayant provoqué un accident mortel. Elle est remplacée depuis par le rassemblement des Voiles de Saint-Tropez.

► Toute l'élégance des anciens yachts de course en bois est résumée par cette image de deux concurrents de la **Nioulargue** luttant âprement pour la première place.

K8

▲ **Pour avoir voulu conserver trop de toile, ce concurrent de la Route du rhum a été victime d'un dématage qui en définitive, lui fera perdre la course.**

offshore

Ce mot anglais signifie « au large ». En motonautisme*, il est employé pour désigner certaines épreuves et par extension, il s'applique au bateau lui-même. Dans le domaine de la voile, on entend parfois parler de « course offshore » alors que l'on devrait dire « course au large » ou encore « course océanique ».

Osaka Cup

En 1867, l'empereur Mutsuhito a ouvert pour la première fois le Japon sur le monde extérieur. Cette période est connue sous le nom de Meiji, mot formé de *mei* qui signifie renaître et des deux premières lettres de *jidai* qui veut dire période, ère. Cent vingt ans plus tard, la ville d'Osaka a commémoré l'« ère de la renaissance » en créant une grande course à la voile entre l'Australie et le Japon. L'épreuve se court en double tous les quatre ans, le départ ayant lieu à Melbourne et l'arrivée à Osaka. Les bateaux suivent une route sud-nord sur une distance de 5 500 milles (10 175 km). Ils passent rapidement de l'automne australien à l'été équatorien et au printemps japonais. Pour augmenter l'intérêt du public, la course proprement dite est précédée d'une régate disputée dans le port de Melbourne. Le départ de l'Osaka Cup a lieu le lendemain et pour simplifier la méthode complexe du handicap, les organisateurs ont réparti les voiliers en classes différentes. Une attention particulière est portée à l'aspect sécurité. Chaque bateau doit avoir effectué une navigation en haute mer d'au moins 200 milles (370 km) et il est minutieusement inspecté avant le départ. Les équipages doivent justifier d'une solide expérience de la course au large et nul ne peut être inscrit s'il n'a pas dix-huit ans révolus.

Destinée à resserrer les liens entre les deux pays, l'Osaka Cup est l'occasion de nombreuses manifestations culturelles et conviviales qui renforcent le prestige de cette course.

Route du rhum

Pour complaire à Joséphine, Napoléon avait accordé une quasi-exclusivité au rhum de la Martinique, ce qui a largement contribué à le rendre célèbre. Le Français Michel Étevenon a-t-il voulu à son tour promouvoir le rhum de la Guadeloupe tout aussi bon, bien qu'un peu moins connu ? Il ne l'a jamais dit, mais le nom donné à la course créée en 1978 est un sympathique clin d'œil à cet alcool antillais. La Route du rhum est une épreuve en solitaire de 3 700 milles (6 845 km) qui a lieu tous les quatre ans au départ de Saint-Malo avec une arrivée à Pointe-à-Pitre dix à quinze jours plus tard. En novembre, mois du départ de la course, de violentes tempêtes se forment au centre de l'Atlantique Nord et les concurrents doivent s'efforcer de contourner ces zones de mauvais temps. L'interprétation correcte des informations météorologiques est donc capitale, même si la plus grande partie du parcours se déroule dans des conditions de temps défavorables.

Bien que la course soit ouverte aux voiliers de tous types, elle est devenue au fil des ans le domaine quasi exclusif des multicoques. Sa première édition (1978) a été marquée par l'arrivée la plus serrée de toute l'histoire de la course au large. Le vainqueur, le Canadien Michael Birch précédait en effet le second, le Français Michel Malinowski, de seulement quatre-vingt-dix-huit secondes après vingt-trois jours de mer, ce qui ne s'était encore jamais vu. La navigatrice française Florence Arthaud* a été la première femme à gagner cette épreuve.

Solitaire du Figaro

Cette course se dispute chaque année sur des monotypes depuis 1970. Elle compte pour le titre de champion de France. Son parcours a évolué depuis sa première édition, mais il s'agit toujours d'une course au large. En 2002, elle comportait quatre étapes : Boulogne-sur-Mer – Crosshaven (437 milles), Crosshaven – Les Sables-d'Olonne (439 milles), Les Sables-d'Olonne – Gijón (350 milles), Gijón – Cherbourg/Octeville (465 milles). Au total, le parcours est de 1 691 milles (3 131 km). Les bateaux étant identiques, le vainqueur est celui qui franchit le premier la ligne d'arrivée, formule qui plaît beaucoup au grand public. Au cours de ses trente-trois années d'existence, la Solitaire du Figaro s'est affirmée comme une course mythique de réputation internationale.

Sponsor

Ce terme désigne la personne, et par extension l'entreprise, qui soutient financièrement un concurrent, une équipe ou une manifestation sportive. L'Académie désapprouve l'emploi de cet anglicisme. Elle a forgé le néologisme « sponseur », mais ce mot n'ayant pas eu un grand succès, le terme sponsor s'est solidement implanté dans le langage courant.

Le consommateur achètera-t-il plus volontiers un produit qui s'affiche sur le maillot d'un athlète ? Les sponsors en sont apparemment convaincus, car le sport est aujourd'hui indissociable

▲ Disputée chaque année depuis 1970, la Solitaire du Figaro est un événement qui attire un public toujours plus large.

La générosité d'un sponsor est une condition nécessaire, mais non suffisante pour être le premier à franchir la ligne d'arrivée, ce que le chroniqueur québécois **Jean Dion** a résumé par cette amusante formule : *« Dans le sport professionnel actuel, il est deux certitudes : sans fric, on ne va nulle part, mais avec du fric, on ne va pas nécessairement quelque part. »* (Journal québécois Le Devoir – 7 décembre 1999.)

de la publicité. La course à la voile n'échappant pas à la règle, les bateaux sont désormais recouverts de slogans vantant des produits qui n'ont pas toujours de rapport direct avec la mer. Pour bénéficier de la meilleure couverture médiatique, le sponsor aura tout intérêt à privilégier les skippers les plus célèbres. Les autres devront lui prouver qu'ils ont des chances de se classer en tête, ce qui fait de la « course au sponsor » une entreprise souvent plus difficile que la compétition elle-même.

Le sponsor ne doit pas être confondu avec le « mécène », nom que l'on donne à celui qui soutient financièrement un projet culturel. Pas plus que le sponsor, le mécène ne peut toutefois être considéré comme un philanthrope, car sa démarche vise uniquement à accroître la notoriété de son entreprise.

Sydney-Hobart

Cette course très populaire en Australie a été créée en 1945 par l'Anglais John Illingworth. Elle se déroule tous les ans, le départ étant traditionnellement fixé au 26 décembre. Le parcours est de 630 milles (1 170 km environ). Les concurrents partent du port de Sydney et rejoignent Hobart, au sud-est de l'île de Tasmanie, en ligne directe. Disputée dans les « quarantièmes rugissants », la course Sydney-Hobart a connu en 1998 une tragédie comparable à celle du Fastnet* en 1979. Là aussi, les concurrents ont dû affronter une mer de niveau 9 et des vents de force 10. Six marins sont morts noyés, sept bateaux ont été abandonnés et beaucoup d'autres ont subi de sévères avaries*. Ce bilan aurait été certainement beaucoup plus lourd si le gouvernement australien n'avait pas immédiatement mis en œuvre la totalité de ses moyens de sauvetage*. Malgré des conditions météorologiques épouvantables, les marins et les aviateurs australiens ont sauvé cinquante-cinq concurrents, dont cinq par hélicoptère. Cette édition catastrophique n'a pas mis fin à la Sydney-Hobart, qui reste l'une des compétitions favorites du public.

The Race

Créée par le Français Bruno Peyron*, cette course sans escale autour du monde est originale par son règlement simplifié. Tous les voiliers y sont en effet admis, monocoques comme multicoques. Les matériaux de construction*, le poids et les dimensions sont libres, ce qui permet aux architectes navals de travailler sans aucune contrainte. Il est donc très probable que les innovations apportées à ces coursiers des océans auront des retombées sur les yachts de série. La seule condition préalable à l'inscription est d'effectuer une traversée océanique à une vitesse moyenne supérieure ou égale à 20 nœuds (37 km/h environ). Trois épreuves de qualification sont prévues : New York au cap Lizard (au sud-ouest de l'Angleterre), Los Angeles à Honolulu, Hawaii et Yokohama à San Francisco. Imaginée par Bruno Peyron, The Race, « la course » en français, est la plus récente de toutes les grandes compétitions à la voile. Sa première édition de 2000-2001 a rassemblé sept participants et le *Club Med* du skipper Grant Dalton a été le premier à franchir la ligne d'arrivée (détroit* de Gibraltar).

Tour de France à la voile

Créée en 1978 par l'éditeur Bernard Decré, cette course inspirée du Tour de France cycliste se déroule le long des côtes de la Manche, de l'Atlantique et de la Méditerranée. Le parcours varie peu. En 1999, il comporte onze étapes représentant une distance totale de 1 150 milles (2 130 km environ). Les concurrents partent de Scheveningen en Hollande pour rejoindre La Rochelle avec des escales à Ostende (Belgique), Dieppe, Granville, Saint-Quay-Portrieux, Brest et Pornichet. De La Rochelle, les bateaux sont transportés par voie de terre à Saint-Cyprien. Les concurrents mettent alors à la voile pour Saint-Raphaël en faisant escale à La Grande-Motte, à Bandol et au Lavandou. En 1979, la course se disputait sur des monotypes « First 30 » loués aux concurrents. Le « Jeanneau One Design » a pris la suite en 1981 avant d'être remplacé par le « Mumm 30 » en 1999. Bien que le tour de France à la voile soit une épreuve sportive de haut niveau, le système de location des bateaux permet à des concurrents peu fortunés de participer. C'est l'occasion pour un skipper inconnu de se faire remarquer par un sponsor et donc d'avoir accès au monde de la course professionnelle.

▲ **Avec son règlement simplifié, The Race est indéniablement la course qui exige le plus des bateaux et des équipages.**

Transat Jacques Vabre

Cette course disputée tous les deux ans suit le parcours mythique de l'ancienne route du café entre Le Havre et Cartagena en Colombie. Il s'agit d'une compétition « en double », c'est-à-dire avec seulement deux « coskippers » par bateau. Le navigateur français Loïck Peyron* estime que « la difficulté est que l'on a tendance à mener le bateau à fond, comme en équipage, alors qu'on n'est que deux solitaires ».

Comme beaucoup de courses au large, la Transat Jacques Vabre est récente puisque sa première édition remonte à 1993. Elle se courait alors en solitaire et elle a été gagnée par le Français Yves Parlier en 18 jours, 23 h et 38 min. En 1995, les organisateurs ont adopté le nouveau concept de la course en double. Comme il fallait s'y attendre, le record précédent a été littéralement pulvérisé, les Français Paul Vatine et Roland Jourdain ayant effectué la traversée en 14 jours, 12 h et 25 min.

La Transat Jacques Vabre oppose des multicoques et des monocoques, mais les premiers, plus rapides, bénéficient d'une meilleure couverture médiatique. Pour relancer l'intérêt de la course, les organisateurs ont décidé en 1999 de décaler les départs de vingt-quatre heures, les monocoques partant les premiers. De plus, les multicoques auront à effectuer un parcours plus long (5 520 milles

contre 4 419 pour les monocoques). En adoptant cette formule qui existait déjà pour d'autres grandes courses océaniques, les organisateurs ont voulu faire en sorte que le bateau vainqueur en temps compensé soit celui qui franchisse en premier la ligne d'arrivée. Le public a toutefois du mal à comprendre ce système dont la complexité est parfois déconcertante. La Transat Jacques Vabre n'en reste pas moins une épreuve fort intéressante qui n'a pas fini de passionner les amateurs des grandes courses à la voile.

Transpacifique Après avoir franchi l'isthme de Panamá en 1513, le conquistador Balboa a découvert un océan qu'il a baptisé « Pacifique ». Ce nom ne pouvait être plus mal choisi pour désigner l'océan le plus redoutable de la planète. C'est pourtant sur cette immense étendue d'eau que dès 1906, des amateurs passionnés ont décidé d'organiser une course entre la côte ouest des États-Unis et Hawaii. La première édition sera complètement éclipsée par le grand tremblement de terre de San Francisco, mais les suivantes connaîtront un succès grandissant. La « Transpac », comme l'appellent les marins, se court tous les deux ans, les bateaux les plus lents partant les premiers, parfois une semaine avant les plus rapides. Comme la plus grande partie du parcours se fait aux allures* portantes, les architectes navals ont été amenés à développer des bateaux conçus pour le vent arrière. Le *Sled* de l'architecte californien Bill Lee illustre parfaitement cette philosophie. Très légers et fortement voilés, les bateaux de cette classe atteignent facilement 20 nœuds (37 km/h environ) en glissant sur la houle*. De telles performances exigent bien évidemment l'attention soutenue du barreur*, mais la Transpac n'est pas précisément une course de débutants. Le « trophée perpétuel du Transpacific Yacht Club » est familièrement appelé « Barn Door » (portail de grange). Il est décerné au monocoque le plus rapide en temps réel.

Comme tous les sportifs professionnels, les concurrents des courses à la voile mettent tout en œuvre pour gagner. *« En d'autres mots, c'est la guerre, les fusils en moins. »* **George Orwell.**

Trophée Jules Verne Imaginée par le skipper français Yves Le Cornec, cette course contre la montre a débuté en 1993. Il s'agit d'effectuer un tour du monde en quatre-vingts jours ou moins, les concurrents partant et arrivant dans la Manche entre le cap Lizard au sud-ouest de l'Angleterre et l'île d'Ouessant. Le Trophée Jules Verne n'est pas une compétition entre bateaux puisque chaque concurrent peut prendre le départ au moment qui lui convient. La course n'en reste pas moins extraordinairement populaire, car elle attire les skippers les plus célèbres. Au cours de l'édition 1993, le Français Bruno Peyron sur *Commodore Explorer* a légèrement amélioré le record de Phileas Fogg, le héros fictif de Jules Verne, en bouclant le tour du monde en 79 jours, 6 h, 15 min et 56 s. L'année suivante, le Néo-Zélandais Sir Peter Blake* et le Britannique Robin Knox-Johnson sur *Enza New Zealand* sont parvenus à ramener ce temps à 74 jours, 22 h et 17 min. Ce record sera pulvérisé en 1997 par le Français Olivier de Kersauson* qui effectuera le tour du globe avec *Sport-Elec* en 71 jours, 14 h et 18 min.

Vendée Globe Challenge Cette course de 22 700 milles (42 000 km environ) est un tour du monde en solitaire sans escale et sans assistance qui a lieu tous les quatre ans. Les concurrents partent des Sables-d'Olonne, descendent l'océan Atlantique, contournent l'Antarctique et remontent l'Atlantique jusqu'aux Sables-d'Olonne où se trouve la ligne d'arrivée. Les bateaux admis à participer sont des monocoques de 18 m de long au maximum. Leurs performances sont très comparables et la victoire résulte toujours d'un subtil dosage de compétence, de résistance physique et de chance. Le Vendée Globe Challenge est en effet la course la plus dure qui soit, chaque concurrent étant amené à rencontrer successivement les calmes équatoriaux et les conditions extrêmes des mers du Sud.

La première édition s'est déroulée en 1989-1990. Elle réunissait treize participants dont sept seulement ont terminé la course. En 1991-1992, le Vendée Globe Challenge était endeuillé par les disparitions de l'Américain Mike Plant et du Britannique Nigel Burgess. Pendant la course de 1996-1997, l'aviation navale et la marine australienne parviendront à sauver d'extrême justesse le Fran-

◄ **Talonné par le *Kingfisher* d'Ellen MacArthur, Michel Desjoyaux parviendra néanmoins à remporter une très belle victoire dans l'édition 2000-2001 du Vendée Globe Challenge. Son bateau portait le nom très marin de PRB, initiales de l'entreprise « Produits de revêtement bâtiments » !**

çais Thierry Dubois et le Britannique Tony Bullimore. L'édition 2000-2001 sera heureusement moins dramatique. Elle verra la victoire du Français Michel Desjoyaux, devant Ellen MacArthur*, une jeune navigatrice britannique alors peu connue du grand public.

Volvo Challenge

Cette course autour du monde en équipage a été créée par la Royal Navy, c'est-à-dire la marine de guerre britannique, en 1973 et elle portait alors le nom de son sponsor, le célèbre brasseur anglais Whitbread. Sa première édition comportait quatre étapes. Les concurrents partaient et arrivaient à Portsmouth en faisant escale au Cap (Afrique du Sud), à Sydney (Australie) et à Rio de Janeiro (Brésil). Cette première « Whitbread » a malheureusement été endeuillée par la mort de trois concurrents, le Français Dominique Guillet et les Britanniques Paul Waterhouse et Bernie Hosking. Disputée dans des conditions extrêmes, la course est l'une des plus dures qui soient, les bateaux glissant à des vitesses dépassant parfois 30 nœuds (55 km/h) sur la longue houle des mers du Sud. Aussi de nombreux concurrents affirment-ils régulièrement que cette course est pour eux la dernière… avant de s'inscrire pour l'édition suivante !

Au fil des ans, le parcours de la Whitbread a été modifié. En 1997-1998 le départ et l'arrivée se sont faits à Southampton avec des escales au Cap, à Fremantle (côte ouest de l'Australie), Sydney (côte est de l'Australie), Auckland (Nouvelle-Zélande), São Sebastião (Brésil), Fort Lauderdale (Floride, USA), Baltimore (côte est des USA) et La Rochelle (France). À l'issue de cette édition 1997-1998, les droits de sponsoring ont été rachetés par le constructeur automobile suédois Volvo et la Whitbread est devenue le Volvo Challenge.

·X·

Quelques femmes et hommes de mer

Ils défendent leur pavillon* national ou plus prosaïquement les couleurs d'un sponsor*. Il leur arrive aussi de rechercher l'aventure pour elle-même. Leurs vies sont des romans dans lesquels tout est vrai, y compris l'incroyable. Par leurs exploits hors du commun, ces femmes et ces hommes de mer* sont entrés dans la légende. Comme nous ne pouvions les citer tous, nous nous sommes contentés de baliser le cours de l'histoire par des choix forcément arbitraires. Retour sur quelques-unes des fabuleuses aventures de la marine*.

PAGE PRÉCÉDENTE : Ellen MacArthur a été la révélation du Vendée Globe Challenge, édition 2000-2001. Cette jeune navigatrice possède une formidable énergie qui lui a permis de se classer seconde de la course.

Aboville *Gérard (d')* On donnait autrefois le nom de bonne-voglie à un galérien volontaire et si Gérard d'Aboville n'a pas réintégré cet ancien terme dans notre vocabulaire maritime, il n'en est pas moins l'auteur de deux exploits remarquables. En 1980, il traverse l'Atlantique *à la rame* en soixante et onze jours, avec le *Capitaine Cook*, un modeste canot* de 5,60 m. Bien qu'il ne soit pas le premier à avoir accompli cette performance, les médias en font une vedette. En 1991, il entreprend de traverser l'océan Pacifique d'Ouest en Est, toujours à la rame, ce que personne n'avait jamais fait avant lui. Parti le 11 juillet du petit port* japonais de Chosi à 300 km de Tokyo, il atteint Ilwaco (État de Washington) le 21 novembre, après une navigation* ponctuée de plusieurs chavirements. Très attaché à la préservation du patrimoine, Gérard d'Aboville est nommé en 1997 président de la Fondation du patrimoine maritime et fluvial. Il exerce également un mandat de député européen.

Anderson *William R.* Le 23 juillet 1958, le sous-marin* nucléaire américain USS (United States Ship) *Nautilus* (SSN-571) quitte Pearl Harbor (Hawaii) avec cent seize officiers et hommes d'équipage*. Son commandant*, le capitaine de vaisseau* William R. Anderson, a reçu des ordres secrets classés sous le nom de code « opération Sunshine ». Le 3 août à 11 h 15, il annonce à son équipage : « Pour le monde, notre patrie et la marine, nous sommes au pôle. » Son message à l'amirauté est plus laconique : « *Nautilus*, 90° nord. » Anderson et ses hommes sont les premiers à avoir atteint le pôle Nord en naviguant sous la banquise.

Quatorze marins de l'équipage de William Bligh ont été capturés à Tahiti, deux ans après la mutinerie de la *Bounty*. La frégate *Pandora* qui les ramenait en Europe ayant fait naufrage, quatre d'entre eux n'ont pu se libérer de leurs fers et ont péri noyés dans la catastrophe. Les dix autres ont rejoint l'Angleterre où ils ont été jugés. La Cour martiale a prononcé six condamnations à mort et quatre acquittements. Trois condamnés à mort ont bénéficié d'une grâce royale. Les trois autres ont été pendus.

Arthaud *Florence* Fille d'un célèbre éditeur, Florence Arthaud navigue depuis son plus jeune âge et en 1990, elle est la première femme à remporter la Route du rhum*. Cette même année, elle pulvérise le record de la traversée de l'Atlantique en 9 jours, 21 h et 42 min. Femme de mer accomplie, Florence Arthaud est célèbre pour son courage et son opiniâtreté. Elle est avec le navigateur Yves Le Cornec, l'une des initiatrices du Trophée Jules Verne*.

Autissier *Isabelle* En 1987, cette jeune navigatrice remporte la première étape de la Mini-Transat* et se classe troisième de la course. Elle connaît ensuite une période de malchance avec un démâtage dans le BOC Challenge (actuelle Around Alone*) de 1990-1991 et un naufrage* dans l'édition suivante (1994-1995). L'année d'après, une avarie* l'oblige à relâcher au Cap, ce qui entraîne sa disqualification du Vendée Globe Challenge* au moment où elle tenait la deuxième place de la course. Entre-temps, Isabelle Autissier effectue le parcours New York-San Francisco en 62 jours, 5 h et 55 min, battant le précédent record de plus de quatorze jours.

Barr *Charles* Cet Écossais établi aux États-Unis est le premier skipper* a avoir étudié les règlements des courses dans leur moindre détail pour en tirer le maximum d'avantages. Il est également le premier à avoir décomposé chaque manœuvre, ce qui lui a permis d'optimiser l'entraînement de son équipage. Cette méthode, inédite à l'époque, est à l'origine de ses trois victoires dans la Coupe de l'America* (1899 et 1901 avec *Columbia* et 1903 avec *Reliance*). En 1905, il traverse l'Atlantique en 12 jours, 4 h, 1 min et 19 s. Ce record ne sera battu qu'en 1980 par Éric Tabarly*.

Bart *Jean* Ce Dunkerquois né en 1650 fait ses débuts comme mousse à l'âge de 15 ans. On le retrouve capitaine corsaire en 1672 et cinq ans plus tard, il a pris ou détruit près de 670 navires hollandais. Ses exploits lui valent d'être admis dans la Marine royale (1679), mais en 1686, il se fait capturer par les Anglais. Emprisonné à Plymouth, il s'évade et rejoint la France en traversant la Manche dans un petit canot.

Il se distingue à la bataille de Bézeviers (1690), force le blocus de Dunkerque et mène plusieurs campagnes de course très fructueuses en Manche et en mer du Nord. Le 29 juin 1694, devant le Texel, il reprend aux Hollandais un grand convoi de navires marchands chargés de blé. Cet exploit lui vaut d'être anobli et nommé chef d'escadre deux ans plus tard. Bien que pour l'essentiel, sa

carrière se soit déroulée dans la Marine royale, Jean Bart laisse le souvenir d'un corsaire qui a su habilement utiliser des navires de guerre contre le commerce ennemi. Son nom a été porté par plusieurs bâtiments de la Marine nationale.

Baudin *Nicolas* Ce marin* explorateur est né à l'île* de Ré en 1754. Il navigue d'abord au commerce avant d'entrer dans la marine de guerre en 1786. Passé au service de l'Autriche, il se rend à deux reprises aux Indes orientales d'où il rapporte une importante collection de plantes pour les jardins de Schönbrunn. À son retour en France, il réintègre la marine avec le grade de capitaine de vaisseau et en 1800, il est chargé par Bonaparte d'explorer l'Australie. L'expédition comprend un état-major d'élite et de nombreux savants qui s'entassent sur les corvettes* le *Géographe* et le *Naturaliste*. Baudin atteint le continent australien en juin 1801. Il explore longuement les côtes* ouest et sud dont il dresse les cartes*, puis il gagne Sydney où il complète ses approvisionnements. Le *Naturaliste* est alors renvoyé en France avec les collections déjà constituées cependant que le *Géographe* poursuit sa campagne d'exploration. En rentrant en Europe, Baudin meurt d'épuisement (16 septembre 1803) lors d'une relâche à l'île de France (aujourd'hui île Maurice). La relation de son voyage est publiée par Péron et Freycinet* dans un ouvrage qu'utilisera Darwin.

Blake *Sir Peter* Né en 1948 à Auckland (Nouvelle-Zélande), Peter Blake a consacré sa vie à la course à la voile. Vainqueur du Fastnet* et de la course Sydney-Hobart*, ce marin d'exception participe également à l'Admirals Cup. En 1985, il remporte le tour d'Australie et gagne les six étapes de la Whitbread (actuelle Volvo Challenge*). Ce brillant palmarès s'enrichit d'un record dans le Trophée Jules Verne de 1994, Peter Blake effectuant avec son coéquipier Knox-Johnston le tour du monde en 74 jours, 22 h et 17 min. Anobli par la reine d'Angleterre, Sir Peter Blake est fait chevalier de l'Empire britannique. En 1995, il remporte la Coupe de l'America sur le voilier néo-zélandais *Black Magic*. Fervent défenseur de l'environnement, il organise une expédition scientifique en Amérique latine avec *Seamaster*, un voilier d'exploration polaire qu'il a acheté en 1999. Il meurt à son bord, assassiné par des pirates* à Macapa en Amazonie, le 6 décembre 2001.

Blight *William* En décembre 1787, ce lieutenant de la Royal Navy reçoit le commandement du HMS (His Majesty Ship) *Bounty**, transport converti en navire d'exploration. Blight doit se rendre à Tahiti pour prendre des plants d'arbres à pain qu'il amènera aux Antilles. Au cours du voyage retour, son second*, Fletcher Christian, avec qui il entretient de mauvaises relations, prend la tête d'une mutinerie. Blight est jeté avec dix-huit marins dans la chaloupe* du bord. Dans des conditions extrêmement difficiles, il parviendra à rallier le comptoir hollandais de Timor après avoir réalisé l'incroyable exploit de parcourir 3 618 milles (6 700 km) à bord de cette minuscule embarcation.

Bombard *Alain* En 1952, ce jeune médecin traverse l'Atlantique en solitaire à bord d'un petit canot pneumatique nommé l'*Hérétique*. L'originalité de cette traversée est que le navigateur se place dans la position d'un « naufragé volontaire », ce qui sera le titre du livre écrit après son expérience. Bombard ne se nourrit en effet que du poisson qu'il pêche et c'est l'eau de pluie* qui le désaltère. Il démontre également qu'un naufragé peut boire de l'eau de mer en petite quantité, ce qui était formellement proscrit à l'époque. Les enseignements tirés de son expérience sont toujours d'actualité. Ils sont inclus dans le programme des cours de survie dispensés aux marins et aux aviateurs.

Bougainville *Louis-Antoine (de)* Le 5 décembre 1766, Bougainville quitte Brest avec la frégate* la *Boudeuse* et la flûte* l'*Étoile* pour un voyage autour du monde. Après une traversée sans histoire de l'océan Atlantique, il entre dans le Pacifique

▼ Bougainville, dessin et gravure de Boilly. Comme tous les marins-explorateurs de son temps, Louis-Antoine de Bougainville a rapporté de son expédition, une importante collection de minéraux, de fossiles et de végétaux. Son nom a été donné à une plante grimpante originaire d'Amérique, aux larges bractées rouge violacé ; la bougainvillée est une plante d'ornement.

◄ **Isabelle Autissier durant le Vendée Globe 1996 (Octobre 1996).**

en passant par le détroit* de Magellan. En avril 1768, il fait escale* à Tahiti, puis il explore les Nouvelles-Hébrides, les îles Salomon, la Nouvelle-Irlande et la Nouvelle-Guinée. Rentré en France en passant par l'océan Indien, il débarque à Saint-Malo le 16 mars 1769. Bougainville est le premier circumnavigateur* français.

Bourgnon *Laurent* Ce navigateur de l'extrême s'est fait connaître en ralliant la France métropolitaine aux Antilles à bord d'un « Hobbie Cat », minuscule catamaran que l'on utilise habituellement pour régater non loin de la côte. À vingt-six ans, il affiche un brillant palmarès avec des victoires dans la Course de l'Europe (1991), La Baule-Dakar (1991), Québec-Saint-Malo (1992) et la Transat en double (1992). En 1994, il remporte la Route du rhum avec une traversée de 14 jours, 6 h, 28 min et 29 s, record qu'il améliore dans l'édition 1998 de cette course en franchissant l'Atlantique en 12 jours, 8 h, 41 min et 6 s. Travaillant avec une équipe de médecins spécialistes, Laurent Bourgnon a mis au point une méthode qui lui permet de tomber immédiatement dans un sommeil profond qu'il divise en phases de courtes durées. Cette « gestion de la fatigue » lui permet d'accumuler les victoires dans les grandes courses océaniques en solitaire.

« Christophe Colomb découvrit en 1492 une route aisée & quand on le voit s'élever jusqu'au 25ᵉ degré de latitude nord, pour saisir ce vent d'est qui règne ordinairement entre les tropiques, & aller ensuite presque en droite ligne à l'île de Saint-Domingue, on seroit tenté de croire qu'il savoit cette route d'avance. Aussi les Espagnols, par une ingratitude véritablement monstrueuse, ont-ils voulu priver ce grand homme, qui n'étoit pas né en Espagne, de la gloire de sa découverte, en débitant à cette occasion des fables puériles & contradictoires. »
Encyclopédie de **Diderot** et **d'Alembert.**

Cartier *Jacques* En 1534, ce malouin effectue un voyage à Terre-Neuve et à l'embouchure* du fleuve Saint-Laurent. L'année suivante, il repart pour la même destination avec trois vaisseaux, la *Grande Hermine* (navire amiral), la *Petite Hermine* et l'*Émerillon*. Après avoir remonté le Saint-Laurent jusqu'à Mont-Royal (qui par la suite deviendra Montréal), il hiverne sur place et retourne à Saint-Malo avec dix Indiens. Son troisième voyage lui permet de poursuivre son exploration du Saint-Laurent. Jacques Cartier est considéré comme le « père » du Canada français.

Chichester *Sir Francis* Cet ancien aviateur commence à naviguer à l'âge de quarante-neuf ans sur un petit voilier acheté d'occasion. Atteint d'un cancer dix ans plus tard, il décide de consacrer le temps qui lui reste à vivre à assouvir sa passion pour la voile. En 1960, il remporte la première édition de la Transat britannique en traversant l'Atlantique en 40 jours, 12 h et 30 min. Mais le plus extraordinaire est son tour du monde en solitaire avec une seule escale à Sydney (1966). Pour cet exploit, la reine d'Angleterre le fait Lord avec l'épée de Sir Francis Drake*. Rattrapé par la maladie, Sir Francis Chichester meurt en 1972.

Colas *Alain* Ce très grand homme de mer découvre la voile à l'âge de vingt-deux ans. Il parvient à se faire accepter comme équipier d'Éric Tabarly, avec lequel il participe à la course Sydney-Hobart à bord de *Pen Duick III*. En 1972, il remporte la cinquième édition de la Transat en solitaire sur *Pen Duick IV* qu'il a racheté à Tabarly. L'année suivante, il effectue un tour du monde avec le même bateau rebaptisé *Manureva*. Le 3 février 1974, il rejoint son point de départ après avoir battu de trente-deux jours le record détenu par Sir Francis Chichester*.

Handicapé par un accident au cours duquel il a la cheville sectionnée, il prend néanmoins le départ de la Transat 1976 sur *Club Méditerranée*, un gigantesque voilier qui sera plus tard converti en yacht* de luxe sous le nom de *Phocéa*. Alain Colas ne parviendra toutefois pas à gagner cette course qui sera remportée par Éric Tabarly. Il disparaît en mer le 16 novembre 1978 avec *Manureva* lors de la première édition de la Route du rhum.

Colomb *Christophe* Ce navigateur génois au service de l'Espagne n'est probablement pas le premier à avoir découvert l'Amérique, mais c'est lui qui l'a révélée aux Européens. Il ne cherchait pourtant pas à découvrir un nouveau continent, puisque son expédition avait uniquement pour objet de trouver une route* plus courte pour rejoindre les Indes. Le 12 octobre 1492, il prend pied sur une île qu'il croit proche du continent asiatique et quand il rentre en Espagne, il est convaincu d'être allé en Chine ! L'erreur sera découverte plus tard et c'est peut-être pour cela que le Nouveau Monde ne porte pas son nom.

▲ **Alain Colas en 1977, à la barre du *Club Méditerranée*, quatre-mâts de 72 m. Colas disparaît en 1978 à bord du *Manureva*.**
En son hommage, Alain Chamfort a composé avec Serge Gainsbourg et J.-N. Chaleat (Éditions Marouani - 1979), une chanson dont voici quelques paroles :
« Manu Manureva
« Où es tu Manu Manureva
« Bateau fantôme toi qui rêvas
« Des îles et qui jamais n'arrivas
« Là-bas. »

Conner *Dennis*

Sportif de haut niveau, cet homme d'affaires californien débute sa carrière de navigateur en remportant cinq titres mondiaux en monotype*, dont deux championnats du monde et une médaille de bronze aux Jeux olympiques de 1976. Deux ans plus tôt, il s'était fortement impliqué dans la Coupe de l'America en faisant de cette course, un événement médiatique majeur. Vainqueur en 1980, il abandonne la coupe aux Australiens en 1983. Il la leur reprend en 1987 et la conserve jusqu'en 1995, année où il se la fait ravir par les Néo-Zélandais. Bien qu'il ait été le premier Américain à perdre la Coupe de l'America, Dennis Conner est extrêmement populaire aux États-Unis. Son nom est étroitement associé à l'histoire de ce trophée.

Cook *James*

Cet autodidacte a gravi tous les échelons de la hiérarchie* avant de recevoir le commandement de l'*Endeavour*, un ancien navire charbonnier converti en bâtiment d'exploration. Parti de Plymouth le 26 août 1768, Cook rejoint l'océan Pacifique et après avoir relâché à Tahiti, il découvre les îles de Huahine, Maupiti et Bora Bora. Il explore ensuite la Nouvelle-Zélande et la côte est de l'Australie. À son retour en Angleterre, il est promu capitaine de vaisseau et l'amirauté le désigne pour un second voyage. Le 13 juillet 1772, il repart avec la *Resolution* et l'*Adventure* pour un périple de trois ans au cours duquel il descend jusqu'à la banquise. Un troisième voyage avec la *Resolution* et la *Discovery* (1775) le conduit de l'océan Indien à l'océan Pacifique. Remontant la côte ouest du continent américain, l'explorateur cherche vainement un passage au nord de l'Alaska, puis il regagne Hawaii où il est tué par des indigènes, le 14 février 1779. Cook laisse derrière lui une œuvre scientifique immense à laquelle se référeront tous les marins explorateurs à venir.

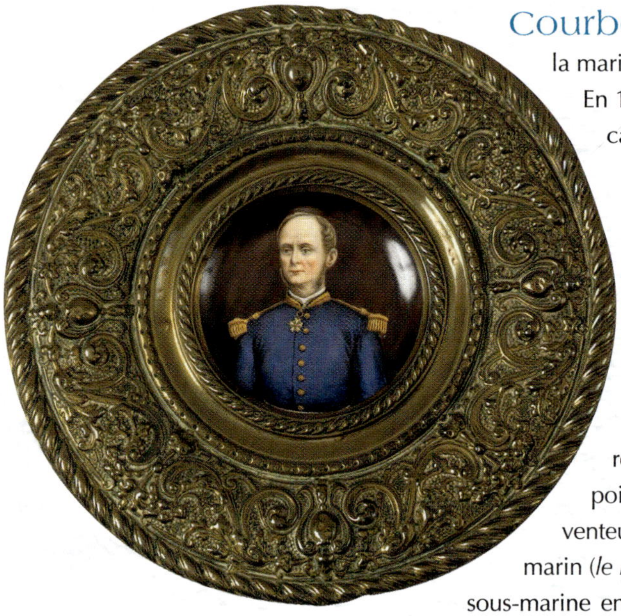

▲ Ce portrait en médaillon de l'amiral Courbet nous semble aujourd'hui du plus parfait mauvais goût, mais de telles « œuvres d'art » étaient très appréciées à l'époque. Dans un style qui était celui de la fin du XIXe siècle, l'artiste anonyme s'est efforcé de mettre en valeur ce grand marin de la période coloniale.

Courbet ***Amédée*** À sa sortie de l'École polytechnique, ce futur amiral* choisit la marine. Embarqué sur la *Capricieuse*, il effectue un voyage de circumnavigation (1852). En 1866, il est chargé d'étudier les torpilles* dont la guerre de Sécession a révélé l'efficacité. La qualité de ses travaux lui vaut d'être nommé commandant de l'École des torpilles de Boyardville (1874). Contre-amiral en 1880, il commande la division navale d'essais à Cherbourg, puis l'escadre des mers de Chine (1883). Aussi brillant diplomate qu'il est fin marin, Courbet rétablit la paix au Tonkin. Il dirige ensuite une remarquable opération contre le port de Fou-Tcheou, détruisant une partie de la flotte* chinoise. Épuisé, il meurt le 11 juin 1885 à bord du *Bayard*.

Cousteau ***Jacques-Yves*** En 1943, cet officier de marine en congé d'armistice effectue plusieurs plongées en « apnée », c'est-à-dire sans appareil respiratoire. En collaboration avec l'ingénieur Gagnan, il parvient à mettre au point un scaphandre* autonome. Une caméra sous-marine, dont il est également l'inventeur, lui permettra de faire découvrir au public l'extraordinaire beauté du monde sous-marin (*le Monde du silence*,1955). En 1950, Cousteau se consacre entièrement à l'exploration sous-marine en réalisant, avec son navire océanographique la *Calypso*, de brillantes campagnes scientifiques. Écrivain et cinéaste talentueux, il laisse une œuvre considérable. Cousteau a également été un défenseur acharné de l'environnement, au point d'avoir mérité le surnom de « captain planet ».

Coutts ***Russell*** Le grand public découvre ce navigateur néo-zélandais en 1981 lorsqu'il remporte les championnats du monde en monotype. Trois ans plus tard, il obtient une médaille d'or aux Jeux olympiques de Los Angeles. Enchaînant les succès, il devient barreur* du voilier néo-zélandais *Black Magic* en 1995. Après avoir ravi la coupe aux Américains, il la défend victorieusement avec *Team New Zealand* en 2000, puis en 2003, il est à la barre* d'*Alinghi*, le voilier suisse qui ramènera pour la première fois le trophée en Europe.

Dönitz ***Karl*** Né en 1891, cet officier de marine commande un sous-marin pendant la Première Guerre mondiale, puis à la suite de la dénonciation du traité de Versailles par Hitler (1935), il est nommé commandant en chef de la flotte sous-marine allemande (1936). Il propose un ambitieux programme de construction de trois cents sous-marins qui ne sera jamais réalisé, la priorité étant donnée aux grands bâtiments de surface. L'Allemagne entre donc en guerre avec quarante sous-marins, chiffre notoirement insuffisant, et il faut attendre l'année 1942 pour que Dönitz dispose des effectifs souhaités. Il inaugure alors la *Rudeltaktik* (tactique de meutes) qui consiste à regrouper plusieurs submersibles pour les faire attaquer en groupe. Grâce à cette méthode, Dönitz parvient presque à couper les lignes de ravitaillement ennemies, mais à partir de mars 1943, les Alliés reprennent l'avantage en équipant leurs escorteurs et leurs avions de radars. Malgré la mise en service de nouveaux bâtiments plus performants, la guerre sous-marine est perdue pour l'Allemagne. Successeur désigné par Hitler, Dönitz endosse la capitulation du Reich. Arrêté le 23 mai 1945, il est traduit devant le tribunal de Nuremberg qui le condamne à dix années d'emprisonnement. Il passera le reste de sa vie à justifier le rôle de ses sous-mariniers au cours du conflit.

Drake ***Sir Francis*** Né en 1540, cet aventurier débute dans la contrebande, puis en 1572-1573, il s'en prend aux établissements espagnols du Nouveau Monde. En 1577, il monte une nouvelle expédition au cours de laquelle il franchit le cap Horn et remonte la côte ouest de l'Empire espagnol en capturant des navires chargés d'or et en pillant les localités du littoral. Se doutant que ses adversaires vont tenter de l'intercepter sur la route du retour, il déjoue leurs manœuvres en faisant le tour du monde pour rentrer en Angleterre. Il y est accueilli en héros et le 4 avril 1581, la reine Élisabeth Ire le fait chevalier. Sa participation à la lutte contre l'Invincible Armada (1588) fera définitivement entrer Sir Francis Drake dans la légende.

Duguay-Trouin *René* Quand il est anobli en 1709, ce corsaire* malouin navigue depuis l'âge de seize ans et il a déjà à son actif la capture de seize navires de guerre et de plus de trois cents bâtiments de commerce. Son plus bel exploit est l'attaque de Rio de Janeiro en 1711. Commanditée par un groupe d'armateurs* de Saint-Malo auquel s'est joint le comte de Toulouse, l'expédition réunit dix-sept navires et six mille cinq cents hommes. Elle débouche sur un succès complet avec la capture de nombreux navires marchands et la remise d'une forte rançon. Duguay-Trouin terminera sa carrière comme lieutenant général de la marine royale, mais il laisse surtout le souvenir du corsaire le plus brillant de son époque.

Rentrant en Angleterre en suivant la route tracée par Magellan, Drake est accueilli par la reine Élisabeth Ire : « À genoux, Drake », lui intime-t-elle. Puis, après avoir frappé son épaule du plat de son épée, « Relevez-vous, Sir Francis ! »

Dumas *Vito* Parti de Buenos Aires le 27 juin 1942, ce navigateur argentin revient à son point de départ deux cent soixante-douze jours plus tard après avoir accompli le premier tour du monde en solitaire en doublant les trois caps* (cap Horn, cap de Bonne-Espérance et cap Leeuwin). Il est considéré comme l'un des plus grands précurseurs de la course au large en solitaire.

Dumont d'Urville *Jules* Cet officier de marine né en 1790 se distingue en convainquant l'ambassadeur de France à Constantinople d'acheter la Vénus qui venait juste d'être découverte à Milo. Promu lieutenant de vaisseau en août 1822, il embarque pour un voyage autour du monde sur la *Coquille* commandée par Duperrey. En 1826, il prend le commandement de ce même navire, rebaptisé l'*Astrolabe*, pour aller rechercher les vestiges de l'expédition La Pérouse* à Vanikoro. À son retour à Marseille en mars 1829, il ramène une moisson scientifique considérable, mais à cause de son caractère difficile, il se fait de nombreux ennemis. Il tombe alors en disgrâce et il devra attendre 1837 pour se voir confier la direction d'un troisième voyage de circumnavigation. Comme précédemment, l'expédition est un succès que couronnent une promotion au grade de contre-amiral et l'attribution de la médaille d'or de la Société de géographie. À la fois homme de mer, hydrographe*, ethnologue et naturaliste, Dumont d'Urville a raconté ses voyages dans plusieurs ouvrages.

Freycinet *Louis-Claude (de Saulces de)* Après un début de carrière sans histoire, cet officier de marine né en 1779 est affecté sur le *Naturaliste*, second navire d'une expédition que Nicolas Baudin* conduit aux terres australes (septembre 1800). Freycinet s'y montre brillant hydrographe et à son retour en France, il est chargé de toute la partie cartographique du voyage. En mai 1817, il reçoit le commandement de la corvette l'*Uranie* avec laquelle il doit effectuer une nouvelle expédition scientifique. Il prend avec lui une équipe de savants et après avoir discrètement embarqué son épouse, il quitte Toulon le 17 septembre 1817. Il fait alors successivement escale à Gibraltar, Santa Cruz de Tenerife, Rio de Janeiro, Le Cap, l'île de France (aujourd'hui île Maurice), la côte ouest de l'Australie, Timor, les Mollusques, Guam, Sydney et les îles Malouines où l'*Uranie* s'échoue. Sauvé par un baleinier* américain, Freycinet rachète ce navire à son capitaine et le rebaptise la *Physicienne*. Il rentre en France après avoir fait escale à Montevideo et à Rio de Janeiro. Le bilan de cette expédition, qui est le complément de celle de Nicolas Baudin, sera développé dans un ouvrage de quatorze volumes.

▲ **Aussi dur envers les autres qu'il l'est envers lui-même, Vasco de Gama est un capitaine opiniâtre et déterminé. Il le prouvera en osant affronter l'inconnu pour se rendre aux Indes. Sa navigation a été un modèle de précision.**

Gama *Vasco (de)* Le 8 juillet 1497, Vasco de Gama quitte Lisbonne avec deux nefs*, une caravelle* et un navire chargé de vivres*. Après une escale de ravitaillement aux îles du Cap-Vert, les quatre navires effectuent une large volta qui les ramènent au cap de Bonne-Espérance après trois mois de navigation. Les explorateurs entrent ensuite dans l'océan Indien et entreprennent de remonter la côte orientale de l'Afrique. L'accueil des indigènes est parfois amical, souvent hostile. À Mozambique, Vasco de Gama n'a que de la verroterie à offrir, ce qui provoque la colère du sultan. Même chose à Mombassa où les marins portugais doivent repousser une tentative d'abordage*. Accueil cordial en revanche à Malindi dont le sultan est l'ennemi juré de celui de Mombassa. Il fait à Vasco de Gama un cadeau sans prix en mettant à sa disposition un *Mu'allim Kanaka* (maître de la navigation) particulièrement habile qui conduit

► « Je suis tellement sûr que les Indiens ont traversé le Pacifique, que j'ai envie de construire un radeau du même genre et de faire le voyage pour prouver que c'est possible », avait déclaré l'archéologue norvégien Thor Heyerdahl. En 1947, il ralliait le Pérou aux îles Tuamotu à bord du *Kon-Tiki.*

la flotte portugaise à sa destination dans le temps record de vingt-deux jours. Le 20 mai 1498, les navires mouillent devant Calicut, six ans après qu'en cherchant la route des Indes, Colomb* ait par erreur découvert un monde nouveau. La voie maritime qui conduit aux vraies Indes appartient quant à elle au Portugal.

Gerbault ***Alain*** Aviateur pendant la Première Guerre mondiale, Alain Gerbault ne trouve pas sa place dans les Années folles qui font suite au conflit. En 1921, il achète le *Firecrest*, bateau lourd et malcommode à bord duquel il traverse l'Atlantique en cent un jours (1924). Poursuivant son voyage, il revient à son point de départ après avoir effectué le tour du monde. Devenu le premier circumnavigateur français en solitaire, il accède à la célébrité, ce que, de toute évidence, il n'apprécie guère. Quelques années plus tard, il repart à bord d'un cotre* auquel il a donné son propre nom. Il s'établit ensuite dans l'île de Bora Bora où il semble avoir eu quelques difficultés de voisinage avec les indigènes. Quand éclate la Seconde Guerre mondiale, il reprend la mer, apparemment sans but précis. Il meurt terrassé par les fièvres en 1941.

Heyerdahl ***Thor*** Auteur d'une théorie selon laquelle l'homme a hissé* une voile* avant d'enfourcher une selle, cet archéologue norvégien effectue en 1947 le parcours entre le port de Callao au Pérou et les îles Tuamotu à bord du *Kon-Tiki*, un radeau de balsa construit selon les anciennes techniques péruviennes. Vingt ans plus tard, il tente de traverser l'Atlantique à bord d'une embarcation de roseaux auquel il a donné le nom de *Râ*, mais son bateau se disloque peu avant l'arrivée. L'expérience suivante est plus concluante puisque *Râ II* effectue le voyage du Maroc aux Antilles sans problème. Ayant découvert que les bateaux de roseaux étaient en fait des navires de haute mer, Thor Heyerdahl fait construire *Tigris*, un bâtiment plus grand que *Râ* et *Râ II*. Parti de Bassora en Irak, il effectue un périple de cent quarante-trois jours qui le mène à Bahreïn au Sultanat d'Oman, au Pakistan et à Djibouti. Pionnier de l'archéologie navale expérimentale, Thor Heyerdahl a su faire partager sa passion à un très large public international.

▼ En 1997, Olivier de Kersauson bat le record du tour du monde sans escale. Il est incontestablement l'un des meilleurs skippers de notre époque, et un personnage très médiatique qui a su faire partager à des milliers de Français, sa passion pour les grandes courses à la voile.

Jeantot ***Philippe*** En 1983, ce jeune navigateur français remporte le BOC Challenge sur le voilier *Crédit agricole*. On le retrouve dans la Transat anglaise en 1984 où, après une semaine de course, il est victime d'un chavirement. Lors de la seconde édition du BOC Challenge (1987), Philippe Jeantot lutte au coude à coude avec son compatriote Titouan Lamazou. Ayant choisi une meilleure route, il parvient à se classer premier en améliorant son précédent record. Après ses deux victoires, il crée le Vendée Globe Challenge, dont la première édition se déroule en 1989-1990.

Kersauson ***Olivier (de)*** Très à l'aise devant les micros et les caméras, cet ancien élève d'Éric Tabarly est l'un des skippers les plus connus des Français. Mais même si quelques jaloux lui reprochent parfois de trop bien gérer son image, Olivier de Kersauson est un très grand homme de mer qui sait merveilleusement tirer le maximum de son bateau. C'est ainsi qu'en 1988-1989, il effectue un tour du monde en solitaire dans des conditions extrêmement difficiles, des avaries l'obligeant à relâcher au Cap et en Argentine. En 1997, il est parvenu à battre le record du Trophée Jules Verne en bouclant le tour du globe en 71 jours, 14 h, 22 min et 8 s.

◄ **Nicolas-André Monsiau (1754-1837) : *Le roi Louis XVI donnant ses instructions à La Pérouse pour son voyage autour du monde.***
Ce tableau est très postérieur à la scène décrite puisqu'il a été peint en 1817. Il montre toutefois très bien l'intérêt du roi pour cette expédition : il est en effet assisté du maréchal de Castries, ministre de la Marine.

La Pérouse *Jean-François de Galaup (comte de)* Après avoir brillamment combattu pendant la guerre d'Indépendance américaine, ce talentueux officier de marine né en 1741 est choisi par le roi Louis XVI pour diriger un voyage d'exploration autour du monde. Minutieusement préparée, l'expédition comprend de nombreux savants qui s'entassent à bord de la *Boussole* et de l'*Astrolabe*, deux flûtes rebaptisées « frégates » pour des raisons de prestige. Partis de Brest le 1er août 1785, les deux navires font relâche à Santa Cruz de Tenerife, puis après avoir doublé le cap Horn, ils visitent le Chili, l'île de Pâques, Hawaii, l'Alaska et la côte californienne. C'est ensuite une longue traversée de l'océan Pacifique qui les amène à Macao, à Manille, au Japon et en Corée. Redescendant vers le sud, la *Boussole* et l'*Astrolabe* explorent les îles Samoa et Tonga avant de faire escale à Botany Bay (Australie) qu'elles quittent le 15 mars 1788. Plus personne n'aura de nouvelles de l'expédition jusqu'en 1826, date à laquelle Peter Dillon retrouve l'épave* de l'*Astrolabe*. La relation du voyage de La Pérouse a été publiée en 1797 et elle a constamment été rééditée.

Latouche-Tréville *Louis-René Levassor (comte de)* Né à Rochefort en 1745, ce jeune homme devient garde de marine en 1758. Tombé en disgrâce en 1768, il passe dans la cavalerie mais en 1772, il parvient à se faire réintégrer dans la marine. En 1780, il commande la frégate l'*Hermione** avec laquelle il fait une brillante campagne dans les eaux américaines. Prisonnier des Anglais dans les derniers mois du conflit, il rentre en France où il exerce plusieurs responsabilités à terre. En 1795, il commande une division à Brest, puis la flottille de Boulogne en 1801. Cette année-là, il parvient à repousser Nelson* à plusieurs reprises, ce qui lui vaut une extraordinaire popularité. En 1801, il est envoyé à Saint-Domingue où il s'empare de Port-au-Prince. De retour en France, il est nommé commandant en chef de l'escadre de la Méditerranée, mais sa santé s'est fortement dégradée lors de son séjour à Saint-Domingue. Il meurt à Toulon à bord de son vaisseau amiral le *Bucentaure*, le 19 août 1804.

Lucas *Étienne* Entré comme mousse* dans la marine royale, ce Charentais né en 1764 participe à la campagne américaine de l'*Hermione* sous le commandement de Latouche-Tréville*. La Révolution le fait officier et comme il possède une certaine instruction, il monte rapidement en grade. En 1803, il reçoit le commandement du *Redoutable*, un vaisseau de soixante-quatorze canons avec lequel il s'illustre deux ans plus tard à Trafalgar. Au cours de cette bataille, il livre au *Victory** un combat acharné qui coûte la vie à l'amiral Nelson. Pris sous le feu de deux autres vaisseaux anglais, le *Redoutable* est capturé et Lucas fait prisonnier. Il est libéré sur parole en 1806. Lors de l'affaire des brûlots de l'île d'Aix (avril 1809), il commande le *Régulus* avec lequel il repousse plusieurs attaques anglaises. Comme il l'avait fait après Trafalgar, Lucas a la maladresse de désigner publiquement les véritables responsables du désastre, ce qui déplait fort à Napoléon. Aussi piètre diplomate qu'il est fin marin, il parvient également à mécontenter Louis XVIII en proclamant sa fidélité à l'Empereur. Celui que l'on a surnommé « le héros de Trafalgar » ne deviendra jamais amiral.

Luckner *Felix (von)* Descendant d'une illustre famille allemande, cet élève médiocre s'enfuit de l'école pour s'engager comme mousse à bord d'un grand voilier. Après avoir péniblement gravi tous les échelons de la hiérarchie, il parvient à intégrer la marine de guerre comme officier. Pendant le premier conflit mondial, il reçoit le commandement du *Seeadler*, grand voilier que la marine allemande a converti en croiseur* auxiliaire. Sillonnant l'Atlantique et le Pacifique, il coule une vingtaine de navires marchands français, anglais et américains dont il recueille les équipages. Le 2 août 1917, le *Seeadler* est emporté par une lame* de fond sur les récifs de l'île de Mopelia dans l'archipel de la Société. Dernier corsaire de la marine à voiles, Luckner terminera la guerre comme prisonnier des Néo-Zélandais.

MacArthur *Ellen* À l'âge de dix-huit ans, cette petite Anglaise devient skipper professionnel. Elle remporte sa première grande course en 1998 et on la retrouve ensuite dans la Route du rhum où elle se classe première de sa catégorie. Les Français ne se passionnant guère pour les courses à handicap, cette victoire passe pratiquement inaperçue, la presse maritime* étant presque seule à saluer la performance. En 2001, Ellen MacArthur crée la surprise en prenant la seconde place du Vendée Globe Challenge. La grande presse et les médias attendront toutefois le dernier moment pour commenter l'événement. Signalons que cette remarquable navigatrice avait dédié sa course à quatre-vingt-quinze enfants hospitalisés, dont les prénoms étaient gravés sur une plaquette qu'elle conservait à bord.

▼ **Fernando de Magellan (1480-1521), portrait anonyme du XVIIIe siècle. Il sera tué par des indigènes avant d'avoir pu boucler le premier tour du monde.**

Magellan *Fernando (de)* Le 21 septembre 1519, ce navigateur portugais au service de Charles Quint quitte San Lucar de Barameda près de Cadix avec cinq navires. Longeant la côte est de l'Amérique du Sud, il franchit le détroit qui portera son nom (21 octobre 1520) et après avoir traversé l'océan Pacifique, il arrive aux Philippines le 28 mars 1521. Après avoir converti le roi de Cebu au catholicisme, il intervient dans plusieurs conflits locaux, ce qui lui vaut d'être tué par les indigènes de Mactan le 26 avril 1522. Juan Sebastian Elcano, l'un de ses lieutenants, prend le commandement de l'expédition réduite à un seul navire. Il parvient à regagner Séville le 8 septembre 1522, mais bien qu'il soit le premier à avoir bouclé le tour du monde, l'histoire ne retiendra que le nom de son chef, Magellan.

Moitessier *Bernard* Celui que l'on a surnommé le « vagabond des mers du Sud » est probablement le plus atypique de tous les navigateurs sportifs. En 1968, il est engagé dans le Golden Globe Challenge* et alors qu'il a pratiquement gagné la course, il renonce à une victoire probable en repartant pour un second demi-tour du monde. Cette décision surprenante fait immédiatement de lui un homme célèbre, ce dont il ne se soucie visiblement pas. Par l'intermédiaire d'un pétrolier qu'il croise, il adresse au monde le message suivant : « Je continue parce que je suis heureux en mer, et peut-être aussi pour sauver mon âme. »

Nelson *Horatio* À l'âge de treize ans, le futur « Napoléon de la mer » embarque comme mousse sur le vaisseau de son oncle, le commodore* Maurice Suckling. Sa carrière d'officier de marine se déroule ensuite de manière très classique et après avoir participé à la guerre d'Indépendance américaine, il reprend du service en 1793, lors de la guerre contre la France. L'année suivante, il perd un œil au cours d'un combat livré devant Calvi. Le 14 février 1794, il se distingue à la bataille du cap Saint-Vincent, mais cette même année, il perd un bras en attaquant le fort de Santa Cruz de Tenerife.

En 1798 (1er août), Nelson détruit à Aboukir la flotte de Bonaparte que commande l'amiral Brueys et en 1801, il inflige une défaite cuisante aux Danois devant Copenhague. Chargé de surveiller la flottille de Boulogne (août 1801), il lance plusieurs attaques que Latouche-Tréville parvient à repousser. Sa popularité reste néanmoins très grande et en 1803, il devient commandant en chef de l'escadre de la Méditerranée. Le 21 octobre 1805, il livre devant le cap Trafalgar (Espagne) une bataille victorieuse à la flotte franco-espagnole de l'amiral de Villeneuve, mais il est tué au cours du combat. L'Angleterre lui fait des funérailles nationales.

▲ **Horatio Nelson.**
Son manque de diplomatie irritait ses supérieurs, sa liaison avec Emma Hamilton a fait scandale, mais ses victoires en ont fait le plus populaire des amiraux britanniques.

Peyron *Bruno* En 1987, ce skipper d'exception a reçu le titre de meilleur navigateur de multicoque* océanique au monde. Cette même année, il bat le record de la traversée de l'Atlantique en solitaire, performance qu'il améliore en 1992. L'année suivante, il remporte la première édition du Trophée Jules Verne, record qu'il battra en 2002 dans le temps incroyablement court de 64 jours, 37 min et 24 s.

Peyron *Loïck* Frère cadet du célèbre skipper Bruno Peyron*, Loïck participe à sa première Mini-Transat en 1979. Huit ans plus tard, il remporte l'épreuve La Baule-Dakar, puis en 1989, il gagne la course Lorient-Saint-Barthélemy-Lorient. On le retrouve dans l'édition 1989-1990 du Vendée Globe Challenge où il prend la seconde position. Vainqueur de la Transat anglaise en 1992 et 1996, il est l'un des créateurs de la course The Race*.

Rackam *John* Surnommé « Calico Jack » à cause des vêtements soyeux qu'il affectionne, ce pirate bénéficie du pardon accordé par le roi d'Angleterre George Ier « à chacun des pirates qui se soumettront avant le 5 septembre 1718 ». Peu de temps après être redevenu honnête, « Calico Jack » tombe follement amoureux de la célèbre femme pirate Anne Bonny. Reprenant ses coupables activités en compagnie de son égérie, Rackam est surpris au mouillage* par un bâtiment de la Royal Navy. En compagnie de Mary Read, autre femme pirate qui s'était jointe au couple, Anne Bonny se défend comme une tigresse, alors que son compagnon se cache dans la cale*. Pris et conduits à la Jamaïque pour y être jugés, les forbans sont condamnés à mort. Les deux femmes bénéficieront d'un sursis, car elles sont enceintes. Rackham le Rouge qu'Hergé met en scène dans son album *Le Secret de la Licorne* (après avoir légèrement modifié l'orthographe de son nom) est directement inspiré de ce personnage authentique.

▲ **Éric Tabarly à bord de *Pen Duick II* franchit, le 19 juin 1964, la ligne d'arrivée à Newport, Rhode Island, gagnant la course transatlantique entre Plymouth et Newport. Ce marin de légende savait que l'on ne peut tricher avec la mer. « Naviguer est une activité qui ne convient pas aux imposteurs. Dans bien des professions, on peut faire illusion et bluffer en toute impunité. En bateau, on sait ou on ne sait pas. » *Mémoire du large.***

Semmes *Raphaël* Engagé comme capitaine de vaisseau dans la marine confédérée (sudiste), cet officier se distingue comme commandant du CSS (Confederated State Ship) *Sumter* en coulant dix-sept navires marchands nordistes. En août 1862, il prend possession de son nouveau bâtiment, le CSS *Alabama* qu'un équipage civil a conduit aux Açores. Parcourant les mers et les océans, Semmes réussit à détruire soixante et onze navires de commerce ennemis. Le 11 juin 1864, il entre à Cherbourg pour remettre son navire en état, mais prévenus par leur consul, les nordistes ont dépêché l'USS *Kearsarge* qui, dès le 14, prend position à l'extérieur de la grande digue. En tant que pays neutre, la France a l'obligation de saisir l'*Alabama* s'il ne prend pas la mer rapidement. Semmes appareille donc le 19 au matin, sous les ovations des Cherbourgeois et des Parisiens venus par train spécial pour assister au spectacle. Ces derniers ne seront pas déçus, car les deux adversaires sont à peu près d'égale force. L'*Alabama* est toutefois handicapé par des munitions* de mauvaise qualité. Plusieurs obus frappent le *Kearsarge* sans exploser, alors que ceux qui atteignent le bâtiment sudiste ont des effets dévastateurs. À 12 h 15, l'*Alabama* coule par l'arrière*, emportant avec lui le médecin du bord et une dizaine de blessés. Semmes échappera à la captivité en se faisant recueillir par un yacht anglais.

Slocum *Joshua* En 1892, ce capitaine de la marine marchande américaine achète un ancien bateau de pêche qu'il rebaptise *Spray* après l'avoir entièrement restauré. Le 7 mai 1895, il quitte Gloucester (Massachusetts), fait escale aux Açores et rejoint Gibraltar d'où il repart pour Rio de Janeiro. Après avoir modifié le gréement* du *Spray*, Slocum entre dans l'océan Pacifique en passant par le détroit de Magellan, puis il boucle son tour du monde en rejoignant

Fairhaven, petit port de la côte est des États-Unis. Son tour du monde par étapes aura duré trois ans, deux mois et deux jours. En 1910, Slocum disparaît en mer alors qu'il effectue un nouveau voyage au long cours.

Suffren de Saint-Tropez *Pierre-André (bailli de)* Les terriens prononcent « Suffrène » et les marins « Suffrin ». Chevalier de Malte, ce marin provençal est célèbre pour sa brillante conduite pendant la guerre d'Indépendance américaine. Le 16 avril 1781, il surprend et attaque victorieusement une escadre anglaise mouillée à La Praya (îles du Cap-Vert), puis il rejoint les Mascareignes. Aux Indes et à Ceylan, il gagne les batailles de Sadras (17 février 1782), Provédien (12 avril), Negapatam (6 juillet), Trincomali (3 septembre) et Gondelour (17 juin 1783). Napoléon regrettera toujours que ce brillant amiral ne soit pas parvenu jusqu'à lui (Suffren est mort en 1788). Il est toutefois fort peu probable que ces deux très fortes personnalités se soient entendues.

Surcouf *Robert* La célébrité de ce corsaire malouin débute en 1795 avec la croisière de l'*Émilie* et la prise du *Triton*, vaisseau anglais de la compagnie des Indes* armé de vingt-six canons. Opérant à partir de l'île de France (aujourd'hui île Maurice) avec un nouveau navire, la *Clarisse*, il capture de nombreux navires marchands ennemis et désorganise par sa seule présence le trafic commercial anglais. En 1800, il prend le commandement de la *Confiance* avec laquelle il fait plusieurs prises. Le 7 octobre, ses cent trente marins prennent à l'abordage le *Kent*, gros vaisseau anglais de la compagnie des Indes qui aligne quatre cent trente-sept combattants. Cet exploit fera de Surcouf le plus emblématique des corsaires de la République.

Chacun se souvient de la célèbre chanson des marins de Surcouf :
« Le trente et un du mois d'août
« Nous vîmes venir
sous l'vent à nous
« Une frégate d'Angleterre
« Qui fendait la mer-z-et les flots
« C'était pour aller à Breslau…
« Et zut pour le Roi d'Angleterre
« Qui nous a déclaré la guerre ! »
La date du 31 août ne correspondant à aucun événement notable dans la carrière du corsaire, nous devons considérer qu'elle a été choisie uniquement pour la rime.

Tabarly *Éric* À sa sortie de l'École navale, le jeune enseigne de vaisseau Tabarly rejoint l'aéronavale comme pilote. Quelques années plus tard, son père lui offre *Pen Duick*, un cotre en mauvais état qu'il devra reconstruire entièrement. En 1964, il se classe en tête de la Transat anglaise. C'est le début d'une carrière exceptionnelle au cours de laquelle il accumulera les victoires. Grâce à lui, les Français découvrent la mer et se passionnent pour les grandes courses à la voile. Ce très grand marin a également contribué à faire progresser l'architecture navale* en imaginant le premier voilier à déplacement* léger, la première coque* en aluminium, le premier grand multicoque de course et le premier trimaran doté d'ailes sous-marines. En 1996, il combat énergiquement un aberrant projet de déménagement du musée national de la Marine* en ralliant des milliers d'amoureux de la mer à la défense de cette institution. Il disparaît en mer à la suite d'une chute dans la nuit du 12 au 13 juin 1998.

Togo *Heihachiro* Ce très grand homme de mer a tout juste vingt ans quand son pays s'ouvre sur le reste du monde. Stagiaire au Royal Naval College (Greenwich, Angleterre), il reçoit une formation complète d'officier de marine et lorsqu'il rentre au Japon, il participe à la création de la flotte de guerre nippone. En 1882, il prend part à l'expédition de Corée, puis en 1894, le croiseur *Naniwa* qu'il commande tire les premiers obus de la guerre sino-japonaise. Nommé contre-amiral, il organise et dirige une attaque surprise contre la flotte russe de Port-Arthur (8 février 1904). Les dégâts infligés à l'ennemi sont peu importants, mais le 10 août de la même année, Togo écrase son adversaire au cours de la « bataille de la mer Jaune ». Le tsar Nicolas II décide alors d'envoyer sa flotte de la Baltique à la rescousse. Commandée par le vice-amiral Zinoveï Petrovitch Rojestvensky, l'escadre russe appareille le 14 octobre 1904 et après avoir fait le tour du monde dans des conditions particulièrement difficiles, elle est anéantie par Togo au moment où elle pénètre dans le détroit de Corée (27 mai 1905). Cette bataille, connue sous le nom de « bataille de Tsushima », fait de Togo un véritable héros national. Après la guerre, il participe activement, en tant que président du comité des amiraux, au renforcement de la marine de guerre japonaise. Il meurt en 1934, à l'âge de quatre-vingt-sept ans. Son navire amiral, le cuirassé* *Mikasa*, est pieusement conservé à Yokohama.

·XI·

Les savants, les artistes, les institutions et la mer

Ils sont peintres, sculpteurs, écrivains, musiciens, cinéastes, archivistes, hydrographes*, mécaniciens, ingénieurs ou architectes navals*. Leur aventure débute avec l'invention du bateau et elle est loin d'être terminée. Comme précédemment, nous avons balisé le cours de l'histoire en citant quelques-uns de ceux qui ont tant contribué à nous faire aimer la marine*. Nous avons ajouté plusieurs institutions qui sont de véritables éléments du patrimoine maritime mondial. En ce domaine, la France est particulièrement bien servie, puisqu'elle possède l'un des deux plus anciens musées du monde.

Page précédente : Deuxième voyage de Dumont d'Urville ; passage du cercle polaire le 19 janvier 1840. Lithographie de Bayot d'après Le Breton.

Académie de marine Dans la Grèce ancienne, l'Académie était une maison proche d'Athènes où Platon et ses disciples tenaient leurs réunions. Le nom viendrait du propriétaire des lieux, un nommé Académus, et le terme a peu varié puisqu'il s'applique toujours à une société savante.

C'est donc tout naturellement que l'assemblée réunie à Brest en 1752 pour travailler au progrès des sciences navales prend le nom d'Académie de marine. Elle se compose de soixante-quinze membres répartis en académiciens « honoraires », « libres », « ordinaires » et « adjoints ». Des correspondants participent aux travaux.

En 1769, l'institution devient l'Académie royale de marine et deux ans plus tard, elle s'affilie à l'Académie des sciences. Son grand projet est d'établir un dictionnaire de marine auquel collaboreront les personnes les plus compétentes. Cette œuvre monumentale qui ne sera jamais achevée inspirera largement les auteurs des trois volumes de texte et des cent soixante-douze planches formant la partie *Marine* de l'*Encyclopédie méthodique*.

▲ **Marin d'exception, le prince Albert de Monaco (à gauche sur la photo) a jeté les bases de l'océanographie moderne.**

Entre 1752 et 1793, année de sa dissolution par la Convention, l'Académie connaît une grande activité que traduisent les quelque quatre cents mémoires parvenus jusqu'à nous et elle contribue largement au spectaculaire redressement de la marine française dans la seconde moitié du XVIIIe siècle. Rétablie par le décret du 9 mars 1927 sous son appellation d'origine, elle a désormais le statut d'établissement public d'État chargé de « poursuivre et favoriser le développement des hautes études concernant les questions maritimes » (Gruss). L'Académie de marine se compose aujourd'hui de soixante-trois membres titulaires français, de vingt membres associés étrangers et de membres correspondants.

Albert de Monaco → Grimaldi *Honoré Charles*

Armada Rouen Ce rassemblement de grands voiliers a été organisé pour la première fois en juillet 1989 sous le nom de « Voiles de la Liberté » dans le cadre du bicentenaire de la Révolution française. Les éditions suivantes (1994, 1999 et 2003) ont été nommées « Armada ». Elles se sont tenues pendant une semaine et elles ont attiré plusieurs millions de spectateurs. L'originalité de l'Armada est l'immense parade de voiliers venus du monde entier qui remontent et descendent les 120 km séparant Rouen de la mer. Cette manifestation bénéficie d'une couverture médiatique exceptionnelle avec pour l'édition 2003, des images diffusées par 56 chaînes de télévision dans plus de 21 pays.

Baugean *Jean-Jérôme* D'origine provençale, cet artiste est né vers 1765. Il fait ses études à Marseille où il acquiert une solide culture générale. On pense qu'il a été élève de l'Académie de peinture et de sculpture. Il est également probable que, comme les jeunes artistes de son époque, il se soit rendu en Italie pour y parfaire ses connaissances. Son œuvre, presque entièrement consacrée à la marine, comprend plus de cinq cents gravures exécutées entre 1800 et 1827. La plus célèbre est l'*Embarquement de Bonaparte (sic) à bord du* Bellerophon (la scène se passant en 1815, Baugean aurait dû titrer : l'*Embarquement de Napoléon à bord du* Bellerophon).

Baugean a très certainement réalisé des dessins, des aquarelles, des peintures et peut-être même des sculptures, mais seules ses gravures nous sont parvenues. Elles témoignent d'une connaissance étendue des navires qu'il a côtoyés. Visiblement, l'artiste navigue beaucoup et la grande diversité des bâtiments reproduits dans son œuvre semble indiquer qu'il s'est rendu en Grande-Bretagne, aux États-Unis et dans les pays nordiques. Très finement exécutées, ses gravures regorgent de détails montrant le quotidien de la marine d'autrefois. Elles constituent une source de première importance pour les historiens.

Beautemps-Beaupré *Charles-François* Cousin du géographe Nicolas Buache de la Neuville, ce fils d'agriculteur débute comme commis dans le magasin de cartes que possède son parent. En 1783, celui-ci devient directeur du Dépôt des cartes* et plans de la marine. Le jeune Beautemps-Beaupré l'aide alors à dresser les cartes pour le voyage de La Pérouse* avec lequel il souhaite vivement partir. Sa candidature n'ayant pas été retenue, il travaille alors à l'élaboration des cartes de la mer Baltique puis en 1791, il réalise enfin son rêve en s'embarquant avec d'Entrecasteaux sur la *Recherche*. C'est au cours de cette expédition qu'il met au point la méthode d'élaboration des plans qui est encore employée aujourd'hui. Ayant remarqué que l'aiguille aimantée du compas* donnait des indications peu fiables, il privilégie les observations astronomiques et les relèvements à terre. Il peut ainsi établir des cartes d'une précision inégalée, qu'il complète par des dessins de la côte* vue du large*. À son retour en France, la qualité de ses travaux lui vaut d'être nommé ingénieur de première classe et sous-directeur du Dépôt des cartes et plans de la marine. En 1807, il entreprend de dresser la carte hydrographique des côtes de la Manche et de la mer du Nord, de Dunkerque à Hambourg, puis à partir de 1816, il effectue des travaux similaires pour la façade atlantique, de Dunkerque à Bayonne. Auteur de nombreux ouvrages scientifiques, il est considéré comme le père de l'hydrographie moderne. Trois bâtiments de la Marine nationale (un navire hydrographe et deux avisos*) ont porté son nom.

Bertin *Émile* Ancien polytechnicien, Émile Bertin devient ingénieur du génie maritime en 1863. Il est alors affecté au port* de Cherbourg où il rédige un remarquable mémoire sur l'action de la houle*. Ses travaux ne lui laissent que fort peu de temps pour les loisirs, mais il en trouve quand même pour soutenir une thèse de doctorat en droit devant la faculté de Caen. Responsable des défenses* du Cotentin pendant la guerre franco-prussienne de 1870-1871, il est affecté à Brest en 1875. C'est là qu'il développe le concept du croiseur* protégé, bâtiment dont les nombreux compartiments limitent les effets des explosions à l'intérieur de la coque*. En 1886, Émile Bertin est envoyé au Japon où il passera quatre ans. Il y développe les arsenaux* existants, crée ceux de Sasebo et de Kure et construit, pour le compte de la marine nippone, plusieurs navires de guerre qui montreront leur supériorité lors du conflit russo-japonais de 1904-1905. De retour en France (1890), il est affecté à Toulon, puis à Rochefort avant d'être nommé directeur de l'École d'application du génie maritime et directeur central des constructions* navales en 1895. Il dresse les plans de très nombreux navires de guerre et crée le « bassin des carènes » qui permet d'étudier les qualités des coques à partir de maquettes en bois. Auteur de très nombreux ouvrages techniques, Émile Bertin est l'un des meilleurs ingénieurs constructeurs* de l'ère industrielle. Un croiseur de la Marine nationale a porté son nom.

Comme beaucoup d'autres inventeurs de génie, **Émile Bertin** n'a pas toujours été prophète en son pays. Son croiseur protégé* a ainsi été rejeté par la France, mais adopté par l'Angleterre en 1877 et par l'Italie en 1880.

Borda *Jean-Charles (de)* En 1756, cet officier du génie est élu à l'Académie des sciences. Il a alors vingt-trois ans et commence à s'intéresser aux sciences nautiques. Ses travaux lui valent d'être nommé lieutenant de port à Brest où il s'occupe essentiellement des constructions navales. En 1777, il prend part à l'expédition de la *Flore* pour l'épreuve des montres marines. Au cours de ce voyage, il perfectionne le « cercle de réflexion » imaginé en 1752 par Tobias Mayer. Cet instrument de mesure de la hauteur des astres prendra le nom de « cercle hydrographique », puis celui de « cercle à réflexion de Borda » que les marins abrégeront en « cercle de Borda ».

Capitaine de vaisseau* pendant la guerre d'Indépendance américaine, Borda est affecté à l'escadre de l'amiral* d'Estaing et en 1779, il participe à la prise de la Grenade. En décembre 1782, il est fait prisonnier par les Anglais, mais la guerre s'achève et il est rapidement libéré. En 1783, il devient inspecteur des constructions navales et l'année suivante, il est nommé directeur de l'École des ingénieurs de la marine. À la demande du ministre Castries, il fait adopter les « plans types » de l'ingénieur Sané* pour la construction des vaisseaux de 74, 80 et 120 canons. Cette standardisation permettra à l'architecture navale française d'augmenter son avance sur les techniques étrangères. Borda étant en outre parvenu à faire adopter ses plans types par les alliés espagnols et hollandais, la marine française d'avant la Révolution possède une très nette supériorité sur celle de l'Angleterre.

Malgré de nombreuses déclarations fracassantes, les gouvernements successifs de la République comprennent rapidement que les savants leur sont indispensables. Borda ne sera donc pas inquiété pendant la Révolution et en 1795, on lui confiera même la charge d'établir le système métrique adopté deux ans auparavant par l'Assemblée législative.

Trois vaisseaux, la *Ville de Paris* (1804-1885), le *Formidable* (1836-1891) et l'*Intrépide* (1853-1914), seront rebaptisés *Borda* lorsqu'ils abriteront l'École navale. Les élèves de cette école sont toujours appelés « bordaches ».

« L'histoire doit être considérée comme une réalité faite par l'activité des hommes et non une abstraction d'événements organisés et expliqués fort subjectivement après coup. »
Jean Boudriot,
Le vaisseau de 74 canons,
TOME I, PAGE 8.

Boudriot *Jean* Vers le milieu des années 1960, cet architecte DPLG (diplômé par le gouvernement) publie une série d'ouvrages remarquables sur les armes anciennes. Il s'intéresse ensuite à l'armement collectif, c'est-à-dire aux canons. L'étude des pièces de marine l'ayant amené à approfondir ses connaissances sur les navires d'autrefois, il décide de faire la synthèse de l'abondante documentation concernant les vaisseaux des années 1650 à 1850. Étalés sur plus de dix ans, ses travaux sont publiés sous la forme d'un ouvrage dont les quatre tomes sont entièrement consacrés au vaisseau de soixante-quatorze canons (c'est également le titre de l'ouvrage) de la guerre d'Indépendance américaine. Le vaisseau est décrit dans ses moindres détails par une surabondance de plans et de dessins au trait qui facilitent la compréhension de l'architecture navale ancienne. Cet ouvrage monumental est complété par une remarquable série de monographies consacrées aux navires les plus représentatifs de la période considérée. Réalisée uniquement à partir de documents manuscrits et de traités anciens, l'œuvre de Jean Boudriot n'a pas d'équivalent dans le monde. Toutes les reconstitutions sérieuses des navires de l'époque « classique » (1650-1850) y font référence. Jean Boudriot anime un séminaire d'archéologie navale médiévale et postmédiévale au musée national de la Marine*.

Castex *Raoul* Sorti « major » de l'École navale en 1899, l'enseigne de vaisseau Castex se fait remarquer en 1903 par une étude qu'il fait paraître dans la *Revue maritime*. Dans les années qui suivent, il publie plusieurs études statistiques. En 1911, il commence à développer ses théories sur la guerre navale à travers *Les Idées militaires de la marine au XVIIIe siècle, de Ruyter à Suffren**, ouvrage qu'il fera suivre de *L'Envers de la guerre de course : la vérité sur l'enlèvement du convoi de Saint-Eustache par La Motte-Picquet* (1912), *La Bataille du XVIe siècle, Lépante* (1913) et *La Manœuvre de la Praya (16 avril 1781), étude politique, stratégique et tactique…* (1913). S'appuyant sur ces exemples historiques, il démontre que la destruction des flottes de guerre ennemies doit être l'objectif prioritaire, mais contrairement à l'amiral américain Mahan*, il estime nécessaire d'adapter les tactiques* de combat aux armes nouvelles.

Devenu capitaine de frégate* (mars 1918), Raoul Castex est chargé l'année suivante de créer le Service historique de la Marine* et de réorganiser les archives. Toujours aussi prolixe, il publie une *Synthèse de la guerre sous-marine : de Ponchartrain à Tirpitz* dans laquelle il démontre que même en restant au port, les cuirassés* ont, au cours du premier conflit mondial, dissuadé la flotte* allemande de prendre la mer. Il reconnaît toutefois que les sous-marins* ont représenté une menace non négligeable et qu'ils auraient même pu couper les lignes de ravitaillement alliées s'ils avaient opéré de concert avec les cuirassés. Castex est l'un des rares stratèges qui estime que la guerre sous-marine n'est pas plus condamnable que les autres formes de combat, théorie qui provoquera de vives polémiques lors de la conférence de Washington* de 1921. Nommé vice-amiral en 1934, il commande les forces navales du Nord à Dunkerque au début du second conflit mondial. Après l'armistice, il se consacre entièrement aux études stratégiques et ses importants travaux sont prophétiques à maints égards. Il a notamment prévu le rôle essentiel de l'aviation dans la guerre moderne et l'interconnexion croissante des forces de terre et de mer. Ses nombreux ouvrages ont fait l'objet de plusieurs rééditions.

Chack *Paul* Cet officier de marine a brillamment servi pendant la Première Guerre mondiale en participant notamment à la campagne des Dardanelles, au blocus* de l'Adriatique et à l'escorte des convois en Méditerranée. En 1920, il est affecté à sa demande au Service historique de la Marine où il

débute une carrière d'écrivain. Il publie une quarantaine d'ouvrages portant principalement sur l'histoire de la guerre navale pendant le premier conflit mondial. Son style très agréable lui vaut un énorme succès. À travers ses livres, les Français redécouvrent la mer et il n'est pas exagéré de dire qu'il est à l'origine de centaines de vocations de marins. Élu membre de l'Académie de marine* en 1927, il poursuit son œuvre en étendant ses récits à des périodes plus anciennes. Comme précédemment, le succès est immense. En 1932, Paul Chack est nommé vice-président de la Société des gens de lettres et l'année suivante, il préside l'Association des écrivains combattants. Au cours de la Seconde Guerre mondiale, son anticommunisme plusieurs fois exprimé dans ses livres, l'amène à créer et à présider le « Comité d'action anti-bolchevique » qui soutient activement la politique de collaboration avec l'Allemagne nazie. En août 1944, Paul Chack est accusé d'intelligence avec l'ennemi. Emprisonné et traduit devant la cour de justice de la Seine, il est condamné à mort le 18 décembre 1944. Il est fusillé au fort de Montrouge le 9 janvier 1945. Ses ouvrages ont été plusieurs fois réédités.

Chatham Meilleur arsenal d'Angleterre après Portsmouth, Chatham est situé face à Rochester, sur la rive droite de l'estuaire de la rivière Medway. Son histoire débute en 1547 par la création d'un modeste chantier qui prendra une importance de plus en plus grande au fil des ans. En 1586, la Royal Navy y fait construire un vaisseau. Le *Sunne* sera le premier navire de guerre lancé à Chatham. Dans les années qui suivent, l'arsenal devient la première base navale du royaume. Il est attaqué en juin 1667 par la flotte hollandaise de l'amiral Michel de Ruyter, ce qui amène l'Angleterre à signer la paix de Breda (1667).

Au XVIIIe siècle, Chatham construit et répare de nombreux vaisseaux, dont le célèbre *Victory**, navire amiral de Nelson* à Trafalgar. L'arsenal montre toutefois ses limites en 1905 au moment du lancement* du cuirassé *Africa*. Ce navire de guerre a en effet une longueur de 130 m et les installations ne se prêtent pas à la construction de bâtiments plus grands. Chatham se spécialise alors dans la production de navires de moindre tonnage, sous-marins notamment. Le dernier est lancé en 1966.

En 1984, la Royal Navy quitte Chatham qui devient un arsenal-musée. Avec ses quarante-sept monuments historiques classés, il représente un élément capital du patrimoine maritime occidental.

Chevalier *François* Après de solides études à l'École des beaux-arts de Paris, ce jeune architecte se spécialise dans l'architecture navale en suivant les cours de la Westlawn School of Yacht Design. Il élabore ensuite les plans du *Ratso*, un voilier de course océanique qui participe à la première édition du BOC Challenge (actuelle Around Alone*). En 1981, il dessine en collaboration avec son confrère Daniel Andrieu un autre bateau de compétition, le *Half Tonner EJP*. Avec le *Sea-Land* 46 pieds, il conçoit une goélette* de série qui préfigure les voiliers de croisière modernes. Ses idées novatrices se retrouvent sur un multicoque* transocéanique qu'il dessine pour le compte du skipper* français Paul Lenormand. Auteur de nombreux autres projets, dont celui d'un hydravion léger, il est également à l'origine d'un cabin-cruiser de 90 t.

En même temps qu'il conçoit ses navires futuristes, François Chevalier reconstitue les plans des plus beaux yachts* à voiles d'autrefois. Il acquiert ainsi des connaissances encyclopédiques qui lui permettent de publier, en collaboration avec l'historien Jacques Taglang, plusieurs ouvrages de référence sur l'histoire de la plaisance et des grandes courses à la voile. Illustrée de très nombreux plans de voiliers, cette œuvre monumentale représente plus de dix années de recherches. Elle a servi de base à plusieurs reconstitutions contemporaines.

Conrad *Joseph* En 1874, ce jeune Polonais né en 1857 s'embarque sur un navire français pour faire plusieurs voyages aux Antilles. Deux ans plus tard, il prend place à bord d'un cargo* britannique où il apprend la langue anglaise et découvre l'Extrême-Orient. Naturalisé Britannique, il obtient son brevet de capitaine dans la marine marchande. En 1889, il commence à rédiger, en anglais, *La Folie Almayer*, ouvrage qui sera publié en 1895. La critique étant dans l'ensemble plutôt élogieuse, Conrad quitte la marine marchande, s'installe à Londres et se consacre entièrement à la littérature.

De l'aube à midi sur la mer, premier mouvement de *La Mer* de Claude Debussy, a suscité ce commentaire féroce d'un critique : « *J'aime bien le passage entre onze heures et demie et midi moins le quart !* »

Écrivain très prolixe, il publie successivement *Un paria des îles*, *Le Nègre du* Narcisse, *Histoires inquiètes* et *Au cœur des ténèbres*. Sa production littéraire s'accélère à partir de 1900 avec notamment *Lord Jim*, *Typhon*, *Entre terre et mer*, *En marge des marées*, *Nostromo*, et surtout l'admirable *Miroir de la mer*. La célébrité lui apporte une confortable aisance financière, mais il reste dévoré par une véritable rage d'écrire. Il choisira la France comme théâtre de son dernier livre, *Le Frère de la côte*, paru en 1923. La mer tenant une très grande place dans son œuvre, cela fait de lui, incontestablement, l'un des plus grands écrivains de marine.

Cras *Jean* Cet ancien élève de l'École navale est né en 1879. Il navigue à bord de plusieurs types de bâtiments, se distingue pendant la Première Guerre mondiale et termine sa carrière comme contre-amiral. Parallèlement à ses activités maritimes, il manifeste un grand talent musical en composant des œuvres pour piano et pour orchestre. Cet officier de marine qui embarquait toujours son piano à bord des navires qu'il commandait, nous a laissé notamment, une remarquable suite symphonique (*Journal de bord*, 1927) dans laquelle il a traduit de manière très vivante son métier de marin. Célèbre pour avoir appartenu au monde très fermé des musiciens de la mer, Jean Cras est également connu comme l'inventeur de la règle-rapporteur* qui porte son nom.

Debussy *Claude* Né en 1862, ce compositeur français est connu des marins pour ses trois esquisses symphoniques regroupées sous le titre *La Mer* (1903-1905). Le premier mouvement, *De l'aube à midi sur la mer* est ordonné par des jeux de flux et de reflux qui traduisent admirablement l'activité de la mer. Le second mouvement, *Jeux de vagues*, est une sorte de fantaisie joyeuse sur la houle alors que le troisième mouvement, *Dialogue du vent et de la mer*, est un thème beaucoup plus tourmenté. Sans jamais avoir été marin, Claude Debussy est parvenu à décrire musicalement l'océan de manière très vivante.

Deniau *Jean-François* Né à Paris en 1928, ce navigateur est d'autant plus difficile à classer qu'il est en même temps académicien, homme politique et écrivain de la mer. Handicapé par une grave maladie qui l'oblige à utiliser des béquilles pour se déplacer et à porter une minerve, il traverse l'Atlantique en 1995 alors qu'il vient juste de subir un triple pontage cardiaque. L'année suivante, il parvient avec l'aide d'Éric Tabarly et de milliers d'amoureux de la mer, à faire abandonner un projet de déménagement du musée national de la Marine. Six fois ministre de 1973 à 1980, notamment à la Coopération, aux Affaires européennes, au Commerce extérieur, Jean-François Deniau a trouvé le temps d'écrire plusieurs ouvrages maritimes dont les plus connus sont : *La mer est ronde* (1975), *L'Atlantique est mon désert* (1996) et le *Dictionnaire amoureux de la mer* (2002). Jean-François Deniau est président fondateur du groupe des Écrivains de marine.

▲ Ouvert à des disciplines aussi différentes que la botanique, la médecine ou l'architecture navale, Henri-Louis Duhamel du Monceau est l'un des savants les plus emblématiques du Siècle des lumières.

Duhamel du Monceau *Henri-Louis* C'est l'un des plus grands savants du XVIIIe siècle. Né en 1700, il débute sa carrière en devenant botaniste et agronome, spécialités qui font de lui un expert des bois* utilisés pour construire les vaisseaux. Reçu à l'Académie des sciences à vingt-huit ans, il est nommé inspecteur général de la Marine par le ministre Maurepas en 1739. Deux ans plus tard, il crée l'École de Paris, qui deviendra en 1765 l'École du génie maritime. De cette école, dont il sera le directeur jusqu'à sa mort, sortiront les plus brillants constructeurs du royaume. En 1752, Duhamel du Monceau publie les *Élémens de l'architecture navale*, ouvrage capital qui sera partiellement repris dans la partie *Marine* de l'*Encyclopédie méthodique*. Curieux de tout ce qui concerne les sciences maritimes, il est l'auteur de *L'Art de la corderie perfectionnée* (1747), *Moyens de conserver la*

santé aux équipages des vaisseaux (1759), *De l'exploitation des bois* (1764) et du monumental *Traité général des pesches, et histoire des poissons qu'elles fournissent* (1769). Trois fois directeur de l'Académie des sciences, Duhamel du Monceau est membre fondateur de l'Académie de marine. Ayant réuni une extraordinaire collection de modèles de vaisseaux, il en fait don au roi Louis XV en 1748 pour éviter qu'elle ne soit dispersée. Cette collection qui, à l'époque, était la plus importante du royaume en valeur et en volume, est à la base du musée national de la Marine que nous connaissons.

Dupuy de Lôme *Charles-Henri* Sorti de l'École polytechnique dans le génie maritime en 1837, cet ingénieur est d'abord affecté à Toulon, au service des réparations des vapeurs de l'État. À cette époque, il commence à nouer des relations avec le prince de Joinville, troisième fils du roi Louis-Philippe, et c'est sur sa recommandation qu'il se rend en Angleterre au mois de juin 1842 pour y étudier les nouvelles méthodes de construction. À son retour en mars de l'année suivante, il rédige un *Rapport sur les bâtiments en fer* qui aura un retentissement considérable. Il entreprend alors de réformer les vieilles théories de la résistance des carènes, inchangées depuis le XVIIIe siècle. Les principes généraux qu'il en dégage lui permettent de donner à l'aviso le *Narval* des lignes qui font de ce bâtiment le premier navire à vapeur moderne de notre marine. En 1844, il dessine les plans d'un nouvel aviso à hélice, le *Caton*, qui est un succès complet.

Trois ans plus tard, le jeune ingénieur élabore avec l'appui du prince de Joinville un vaisseau rapide à hélice très novateur. Lancé en 1850, le *Napoléon*, qui s'illustrera pendant la guerre de Crimée, surclasse tous les navires existants. Dupuy de Lôme se tourne alors vers la construction civile et avec l'accord de son ministre, il dessine les plans de plusieurs paquebots* pour la Compagnie des messageries impériales. Directeur des constructions navales et du matériel en 1857, il conçoit la *Gloire*, première frégate cuirassée moderne de notre marine. Membre du Comité de défense de Paris pendant la guerre franco-prussienne de 1870-1871, il participe aux premiers projets de ballons dirigeables. À l'issue du conflit, il collabore à des travaux sur la navigation* sous-marine. Sénateur inamovible en 1877, Dupuy de Lôme meurt en 1885. Il est considéré comme le père de l'architecture navale moderne. Un croiseur cuirassé et un sous-marin de la Marine nationale ont porté son nom.

Farrère *Claude* (*Frédéric Charles* **Bargone** dit) Cet ancien élève de l'École navale a effectué plusieurs campagnes au Tonkin et à Constantinople où il a servi sous les ordres de Pierre Loti (Julien Viaud). Probablement sur les conseils de ce dernier, il publie *Fumées d'opium* (1905) et *Les Civilisés* (1906) pour lequel il obtient le prix Goncourt. Au cours de la Première Guerre mondiale, il est affecté à sa demande dans l'artillerie de terre où il commande une batterie légère. Réintégré dans la marine comme capitaine de corvette en août 1918, il quitte définitivement le service l'année suivante pour se consacrer entièrement à la littérature. Auteur de quelque cent vingt romans, récits de voyages, ouvrages historiques et essais, Claude Farrère a été élu à l'Académie française le 28 mars 1935. *La Bataille* (1909), roman historique évoquant la bataille de Tsushima (27 mai 1905), est incontestablement le chef-d'œuvre de ce très prolixe écrivain de la mer à qui l'on doit également une remarquable *Histoire de la marine française* (1934).

Fulton *Robert* Après avoir séjourné dix ans en Angleterre, ce mécanicien américain passe en France en 1797. Il propose au gouvernement un « bateau sous-marin porte-torpille* » propulsé en plongée par une hélice actionnée par l'équipage et en surface, par une voile* « parasol ».

Des essais effectués sur une maquette ayant permis de valider le système, Fulton demande que ses équipages bénéficient du statut de corsaire*. Il exige également qu'en aucun cas son invention ne puisse être employée contre les États-Unis. Après bien des tergiversations, Fulton perçoit quelques fonds qui lui permettent de fabriquer un prototype. Construit par les frères Périer, artisans mécaniciens à Chaillot, le sous-marin expérimental est baptisé *Nautilus*. Il effectue sa première plongée dans la Seine le 13 juin 1800. Il est ensuite transporté jusqu'au Havre pour y poursuivre ses essais.

Le 17 août 1801, le *Nautilus* effectue avec un équipage de trois hommes une plongée de quatre heures. Le 21 août, Fulton complète ses expériences en faisant sauter à la torpille une barrique vide. Le 13 septembre enfin, le *Nautilus* démontre ses qualités* nautiques en ralliant Cherbourg à la voile. Un nouveau *Nautilus* « amélioré » est alors mis en chantier aux ateliers des frères Périer. Après quelques essais dans la Seine, il est transporté à Brest où, à plusieurs reprises, il tentera en vain de couler un navire anglais de l'escadre de blocus. Caffarelli, le préfet maritime de Brest, est paradoxalement ravi de cet échec, car il estime que « cette manière de faire la guerre porte en elle une telle réprobation que les personnes qui l'auraient entreprise et qui auraient échoué seraient perdues. Ce n'est pas là la mort des militaires ». En 1804, Fulton, complètement découragé, passe en Angleterre où son invention ne suscite qu'un intérêt poli. Il regagne alors les États-Unis et en 1807, il met en service un petit bâtiment à vapeur, le *Clermont*, qui assure une ligne régulière entre New York et Albany. En 1815, il construit à la demande du gouvernement américain le *Demologos*, première batterie flottante cuirassée de l'histoire. La France a reconnu tardivement son génie en donnant son nom à deux avisos et à un sous-marin.

► Le 13 juin 1800, le *Nautilus* de Robert Fulton effectue ses premiers essais. Ce sous-marin expérimental était équipé d'une voile articulée sur un mât repliable pour la navigation en surface.

Garneray *Louis*

En 1796, ce futur écrivain et peintre de marine s'embarque à l'âge de treize ans comme matelot* sur la frégate la *Forte* que commande son cousin Beaulieu-Leloup. C'est le début d'une carrière maritime qu'il racontera dans *Voyages, Aventures et Combats*, une autobiographie qui sera régulièrement rééditée : « Excepté l'Amérique et la Nouvelle Hollande, écrit-il, j'ai vu à peu près le monde entier. J'ai parlé plusieurs langues orientales et africaines. Les accidents de la mer ne m'ont pas manqué. J'ai fait la course avec Surcouf*, Malerousse, Dutertre. [...] En 1806, je fus fait prisonnier dans la division de l'amiral Linois. Je subis une captivité de près de dix ans sur les pontons* de Portsmouth. »

De retour en France, il débute une nouvelle carrière de peintre officiel de la marine. Auteur de vingt-trois toiles et soixante gravures représentant les ports français, il a également reproduit plusieurs des nombreux combats navals auxquels il a participé. Le musée national de la Marine possède quelques-unes de ses œuvres.

Gauguin *Paul* Né à Paris le 7 juin 1848, il débute une carrière de marin en devenant à vingt ans élève officier de la marine marchande. Après avoir effectué plusieurs voyages en Amérique du Sud, il rejoint la marine de l'État où à partir de 1868, il est embarqué sur la corvette* à vapeur *Jérôme Napoléon*. Pendant la guerre franco-prussienne de 1870-1871, il effectue plusieurs croisières en mer du Nord et il participe à la prise de six navires ennemis. À l'issue du conflit, il se marie et travaille chez un agent de change. La rencontre en 1874 de Camille Pissarro marque une étape déterminante dans sa vie. Gauguin découvre la peinture qu'il pratique d'abord en amateur puis à plein temps à partir de 1883. En 1891, criblé de dettes, il quitte la civilisation européenne pour aller vivre dans les mers du Sud, à Tahiti et aux Marquises. Il y puise son inspiration et son art atteint alors sa pleine maturité. S'il n'a pas été peintre de marine, la mer est néanmoins souvent présente dans son œuvre.

Grand Pavois de La Rochelle Cette manifestation annuelle qui a célébré ses trente ans d'existence en septembre 2002 est devenue une véritable institution. Classée dans le trio de tête des plus grands salons nautiques à flot internationaux, elle se tient au Port des Minimes de La Rochelle. Ses quelque 90 000 visiteurs y découvrent une exposition répartie en plusieurs pôles, bateaux de plus de 6,50 m à flot, bateaux exposés à terre, équipements et services nautiques, village « glisse et voile légère », village « bois », tourisme, pays invité d'honneur… À la fois festif et commercial, le Grand Pavois est une importante contribution au développement de la plaisance en France et à l'étranger.

Griffiths *John Willis* Ce jeune Américain fait son apprentissage de charpentier de marine en Virginie, avant d'être employé par la célèbre entreprise de construction navale Smith & Dimon de New York. En 1840, il construit un bassin d'essais dans lequel il étudie les différentes formes de carènes. Il peut ainsi améliorer la vitesse des navires en effilant leurs lignes. En 1843, il met en chantier un navire marchand, le *Rainbow* qui, au cours de son deuxième voyage, parvient à effectuer le trajet Hongkong-New York en quatre-vingt-quatre jours. Son second navire, le *Sea Witch*, est une réussite encore plus complète. Parti de Hongkong le 9 janvier 1849 sous le commandement du capitaine Robert H. Waterman, il arrive à New York le 25 mars, après une traversée record de soixante-quatorze jours et quatorze heures. Les historiens considèrent que John Willis Griffiths est l'architecte naval qui a inauguré l'ère du clipper.

Observant les lignes des navires traditionnels, le jeune constructeur américain **John Willis Griffiths** a noté : « *Les voiles ne peuvent rien au-delà d'une certaine limite, à cause de la résistance de l'avant arrondi de la coque.* »

Grimaldi *Honoré Charles (Prince Albert de Monaco)* Né en 1848, le futur prince s'initie à la navigation à Lorient, puis il sert comme enseigne de vaisseau dans la marine espagnole. Quand éclate la guerre de 1870, il s'engage dans la marine française avec le grade de lieutenant de vaisseau. La paix revenue, il achète l'*Hirondelle*, un yacht de 200 tonneaux avec lequel il effectue plusieurs campagnes océanographiques en Méditerranée et dans l'océan Atlantique. En 1891, devenu Albert Ier prince de Monaco, il fait construire une goélette à vapeur de 600 tonneaux, la *Princesse Alice* qui sera suivie en 1898 par la *Princesse Alice II* de 1 400 tonneaux et en 1911 par l'*Hirondelle II* de 1 650 tonneaux. Ces navires vont lui permettre d'effectuer de nouvelles expéditions qui le conduiront au Spitsberg, au Cap-Vert, en Norvège, au Brésil et en Amérique du Nord.

En 1906, le prince Albert crée l'Institut océanographique, établissement parisien chargé d'enseigner l'océanographie. Quatre ans plus tard, il inaugure le Musée océanographique de Monaco, qui fera connaître l'océanographie au grand public. À sa mort en 1922, il laisse une œuvre immense qui fait de lui le père de l'océanographie moderne.

Herreshoff *Nathanaël Greene* Surnommé le « sorcier de Bristol », cet architecte naval de génie reçoit une formation d'ingénieur qui marquera toutes ses réalisations. En 1877, il conçoit ainsi le premier catamaran moderne, puis l'année suivante, il jette les bases de la construction en série. Au tournant du siècle, ses inventions se comptent par dizaines. Il est notamment à l'origine des voiles modernes à laizes verticales (1894), du premier grand voilier en aluminium (1895)

◄ **Louis-Ambroise Garneray (1783-1857) : *Vue de Nice.* Successivement marin de l'État, corsaire, négrier et écrivain, Louis Garneray a également été un talentueux peintre de marine dont les toiles sont aujourd'hui très appréciées des amateurs d'art.**

« Que m'apprenez-vous là ? m'écriais-je avec un profond étonnement. Quoi ! Mes mauvaises croûtes trouvent de pareils débouchés ! Il faut que vous vous trompiez. »
Louis Garneray,
Voyages, Aventures et Combats.

et de la construction « quille* en l'air » (1890), qui permet de gagner du temps. Son chantier naval, la Herreshoff Manufacturing Co, devient le plus important de toute l'histoire du yachting.

Vainqueur de la Coupe de l'America* avec *Vigilant* (1893), *Defender* (1895), *Columbia* (1899 et 1901), *Reliance* (1903) et *Resolute* (1920), Herreshoff est le concepteur de la jauge* universelle américaine. Lorsqu'il meurt en 1938, il a dessiné plus de deux mille bateaux.

Homère On connaît mal la vie de ce poète grec dont on ne sait même pas s'il est le véritable auteur de l'*Illiade* et de l'*Odyssée*. Dans les poèmes d'Homère, la mer occupe une grande place, mais elle est presque toujours représentée comme un univers dangereux, peuplé de monstres terrifiants. Ulysse, le héros de l'*Odyssée*, parviendra toutefois à triompher des nombreux périls qui jalonnent sa route*. Des chercheurs sont parvenus à retracer le périple décrit par Homère, ce qui montre la grande rigueur documentaire de ce poète qui a durablement influencé la culture classique européenne.

Hugo *Victor* Né à Besançon en 1802, il se prépare à une carrière scientifique mais en 1817, il abandonne les mathématiques pour se consacrer à la littérature, domaine dans lequel il ne tarde pas à se faire une place enviable. Élu à l'Académie française en 1841, pair de France en 1845, député de Paris en 1848, il s'exile volontairement à Jersey après le coup d'État de Louis Napoléon Bonaparte (2 décembre 1851). Dès lors, il multiplie les pamphlets contre celui qu'il surnomme « Napoléon le Petit ». Il publie également de nombreux chefs-d'œuvre, dont le célèbre roman *Les Travailleurs de la mer* (1866). Décédé le 22 mai 1885, il repose au Panthéon.

Jal *Augustin* Admis en 1811 comme élève officier sur le *Tourville*, vaisseau-école du port de Brest, Augustin Jal n'aura jamais l'occasion de naviguer et sa seule participation aux guerres de l'Empire se résume à de courtes opérations à terre pour la défense de Paris en 1815. Bonapartiste convaincu, il est placé en non-activité (1817) pour avoir tenu ou plus exactement pour avoir été soupçonné d'avoir tenu des propos subversifs. Il devient alors collaborateur de plusieurs journaux et en 1830, il participe à l'expédition d'Alger comme correspondant de presse. L'année suivante, il devient historiographe officiel, puis en 1832, conservateur des archives de la marine. Historien d'une rare compétence, Augustin Jal est l'auteur de plusieurs ouvrages remarquables : *Archéologie navale* (1839), *Glossaire nautique* (1848), *Dictionnaire critique de biographie et d'histoire* (1864), *Abraham Duquesne et la marine de son temps* (1873). Véritable fondateur de l'archéologie navale, Augustin Jal est encore aujourd'hui cité en référence par la plupart des historiens. Il a eu le rare privilège de figurer de son vivant dans le *Grand Dictionnaire universel du XIXe siècle* de Pierre Larousse. Depuis 1970, son monumental *Glossaire nautique* fait l'objet d'une révision entreprise à l'initiative du professeur Michel Mollat du Jourdin.

Jouffroy d'Abbans *Claude-François (marquis de)* Né en 1751, ce jeune officier d'infanterie voit sa carrière compromise en 1772 à la suite d'une altercation avec son colonel. Passionné de mécanique, il quitte le service deux ans plus tard pour se consacrer aux sciences. Avec le concours d'un chaudronnier, il installe une machine à vapeur sur une barque* de 13 m qu'il fait naviguer sur le Doubs (1778), mais cet essai n'est guère concluant, la machine n'étant pas assez puissante pour permettre à l'embarcation de remonter le courant*. Jouffroy fait alors construire à Lyon le

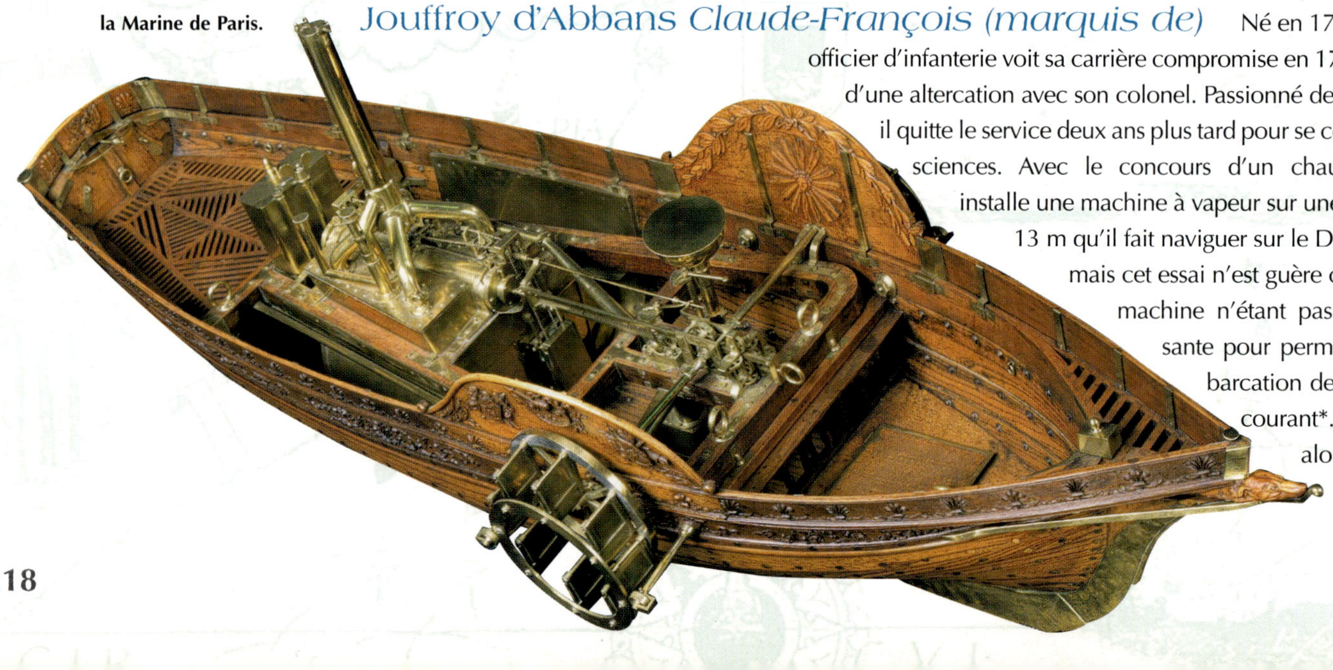

▼ **Ce magnifique modèle du *Pyroscaphe* de Jouffroy d'Abbans est exposé au musée national de la Marine de Paris.**

Pyroscaphe avec lequel il parvient à remonter la Saône pendant quinze minutes (15 juillet 1783). L'année suivante, il fait réaliser un modèle de bateau à vapeur qu'il envoie à l'Académie des sciences. Malheureusement, sur avis défavorable de cette assemblée, l'invention de Jouffroy s'en va rejoindre celle des frères Montgolfier au royaume de l'oubli. En 1816 pourtant, Jouffroy effectue une nouvelle démonstration sur la Seine mais une fois encore, personne ne semble réellement s'intéresser aux possibilités offertes par le bateau à vapeur. Ruiné et brisé de chagrin, Jouffroy meurt en 1832 à l'hôtel des Invalides. La Marine nationale a donné le nom de *Jouffroy* à un aviso et celui de *Jouffroy d'Abbans* à un projet de canonnière* fluviale. Signalons également que l'Américain Robert Fulton* a très honnêtement reconnu que Jouffroy d'Abbans a été le premier inventeur du bateau à vapeur.

Lamazou *Titouan* Né en 1955, ce jeune artiste suit les cours des Beaux-Arts, puis à l'âge de 20 ans, il découvre la course à la voile en devenant équipier d'Éric Tabarly. Champion du monde de course au large, vainqueur du Vendée Globe Challenge (1990), il abandonne la compétition en 1993 pour se consacrer à la peinture. Ses œuvres ont été publiées en deux tomes dans *Carnets de voyages* (1998 et 2000) et dans *Rêves de désert* (2000) en collaboration avec le photographe Raymond Depardon. En 2003, Titouan Lamazou a été nommé Artiste de l'UNESCO pour la paix.

Loti *Pierre (Julien Viaud)* Entré à l'École navale en 1867, ce jeune Rochefortais de dix-sept ans débute une carrière classique d'officier de marine. En 1872, il visite Tahiti où sa peau rougie par le soleil lui vaut le surnom de « rôti », « loti » en roulant les *r* à la manière indigène. En 1876, il adoptera ce surnom comme pseudonyme. À cette époque, il séjourne en Turquie et s'éprend d'une jeune femme qui inspirera *Aziyadé*, son premier roman. Promu lieutenant de vaisseau en 1881, Julien Viaud signe sous le nom de Pierre Loti plusieurs autres ouvrages qui affermissent sa réputation d'écrivain. En 1886, il publie *Pêcheur d'Islande* qui sera l'un de ses plus grands succès.

Le 21 mai 1891, Pierre Loti est élu à l'Académie française. Cette prestigieuse institution a toujours compté des militaires dans ses rangs, mais c'est la première fois qu'elle accueille un officier subalterne. Si Pierre Loti jouit désormais d'une immense popularité, sa carrière d'écrivain ne l'empêche pas d'exercer son métier de marin, même si l'un de ses supérieurs écrit qu'il ne peut être noté comme les autres officiers, car « il rend des services d'un autre ordre à la marine ».

Mis en retraite en 1898, l'officier Viaud est réintégré à sa demande en 1900. Il participe à la campagne de Chine contre les Boxers, puis il visite le Cambodge et le Japon. Nommé capitaine de vaisseau en août 1906, il quitte le service actif en 1910. Dès le début de la Première Guerre mondiale, il demande une affectation qui lui sera accordée en 1915, d'abord à l'état-major du gouverneur militaire de Paris, puis à celui du groupe d'armées de l'Est.

Sa maison familiale de Rochefort a été transformée en musée. Elle témoigne de l'extraordinaire sens de la fête et de l'exotisme de cet exceptionnel écrivain de la mer. Deux bâtiments de la Marine nationale ont porté le nom de Pierre Loti.

« Si j'étais mis en demeure de choisir entre une carrière de marin et celle des lettres, eh bien je garderais celle que j'aime encore le plus : Pierre Loti cesserait d'écrire et d'exister, voilà tout, et je resterais marin, même avec un avenir un peu brisé. »

Cité par **Yves la Prairie** in Le vrai visage de Pierre Loti.

Mahan *Alfred Thayer* Né en 1840, cet officier de la marine américaine est le premier théoricien de la guerre sur mer. Directeur du Naval War College de Newport de 1886 à 1893, il fonde son enseignement sur les principes énoncés par le grand stratège Antoine Jomini (1779-1869) en les transposant à la guerre navale. Partisan convaincu du libéralisme économique, il estime que son pays ne peut suivre cette politique qu'à la condition de posséder la maîtrise de la mer. Pour y parvenir, il prône l'engagement décisif au cours duquel une action résolument offensive aboutira à la destruction de la flotte ennemie. C'est donc le rejet pur et simple de la guerre de course et de la défense côtière que soutiennent les partisans de la Jeune École française. Adoptés au début des années 1890, les principes stratégiques de Mahan entraînent de profonds changements au sein de l'US Navy qui forme désormais la première ligne de défense de la nation. Bien qu'il ait dangereu-

sement sous-estimé l'importance des armes nouvelles, Mahan reste le grand inspirateur des stratèges qui lui ont succédé. Ses ouvrages, périodiquement réédités, intéressent particulièrement les historiens. Depuis sa mort en 1914, la marine américaine donne régulièrement le nom de Mahan à l'un de ses bâtiments.

PAGE PRÉCÉDENTE : Pierre Loti avait la passion des déguisements, comme en témoigne cette photographie prise dans la salle « orientale » de sa résidence rochefortaise.

Maury *Mattew Fontaine* En 1842, ce lieutenant de vaisseau de la marine américaine fait une mauvaise chute dont les séquelles le rendent définitivement inapte au service à la mer. Affecté au service des cartes et instruments à Washington, il entreprend de dépouiller tous les journaux de bord archivés en reportant sur une carte les renseignements qu'ils contiennent. Il en retire de précieux renseignements sur les vents* dominants qui règnent dans chaque zone de l'océan à des époques déterminées. Pour avoir une vision plus globale des phénomènes atmosphériques et hydrographiques, il adresse alors à chaque commandant* de l'US Navy un formulaire standard sur lequel devront être reportées toutes les observations effectuées pendant la navigation.

Ce véritable travail de Bénédictin lui permet de tracer de nouvelles routes maritimes. Celle qui conduit au Brésil est considérablement raccourcie en utilisant un courant côtier et une étroite bande de vents d'ouest. Essayée en février 1848, elle évite de devoir « faire de l'est » pour contourner le fameux « pot au noir* ». La moyenne de quarante jours pour le parcours Baltimore-Rio tombe à vingt-quatre, puis vingt et même dix-huit jours. Et les découvertes de même nature se succèdent. Elles vont bientôt concerner toutes les mers du globe et du coup, le « système Maury », comme on l'appelle alors, connaît un immense succès. Des cartes accompagnées d'instructions nautiques détaillées sont désormais publiées chaque année. Les navigateurs* peuvent ainsi se procurer les *track charts* où sont indiquées les meilleures routes à suivre, les *pilot charts* qui répertorient les vents dominants, les *trade winds charts* qui inventorient les alizés*, les *thermal charts* qui, en indiquant les températures de l'eau, permettent de repérer les courants. Tempêtes* et autres phénomènes atmosphériques ne sont pas oubliés. Ils font l'objet de *storm and rain charts* qui précisent leur fréquence et leur localisation. Bientôt, les ouvrages de Maury s'arrachent et pour les rendre encore plus précis, leur auteur propose des mises à jour gratuites aux capitaines qui accepteront de lui confier leurs observations. Dès la fin de l'année 1851, il a dépouillé plus de mille journaux de bord et en 1854, l'énorme masse d'informations recueillies lui permet de publier deux ouvrages clés, *Explanations and Sailing Directions to Accompany the Wind and Current Charts* et surtout *Physical Geography of the Sea* qui restera son œuvre maîtresse. Les cartes de Mattew Fontaine Maury entrent pour une large part dans les records établis par les grands voiliers de la fin du XIXe siècle.

Melville *Herman* Né à New York en 1819, le jeune Herman exerce tous les métiers avant de devenir marin en 1839. Il navigue ensuite au commerce et à la pêche, puis à partir de 1845, il commence à écrire le récit de ses aventures. En 1850, il rédige *Moby Dick ou la Baleine blanche*, qui paraît en 1851. Le livre est un échec commercial et il faudra attendre le premier quart du XXe siècle pour que le public découvre qu'il s'agit d'un chef-d'œuvre. Vers la fin de sa vie, Melville écrit *Billy Budd*, autre ouvrage capital qui ne sera publié qu'en 1924, bien après la mort de ce très grand écrivain de la mer.

Monfreid *Henri (de)* Celui qui deviendra l'un des plus grands aventuriers des temps modernes est né en 1879 dans l'Aude. Son caractère très indépendant s'épanouit dans le commerce qu'il pratique d'abord en France, comme propriétaire d'une laiterie, puis en Afrique où il devient négociant en cafés et cuirs (1911). L'année suivante, il s'établit à Djibouti où il construit son premier bateau, l'*Altaïr*. Il s'en sert pour vendre des armes aux tribus insoumises et pendant le premier conflit mondial, il effectue plusieurs missions d'espionnage pour le compte de la France. Il pratique également le trafic de haschich, ce qui lui vaudra d'être incarcéré à plusieurs reprises. En 1926, il rencontre le père Teilhard de Chardin qui l'encourage à raconter ses aventures. Il publiera près de soixante-dix ouvrages dont les célèbres *Secrets de la mer Rouge* (1932) qui restent son œuvre maîtresse ; on peut citer notamment *Pilleurs d'épaves** (1955) et *Testament de pirate** (1963). Peintre, écrivain, pêcheur de perles, contrebandier et fin marin, Henri de Monfreid a fait rêver des milliers d'amoureux de la mer.

▼ **Après avoir quitté l'Égypte dans des conditions hasardeuses, Bonaparte avait fait construire un modèle de la frégate le *Muiron* à bord de laquelle il était rentré en France. Ce modèle fait l'objet des soins attentifs d'un modéliste-restaurateur du musée national de la Marine.**

musée national de la Marine

Cette institution partage avec le musée central de la Flotte de Saint-Pétersbourg, créé par Pierre Le Grand, le privilège d'être le plus ancien musée maritime au monde. Son origine remonte au don fait au roi Louis XV en 1748, par Duhamel du Monceau*, de ses modèles de vaisseaux et de machines d'arsenaux, pour servir à l'instruction des élèves de l'École des ingénieurs constructeurs et sous condition d'exposer la collection au Louvre. Il faut toutefois attendre le règne de Charles X pour que la « salle de marine » devienne un véritable musée. Toujours installée au Louvre, la collection continue de s'enrichir.

Le musée connaît une véritable renaissance après la Seconde Guerre mondiale avec sa réouverture dans le nouveau palais de Chaillot construit pour l'exposition internationale de 1937. Il gagne de vastes locaux et un nouveau public.

La collection rassemble un peu plus de 30 000 objets et œuvres d'art, dont de nombreux modèles historiques uniques au monde et un exceptionnel ensemble de peintures de marine et de sculptures navales. Elle comprend aussi des objets représentatifs de l'art populaire, les reliques des naufrages de La Pérouse ou de Charcot et, parmi une soixantaine d'embarcations en vraie grandeur, le *Pen Duick V* d'Eric Tabarly, qui, confié à l'École nationale de voile, continue à naviguer.

Le musée national de la Marine a vocation à rassembler et à conserver tous les objets et œuvres d'art témoins du passé maritime de la France. Il s'est affirmé comme centre de documentation et de recherche, et organise conférences et colloques. Un riche fonds photographique et deux bibliothèques, à Paris et à Rochefort (sur la médecine navale), sont à la disposition des chercheurs et des amateurs.

Établissement public placé sous la tutelle du ministère de la Défense, il a la particularité exceptionnelle d'être établi simultanément à Paris, et sur le littoral, à Brest, Port-Louis, Rochefort, Toulon et Saint-Tropez.

National Maritime Museum (Greenwich)

Cette institution occupe deux principaux corps de bâtiments : ceux qui jouxtent la Queen's House et le Old Royal Observatory que traverse le méridien* de Greenwich. Ouvert au public en 1937, le National Maritime Museum a des origines très anciennes. Ses collections couvrent toute l'histoire de la navigation, de l'âge du bronze à l'époque contemporaine. Les modèles de navires y tiennent une large place. Leur production débute vers la fin du XVIIe siècle, lorsque le duc d'York, directeur du Navy Board, impose aux maîtres charpentiers de lui soumettre les modèles des navires de guerre en projet. Merveilles de précision, ils intéressent particulièrement les chercheurs, car ils montrent des détails qui ne figurent pas toujours dans les anciens traités de construction.

Le National Maritime Museum possède une collection iconographique unique au monde. Elle a été rassemblée à partir de 1823 par le secrétaire de l'hôpital de Greenwich, Edward Hawke Locker, et elle comprenait à l'origine trois cents portraits et scènes de batailles navales. Par la suite, elle s'est enrichie de douze mille gravures et d'une importante série de « portraits de navires marchands » du XIXe siècle.

Tout aussi spectaculaire est la collection de photographies anciennes. Créées en 1947 à l'instigation de la Society for Nautical Research, les archives photographiques regroupent les négatifs sur papier de Fox Talbot, qui datent des années 1840, les collections Richard Perkins (navires de guerre), Bedford Lemere (intérieurs de grands paquebots), National Photo Agency (grands voiliers de commerce) et Gould (navires du XIXe siècle mouillés à Gravesend).

Par le nombre d'objets exposés et le nombre de salariés qu'il emploie, le National Maritime Museum de Greenwich est l'un des plus importants musées navals du monde.

Ozanne *Nicolas*

Né en 1728, cet artiste a été maître de dessin des « gardes de la marine » (élèves officiers). En 1752, il est nommé dessinateur au Dépôt des cartes et plans de la marine. Il publie alors cinq albums de dessins particulièrement didactiques qui décrivent de manière très précise la marine de son temps. Membre de l'Académie de marine, il participe à la construction de la corvette d'exploration *L'Aurore* à bord de laquelle il effectue des essais sur les montres marines. En 1769, il est chargé de l'entretien de la flottille du Grand Canal de Versailles, puis il assure l'éducation maritime du futur roi Louis XVI. Illustrateur des *Élémens de l'architecture navale* de Duhamel du Monceau, Nicolas Ozanne est l'auteur de soixante vues des ports de France et des colonies. Ses dessins très techniques contiennent de nombreux renseignements sur la construction, la manœuvre des vaisseaux et la tactique navale de l'époque.

▲ À la fois artiste et expert en architecture navale, Nicolas Ozanne nous a laissé de nombreuses représentations du monde maritime de son temps.

Pangalo *Blaise*

Né vers 1650 à Ischia, petite île* proche de Naples, ce maître charpentier arrive en France en 1680 où il est chargé par Tourville de « réformer » les pratiques en usage au port de Rochefort. À la grande satisfaction de son protecteur, Blaise Pangalo s'acquitte parfaitement de sa mission, au point que le 7 juillet 1680, Tourville écrit à Colbert qu'il n'a jamais vu en France « des fonds* de vaisseaux aussi beaux que ceux de maître Blaise ». Il est, ajoute-t-il, « le meilleur charpentier de France et même d'Europe et son talent est tel qu'il faudrait montrer ses travaux aux officiers de Brest et à ceux du Havre ».

En 1686, Pangalo est envoyé à Toulon. Il y reste un an avant de se fixer définitivement à Brest. Ses dernières réalisations, les vaisseaux *l'Achille* et le *Lys*, sont des réussites complètes.

Blaise Pangalo meurt à Brest le 17 novembre 1714, après avoir durablement influencé plusieurs générations de maîtres constructeurs. Il est à l'origine de l'avance technologique que la marine française conservera jusqu'à la chute du premier Empire.

Peisson *Édouard*

Né à Marseille en 1896, cet écrivain de la mer a d'abord été officier de la marine marchande et, de 1914 à 1923, il a navigué pour le compte de la Compagnie générale transatlantique. En 1929, il publie son premier recueil de nouvelles qu'il fera suivre d'une trentaine d'ouvrages pour la plupart consacrés à l'aventure maritime. S'inspirant de faits réels ou imaginaires, il se spécialise dans le « roman-catastrophe », genre qu'il affectionne particulièrement. Ses ouvrages les plus connus sont : *Parti de Liverpool* (1932), inspiré du naufrage du *Titanic, Le Pilote* (1937) et *Capitaines de la route de New York* (1953). Le style volontiers emphatique d'Édouard Peisson a certes un peu vieilli, mais ses romans n'en restent pas moins très agréables à lire.

TRIESTE

Piccard *Auguste* Né en 1884 à Bâle, il entre à dix-neuf ans à l'École polytechnique fédérale de Zurich dont il deviendra par la suite professeur. Savant, mais aussi un peu aventurier, il bat deux records d'altitude en ballon (1931 et 1932), puis il se passionne pour l'étude des grands fonds marins. Il invente pour cela le « bathyscaphe », sorte de sous-marin fonctionnant selon le principe d'un ballon, avec une coque mince remplie d'essence plus légère que l'eau et une cabine prévue pour résister à de très fortes pressions. En 1953, le bathyscaphe *Trieste* parvient à atteindre ainsi la profondeur de 3 050 m, record que son fils Jacques portera à 10 916 m, le 23 janvier 1960. Auguste Piccard meurt à Lausanne en 1962.

PAGE PRÉCÉDENTE : Le professeur Piccard près de son bathyscaphe, *le Trieste,* en 1954. Auguste Piccard a inspiré Hergé qui l'a représenté « au naturel » dans *L'Étoile mystérieuse,* puis sous les traits du professeur Tryphon Tournesol (*Le trésor de Rackham le Rouge* et albums suivants). Signalons que le personnage d'Hergé est nettement plus petit que son modèle.

Puget *Pierre* Cet artiste, né à Marseille en 1620, fait son apprentissage de sculpteur sur les chantiers de construction des galères*, puis à l'âge de dix-sept ans, il se rend en Italie pour y compléter sa formation. De retour à Marseille en 1643, il prend en charge la décoration de plusieurs vaisseaux. Après un second séjour en Italie, il sculpte les *Atlantes* de l'hôtel de ville de Toulon (1655). Nicolas Fouquet lui commande alors plusieurs statues pour son château de Vaux-le-Vicomte, mais au moment où il débute ce travail, Fouquet est arrêté (1661). Pierre Puget retourne en Italie où il décore plusieurs palais. Rappelé en France par Colbert, il est nommé directeur de la décoration des vaisseaux à Toulon. Il réalise de nombreuses œuvres dont quelques dessins nous sont parvenus. C'est le cas notamment des tableaux arrière du *Royal Louis* et du *Monarque*. On y remarque des sculptures monumentales qui, de toute évidence, alourdissent les vaisseaux et ralentissent leur marche. Vivement critiqué pour cette trop riche ornementation*, Puget tombe en disgrâce. Il redevient décorateur de bâtiments terrestres en construisant plusieurs maisons à Marseille. Il travaille également pour Versailles, mais le roi lui refuse un projet de décoration du Grand Canal.

Celui que l'on a surnommé le « Rubens de la sculpture » s'éteint à Marseille, le 2 décembre 1694, dans sa maison qu'il n'a pas eu le temps d'achever.

Queffélec *Henri* D'origine bretonne, ce romancier né en 1910 a été enseignant avant de se consacrer à la littérature à partir de 1942. Sans être exclusivement écrivain de la mer, Henri Queffélec accorde une large place au monde maritime dans son œuvre. Il effectuera d'ailleurs plusieurs voyages en Acadie, en Afrique noire et sur les bancs de Terre-Neuve pour compléter sa documentation. Mais l'essentiel de ses romans maritimes a pour cadre les côtes bretonnes. Tel est le cas notamment de : *Un recteur de l'île de Sein* (1945), *Tempête sur Douarnenez* (1951), *Un homme d'Ouessant* (1953), *Frères de la brume* (1960), *Solitudes* (1963), *La voile tendue* (1967), *La Mouette et la Croix* (1969) et *Le Phare* (1975). À travers des descriptions très précises du milieu maritime, Henri Queffélec affirme régulièrement son attachement aux valeurs chrétiennes et humanistes qui jalonnent son œuvre.

Rimski-Korsakov *Nicolaï Andreïvitch* Né en 1844, ce compositeur russe a été élève de l'École navale de Saint-Pétersbourg. Pendant une quinzaine d'années, il suit une carrière classique d'officier de marine, tout en composant plusieurs œuvres musicales. En 1873, il est nommé inspecteur des orchestres militaires de la flotte, poste qu'il conservera jusqu'à la suppression de cette institution en 1884. Le monde maritime est très présent dans l'œuvre de Rimski-Korsakov, avec notamment *Sadko* (1895-96), opéra en sept tableaux consacré à la vie de ce marin commerçant et musicien du XVIIe siècle. Inspirée des *Contes des Mille et Une Nuits*, *Shéhérazade* (suite symphonique composée en 1888) est également un authentique chef-d'œuvre dans lequel la vie du légendaire Sindbad le marin occupe une très large place.

Romme *Charles-Nicolas* Né à Riom en 1744, cet astronome découvre la marine en devenant professeur de mathématiques des gardes de la marine à Rochefort. En 1777, il publie une *Nouvelle méthode pour déterminer les longitudes* en mer*, ouvrage qui lui vaut d'être nommé

► **Frédéric Roux (1805-1870) : *L'Amitié, capitaine Antoine Coulin,* 1845.** Par leur précision « photographique », les tableaux de Frédéric Roux constituent une source de premier ordre pour tous ceux qui s'intéressent à la marine d'autrefois.

R.E.C.

PAGE SUIVANTE : Ce détail de la *Vue de l'intérieur du port de Brest* par Jean-François Hue (1751-1823), montre Jacques-Noël Sané (en arrière-plan au centre) présentant les plans d'un vaisseau à un groupe d'officiers. La scène se passe sous la Révolution, période que Sané traversera sans être inquiété.

correspondant de l'Académie des sciences. L'année suivante, il fait paraître la *Description de l'art de la mâture* qu'il fait suivre de *L'Art de la voilure* en 1781. Ces deux volumes sont les pièces maîtresses de l'œuvre de Charles-Nicolas Romme et de très larges extraits sont reproduits dans la partie *Marine* de l'*Encyclopédie méthodique*. Les très nombreuses illustrations facilitent la compréhension par le non-spécialiste d'un texte très dense. L'ensemble est considéré aujourd'hui comme la source de renseignements la plus complète sur les gréements* des vaisseaux de la fin du XVIIIe siècle.

Comme la plupart des savants de son temps, Charles-Nicolas Romme a la sagesse de se tenir à l'écart de l'agitation politique et il traverse ainsi la période de la Révolution sans être inquiété. En 1792, il publie un excellent *Dictionnaire de la marine française* qui sera réimprimé en 1813. Sa *Science de l'homme de mer* (1800) n'aura qu'un succès d'estime, mais son *Tableau des vents, marées et courants qui ont été observés dans toutes les mers du globe* (1805) préfigure l'œuvre de l'Américain Mattew Fontaine Maury*.

Roux *Frédéric* Second frère d'une dynastie d'artistes, ce Marseillais né en 1805 travaille d'abord comme commis dans la boutique d'hydrographie de son père. Il s'agit à l'époque d'une sorte de bazar où le marin trouve tous les articles de navigation dont il a besoin, cartes marines, chronomètres*, compas, lochs*, pavillons*… Le magasin de la famille Roux propose également des dessins de navires si précis qu'on les surnomme « portraits de navires ». Frédéric en fait sa spécialité et ses aquarelles lui valent un grand succès auprès des armateurs* et des capitaines de passage à Marseille. Vers 1825, il rencontre le peintre Horace Vernet, alors au faîte de sa réputation, et il quitte Marseille pour aller travailler dans l'atelier parisien du maître. Menant joyeuse vie, il s'y perfectionne néanmoins. Il s'y fait également d'utiles relations auprès des amateurs d'art. Il reçoit ainsi des commandes du duc d'Orléans et de l'amiral Willaumez pour lesquels il réalise plusieurs séries d'aquarelles. En 1830, après avoir voyagé en Europe et dans les pays nordiques, il ouvre une boutique d'hydrographie au Havre. Il est alors au sommet de son art et les commandes sont si nombreuses qu'il peine à les satisfaire. La qualité de sa production s'en ressent et à partir de 1840, ses « portraits de navires » n'ont plus la force des œuvres précédentes. Ils restent cependant les témoins très précieux d'une période charnière de l'histoire de la marine.

Sané *Jacques-Noël* Celui que l'on surnommera le « Vauban de la marine » est né à Brest en 1740. Élève à l'école de la marine de l'arsenal en 1755, il est reçu élève constructeur trois ans plus tard. En 1765, il entre à l'École de Paris fondée par Duhamel du Monceau. Il en sort sous-ingénieur en octobre 1766. Désigné pour le port de Brest, il travaille sous les ordres de l'ingénieur constructeur en chef Louis Ollivier. En 1769, il est envoyé à la Martinique pour y assembler une machine à curer la vase. Au cours de ce voyage, il note les qualités de la flûte* la *Seine* à bord de laquelle il a pris place. Nommé ingénieur en 1774, il construit le *Sphinx*, vaisseau de soixante-quatre canons dont l'ingénieur Groignard a dressé les plans. Il devient alors concepteur de frégates d'abord, puis de vaisseaux. Ses premières réalisations, l'*Annibal* (1778) et le *Northumberland* (1780), sont des réussites complètes. Pendant toute la durée de la guerre d'Indépendance américaine, Sané est surchargé de travail. Il améliore le vaisseau de soixante-quatorze canons qui est l'outil standard de cette guerre et il conçoit une forte frégate portant des canons de 18 livres en batterie*. À l'initiative du chevalier de Borda*, ses plans types sont adoptés. Les vaisseaux et frégates qui en découlent formeront l'essentiel des flottes de la République et de l'Empire. Ces navires seront copiés par les Anglais, ce qui prouve la supériorité de l'architecture navale française de l'époque.

La République ne pouvant se passer d'un ingénieur de ce niveau, le nomme directeur du port de Brest en 1793. Napoléon lui confie des responsabilités importantes avant de le faire baron d'Empire en octobre 1810. Quand il prend sa retraite en 1817, Sané a construit plus de cent cinquante navires de guerre parfaitement réussis. Trois bâtiments de la Marine nationale ont porté son nom.

Service historique de la Marine Cette institution, dont les origines remontent au VIIe siècle, est créée sous sa forme actuelle en 1919, à l'initiative du ministre Georges Leygues. Implanté au château de Vincennes, le Service historique de la Marine est dirigé par un amiral placé sous les ordres du chef d'état-major de la Marine. L'institution recueille, classe et exploite les archives de la Marine. Elle entretient et restaure les nombreux ouvrages de sa bibliothèque historique. Elle élabore une documentation d'histoire maritime qu'elle met à la disposition des chercheurs. Elle centralise les affaires concernant les emblèmes, les fanions, les blasons et les insignes des forces et unités de la Marine.

Cinq centres établis à Brest, Lorient, Cherbourg, Rochefort et Toulon conservent les archives de ces grands ports militaires. L'énorme masse de documents que détiennent le service central et les centres régionaux nécessite un système de classement déconcertant pour le néophyte. C'est pourquoi le Service historique de la Marine publie des guides permettant de « naviguer » plus facilement à l'intérieur des archives.

Stevenson *Robert Louis* La famille de cet écrivain écossais né en 1850 possède une entreprise spécialisée dans la construction de tours à feu, ce qui permet au jeune Robert Louis d'acquérir très tôt une solide culture maritime. En 1867, il entre à l'université d'Édimbourg pour y suivre une formation d'ingénieur. Présenté devant la Royal Society of Arts, son mémoire sur *Une nouvelle forme de lumière intermittente* (1871) lui vaut une médaille d'argent, mais malgré ce succès, Robert Louis change d'orientation. En 1872, il étudie le droit et trois ans plus tard, il obtient le diplôme d'avocat. Entre-temps, il a beaucoup voyagé, il a rencontré des gens de lettres et il a lui-même publié quelques essais. Sa carrière d'écrivain débute réellement en 1878 avec *Voyage sur les canaux et rivières*, premier ouvrage d'une longue série de romans d'aventures. En 1883, il publie *L'Île au trésor* qui est un immense succès. Comme *L'Étrange cas du docteur Jekyll et de Mr. Hyde* (1886), ce livre sera constamment réédité et traduit dans pratiquement toutes les langues.

▲ **Écrivain particulièrement prolixe, Jules Verne est l'auteur de très nombreux romans dans lesquels la mer tient une large place.**

Vercel *Roger (Roger Crétin)* Ce romancier né au Mans en 1894 a, on le comprend, préféré user d'un pseudonyme. Professeur de lettres à Dinan, il côtoie les marins et navigue avec eux. Il acquiert ainsi une solide culture maritime qui donne à ses récits une très forte authenticité. La mer est en effet très présente dans son œuvre, avec notamment, *Remorques* (1935), *Jean Villemeur* (1939) et *Rafales* (1946) qui sont ses trois romans maritimes les plus connus. En 1939, le premier est porté à l'écran avec pour interprètes principaux, Jean Gabin, Michèle Morgan et Madeleine Renaud. Le film projeté pour la première fois en 1941 est un succès à la hauteur du chef-d'œuvre qui l'a inspiré. En 1934, Roger Vercel avait obtenu le prix Goncourt pour *Capitaine Conan*, un roman inspiré de la Première Guerre mondiale à laquelle il a participé. Cet ouvrage sera lui aussi porté à l'écran, mais bien après la mort de l'écrivain, en 1957.

Verne *Jules* Né en 1828 à Nantes, ce futur écrivain suit des cours de droit à Paris puis en 1850, il décide de se consacrer à la littérature. En 1862, il rencontre l'éditeur Hetzel qui publiera l'essentiel de son œuvre. Auteur à succès, amoureux de la mer, Jules Verne possédera trois yachts, le *Saint-Michel* acheté en 1868, le *Saint-Michel II* en 1874 et le *Saint-Michel III* en 1877. Les croisières qu'il effectue lui permettent d'acquérir une exceptionnelle culture maritime qu'il retranscrit dans ses ouvrages. Sans être un écrivain purement maritime, ce visionnaire accorde une très large place à la mer et aux bateaux dans son œuvre. Il faut au moins avoir lu *Vingt Mille Lieues sous les mers* qui est la pièce maîtresse de la très remarquable série des *Voyages extraordinaires*. Deux bâtiments de la Marine nationale ont porté le nom de Jules Verne.

Vernet *Joseph* Né en 1714, cet artiste est envoyé en Italie par son père, lui-même peintre-décorateur. Il s'y spécialise dans les représentations de scènes maritimes et en 1743, il est admis à l'Académie romaine de Saint-Luc. De retour en France, il entre à l'Académie royale de peinture, expose quatre toiles au Salon de Paris et se lie d'amitié avec le marquis de Marigny, frère de Mme de Pompadour et ordonnateur général des bâtiments du roi. En 1753, celui-ci commande à Vernet vingt tableaux représentant les ports de France. L'artiste n'en réalisera que quinze, conservés pour la plupart au musée national de la Marine. Ces tableaux de très grandes dimensions sont de véritables chefs-d'œuvre d'exactitude, ce qui en fait des sources documentaires de premier ordre. Plusieurs d'entre eux ont été reproduits sous forme de gravures.

« Ne perdez pas de vue l'intention du roi qui est de voir les ports du royaume représentés au naturel dans vos tableaux. »
Lettre du **marquis de Marigny** à Joseph Vernet (CITÉE PAR ALAIN BOULAIRE IN VOILES ET VOILIERS AU TEMPS DE LOUIS XV ET LOUIS XVI).

Wouk *Herman* Après des débuts prometteurs dans le journalisme, cet écrivain américain s'engage en 1941 dans l'US Navy et participe aux combats dans le Pacifique comme officier en second d'un dragueur de mines. Démobilisé en 1946, il devient alors écrivain à plein temps ; son plus grand succès est incontestablement *The Caine Mutiny* (Ouragan sur le Caine,1951) qui sera récompensé l'année suivante par le prix Pulitzer. Bien qu'il s'agisse d'une œuvre de fiction, l'histoire du remplacement d'un commandant paranoïaque par son officier en second est d'autant plus crédible qu'elle s'appuie sur un article du Code disciplinaire de la marine américaine. Traduit en près de trente langues, vendu à plusieurs millions d'exemplaires, *The Caine Mutiny* est adapté au théâtre par Charles Laughton en janvier 1954, avec pour interprètes principaux, Henry Fonda, John Hodiak et Lloyd Nolan. La même année, Edward Dmytryk le porte à l'écran. Magnifiquement interprété par Humphrey Bogart, Jose Ferrer, Van Johnson et Fred MacMurray, le film se classe parmi les cinq premiers du box-office pour l'année 1954. Il est toujours régulièrement programmé à la télévision et la pièce de théâtre issue du livre de Herman Wouk a récemment été adaptée en français par Robert Hossein.

*« Zéro la barre ;
terminé pour le pont ;
terminé pour la machine. »*

ORIENTATION BIBLIOGRAPHIQUE

I – OUVRAGES GÉNÉRAUX

Maurice AMIET, ***Bateaux de l'aventure,*** Douarnenez, éd. de l'Estran, 1984 (1er vol.), 1986 (2e vol.).

Abbé A. ANTHIAUME, ***Le Navire : sa construction en France et principalement chez les Normands*** (1re éd. 1922), Marseille, J. Laffitte, 1980.

Jean-Michel BARRAULT, Pierre BIGORGNE, Alain DELMAS *et al.*, ***Le Livre de la mer***, Paris, Larousse, 1998.

Jean BOUDRIOT*, ***Le Vaisseau de 74 canons***, Grenoble, éd. des Quatre Seigneurs, coll. « Archéologie navale française », 1973 (1er vol.), 1974 (2e vol.), 1975 (3e vol.), 1977 (4e vol.).

Jean BOUDRIOT et Hubert BERTI, ***La Frégate : marine de France 1650-1850***, Nice, Ancre, coll. « Archéologie navale française », 1992.

Jean BOUDRIOT et Hubert BERTI, ***Artillerie de mer : France 1650-1850***, Nice, Ancre, coll. « Archéologie navale française », 1992.

Jean BOUDRIOT et Hubert BERTI, ***Les Vaisseaux de 50 et 64 canons : historique 1650-1780***, Nice, Ancre, coll. « Archéologie navale française », 1994, 2 vol.

Jean BOUDRIOT, ***Les Vaisseaux de 74 à 120 canons : historique 1650-1850***, Nice, Ancre, coll. « Archéologie navale française », 1995.

Jean BOUDRIOT, ***Modèles historiques : musée de la Marine***, Nice, Ancre, coll. « Archéologie navale française », 1997.

François CHEVALIER* et Jacques TAGLANG, ***America's Cup Yacht Designs : 1851-1986***, Paris, éd. F. Chevalier-J. Taglang, 1987.

François CHEVALIER et Jacques TAGLANG, ***American and British Yacht Designs : 1870-1887***, Paris, éd. F. Chevalier-J. Taglang, 1991 (1er vol.), 1992 (2e vol.).

Daniel GILLES, Erwan QUÉMÉRÉ (photographies), Grégoire GILLES (schémas), ***Identifier les voiliers***, Rennes, Ouest-France, 1996.

Joseph JOBÉ (dir.), ***Les Grands Voiliers du XVe au XXe siècle***, Lausanne, Édita, 1967.

Bjorn LANDSTROM, ***Histoire du voilier*** (nouvelle éd.), Paris, Albin Michel, 1978.

Philippe MASSON, ***Histoire de la marine : l'ère de la voile, de la vapeur à l'atome*** (nouvelle éd.), Paris, Lavauzelle, 1992, 2 vol.

Gérard PIOUFFRE et Serge LEGENDRE, ***Voiliers et Hommes de mer***, Vanves, Hachette collections, coll. « Référence du collectionneur », 2002.

John ROUSMANIERE, ***Les Yachts de luxe***, Paris, Time-Life, coll. « La grande aventure de la mer », 1982.

Albert SÉBILLE, ***Histoire de la marine***, Paris, L'Illustration, 1934.

Sue et Anthony STEWARD, ***Les Plus Grandes Courses du monde***, Rennes, Ouest-France, 2000.

Addison Beecher Calvin WHIPPLE, ***Les Yachts de course***, Paris, Time-Life, coll. « La grande aventure de la mer », 1982.

II – CODES ET OUVRAGES PRATIQUES

Gilles BARBANSON, Jean BESSON et Richard ROUSSEL (ill.), ***Connaître et bien mener son voilier*** Paris, Nathan, coll. « Techniguides », 2000.

Alain TARDIF, ***Mémento Vagnon de la croisière : découverte et pratique de la croisière à bord d'un voilier***, Caluire, éd. du Plaisancier, coll. « Nauti-pratique », 1998.

Alain TARDIF, ***Mémento Vagnon des nœuds marins*** (nouvelle éd.), Caluire, éd. du Plaisancier, 2002.

Henri VAGNON, ***Le Dictionnaire du candidat au permis bateau***, Caluire, éd. du Plaisancier, 2002.

Pierre WADOUX et Henri VAGNON, ***Code Vagnon de la mer : le permis bateau*** (nouvelle éd.), vol. 1 : ***Permis côtier***, vol. 2 : ***Permis hauturier***, Caluire, éd. du Plaisancier, coll. « Codes Vagnon pour permis de bateau », 2002.

III – TRAITÉS ANCIENS

Album de Colbert (1re éd. 1670), Nice, Ancre, coll. « Archéologie navale française », 1988.

Manuel du gabier (1re éd. 1875), Nice, Ancre, coll. « Archéologie navale française », 1987.

Jacques BOURDÉ DE VILLEHUET, ***Le Manœuvrier : essai sur la théorie et la pratique des mouvements du navire et des évolutions navales*** (1re éd. 1765), Nice, éd. du Layet, 1987.

F. DASSIÉ, ***L'Architecture navale*** (1re éd. 1677), Nice, Ancre, coll. « Archéologie navale française », 1994.

Henri-Louis DUHAMEL DU MONCEAU*, ***Élémens de l'architecture navale*** (1re éd. 1757), Nice, Ancre, coll. « Archéologie navale française », 1994.

Henri-Louis DUHAMEL DU MONCEAU, ***L'Art de la corderie perfectionnée*** (1re éd. 1769), Luxembourg, Connaissance et mémoire européennes, 1996.

Adrien d'ÉTROYAT, ***Traité élémentaire d'architecture navale*** (1re éd. 1846), Nice, Ancre, coll. « Archéologie navale française », 1993.

Georges MASSENET, Jules VALLEREY, Albert LETALLE et Julien GALOPIN, ***Gréement, Manœuvre et Conduite du navire à voiles et à vapeur***, Paris, Challamel, 1911-1931, 3 vol.

Blaise OLLIVIER, ***Traité de construction*** (1re éd. 1736), Nice, Ancre, coll. « Archéologie navale française », 1992.

WITSEN, VAN EYK, ALLARD *et al.* ***L'Art de bâtir les vaisseaux*** (1re éd. 1719), Nice, Ancre, coll. « Archéologie navale française », 1990.

IV – DICTIONNAIRES ET ENCYCLOPÉDIES

Le Petit Larousse 2003 en couleurs, Paris, Larousse, 2002.

Edmond BONNEFOUX et Pierre-Marie-Joseph de PÂRIS, ***Dictionnaire de la marine à voile*** (1re éd. 1848), Paris, éd. du Layeur, 1999.

Norman J. BROUWER, ***The International Register of Historic Ships*** (nouvelle éd.), New York, Sea History Press, 1999.

Dominique BUISSON, ***Encyclopédie des voiliers***, Lausanne, Édita, 1994.

CENTRE DES GLÉNANS, ***Le Dictionnaire de la plaisance : français-anglais, anglais-français et guide de conversation***, Paris, Seuil, coll. « Guides Glénans », 1993.

Maurice DUPONT et Étienne TAILLEMITE, ***Les Guerres navales françaises : du Moyen Âge à la guerre du Golfe***, Paris, SPM, coll. « Kronos », 1996.

Robert GRUSS, ***Dictionnaire de marine : traduction des termes français et anglais***, Rennes, Éditions maritimes & d'outre-mer, 1978.

J. HAZARD, ***Dictionnaire anglais-français et français-anglais des termes de marine*** (nouvelle éd.), Paris, Éditions maritimes et coloniales, 1956.

Émile LITTRÉ, ***Dictionnaire de la langue française***, Paris, Hachette, 1863-1872, 4 vol., supplément, 1877. Nombreuses rééditions.

Émile LOUSSE (dir.) et Jacques de LAUNAY (dir.), ***Dictionnaire biographique d'histoire contemporaine*** (nouvelle éd.), Genève, Édito-Service, 1973.

David LYON, ***The Sailing Navy List : All the Ships of the Royal Navy – built, purchased and captured 1688-1860***, Londres, Conway Maritime Press, 1993.

Robert MAILLARD (dir.), ***Chronique de l'humanité*** (nouvelle éd.), Paris, Larousse, 1992.

Jean MERRIEN, ***Le Dictionnaire de la mer : le langage des marins, la pratique de la voile***, Paris, Omnibus, 2001.

Pierre MOUNIER et Pierre SIZAIRE, ***Bref Historique du dictionnaire de marine de ses origines à nos jours***, Paris, Académie de marine*, 1979.

Joël PIERRE, ***Les Constructions navales à Rochefort, Brouage, Soubise et Tonnay-Charente,*** Paris, Le Croît Vif, 2003.

Jean RANDIER (dir.), ***La Marine à voile : dictionnaire encyclopédique illustré***, Paris, Arthaud, 1980.

Pierre SIZAIRE, ***Traité du parler des gens de mer***, Chauray, Patrimoine & Médias, 1996.

Étienne TAILLEMITE, ***Dictionnaire des marins français***, Rennes, Éditions maritimes & d'outre-mer, 1982.

Michel VERGÉ-FRANCESCHI (dir.), ***Dictionnaire d'histoire maritime***, Paris, Robert Laffont, coll. « Bouquins », 2002, 2 vol.

Honoré-Sébastien VIAL DU CLAIRBOIS (dir.), ***Encyclopédie méthodique***, partie ***Marine*** (1res éd. 1783, 1786, 1787), Nice, Ancre, coll. « Archéologie navale française », 1987, 4 vol.

Jacques VICHOT, ***Répertoire des navires de guerre français***, Paris, Association des amis du musée de la Marine*, 1967.

Amiral J.-B. WILLAUMEZ, ***Dictionnaire de marine*** (1re éd. 1831), Douarnenez, Chasse-Marée/ArMen, 1998.

V – JOURNAUX ET MAGAZINES

Bateaux Bois magazine

Bateau modèle

Cols bleus

L'Équipe

Chasse-Marée

MRB : le modèle réduit de bateaux

Le Yacht

Marines magazine

Navires & Histoire

Neptune Yachting Moteur

Neptunia

Voiles et Voiliers

Yachting classique

INDEX

Les folios en caractères **gras** renvoient à une entrée, ceux en caractères maigres au texte.

D

E

F

G

H

I

J K

L

M

N

O

P

Q

R

S

INDEX DES NOMS DE NAVIRES

Les folios en caractères **gras** renvoient à une entrée; ceux en caractères maigre au texte, et ceux en caractères *italiques* à une illustration ou à une notice en marge.

INDEX DES NOMS PROPRES

Les folios en **gras** indiquent une notice biographique détaillée ; ceux en caractères maigres renvoient au texte, et ceux en caractères *italiques* à une légende ou à une notice en marge

CRÉDITS PHOTOGRAPHIQUES

Toutes les œuvres dont les droits de reproduction appartiennent au musée national de la Marine sont exposées au musée.

1ère de couv et reprise pages **10** et **11** : © Philip Plisson/ED. PECHEUR D'IMAGES ; **1ère de couv** : © ARCHIVES LARBOR ; **1ère de couv et rabat :** © L.S.Jaulmes/ MUSEE DE LA MARINE ; **rabat** : © P.Dantec/MUSEE DE LA MARINE

De la page **12** à **27** : **D'après la carte du SHOM n°6561.** Ne pas utiliser pour la navigation. Autorisation de reproduction n° 627/2003» ; **12 m g** : Dessin Patrick Taëron - ARCHIVES LAROUSSE ; **12 bas g** et reprise page **8** et de la page **13** à **17** et de la page **20** à **26** : **Itague,** Dessin Dominique Sablons /ARCHIVES LARBOR ; **12 bas g** : © Guillaume Plisson/ED.PECHEUR D'IMAGES ; **13** : © Gérard PIOUFFRE ; **14** : Archives LAROUSSE ; **15 ht d** et reprise pages **20**, **25** ,**26**, **35**, **37**, **63**, **67**, **68**, **74**, **88**, **89**, **93**, **103**, **104**, **109**, **112**, **115**, **117**, **118**, **119**, **122**, **133**, **137**, **139**, **142**, **147**, **151**, **152**, **154**, **156**, **157**, **159**, **172**, **176**, **178**, **184**, **186**, **190**, **194**, **197**, **205**, **209**, **210**, **212**, **215**, **217**, **219**, **231** : ARCHIVES LARBOR ; **16 m g** : © E.Quemere/PHOTONONSTOP ; **16 bas g** : © Philip Plisson/ED. PECHEUR D'IMAGES ; **17 ht** : © Gérard PIOUFFRE ; **18** et **19** : © Philip Plisson/ED. PECHEUR D'IMAGES ; **21** : © E.Quemere/PHOTONONSTOP ; **22** : Dessin Dominique Sablons - ARCHIVES LAROUSSE ; **23** : © Gérard PIOUFFRE ; **24** : © Guillaume Plisson.ED.PECHEUR D'IMAGES ; **27** : © ARCHIVES LARBOR ; de la page **30** à **39** : Dessin ARCHIVES LAROUSSE ; **28** et **29** : © J.Rey/ PHOTONONSTOP ; **31** reprise page **8** et reprise pages **35**, **37**, **39** : © Philip Plisson/ Ed.PECHEUR D'IMAGES ; **31** : © Philip Plisson/ ED.PECHEUR D'IMAGES ; **32** et **33** : © ARCHIVES LARBOR ; **34** : © Philip Plisson/ED.PECHEUR D'IMAGES ; **34** et reprise pages **36**, **38** : © CPA STOCK/HOA QUI ; **38** Dessin Dominique Sablons - ARCHIVES LARBOR ; **39** : Giletta/Coll.ARCHIVES LARBOR ; **40** et **41** : © ARCHIVES LARBOR ; de la page **42** à **57** : ARCHIVES LAROUSSE ; **42 m** : © BRIDGEMAN - GIRAUDON ; **42 bas** : reprise page **8** et reprise de la page **43** à **57** : © ARCHIVES LARBOR ; **43** : © AGE/PHOTONONSTOP ; **44** : BRIDGEMAN - GIRAUDON ; **46** et **47** : © Dannic/PHOTONONSTOP ; **48 m** : © ARCHIVES LARBOR ; **49** : © Philip Plisson/ED.PECHEUR D'IMAGES ; **50** : © ARCHIVES LARBOR ; **53** : © ESA ; **54** : Dessin ARCHIVES LAROUSSE ; **56** : © ARCHIVES LARBOR © ADAGP Paris, 2003 ; **58 et 59** : © Guillaume Plisson/Ed.PECHEUR D'IMAGES ; **60** à **75** : © Didier PUJOS ; **61** : © Guillaume Plisson/Ed.PECHEUR D'IMAGES ; **62** : ARCHIVES LAROUSSE ; **64** : © ARCHIVES LARBOR ; **65** : © Guillaume Plisson/Ed.PECHEUR D'IMAGES ; **66** : ARCHIVES LAROUSSE ; **69** © Philip Plisson/Ed.PECHEUR D'IMAGE ; **70** et **71** et reprise page **8** et pages **60**, **62**, **63**, **64**, **65**, **66**, **67**, **68**, **69**, **72**, **74**, **75** : **nœud marin** : Dessin Gilbert Macé - ARCHIVES LAROUSSE ; **73** : © ARCHIVES LARBOR © ADAGP Paris, 2003 ; **75**: © Philip PECHEUR D'IMAGES ; **76** et **77** : © P.Dantec/MUSEE NATIONAL DE LA MARINE ; **78** à **93** : © Philip Plisson/Ed. PECHEUR D'IMAGES ; **78** reprise page **8** et pages **79**, **80**, **81**, **88**, **89**, **92**, **93** : © J.C Dewolf/PHOTONONSTOP ; **78** : © Gérard PIOUFFRE ; **78** et **79** : Dessin Patrick Taëron - ARCHIVES LAROUSSE ; **80** : Coll. ARCHIVES LARBOR ; **81** : © E.Quemere/PHOTONONSTOP ; **82** et **83** : Coll. ARCHIVES LARBOR ; **86** et **87** : © H.Thibaut/ DPPI ; **89** : © MUSEE DE LA MARINE ; **90** et **91** : © ARCHIVES LARBOR ; **92** : © B.Decout/REA ; **100** : reprise page **8** et pages **102, 103, 104,109, 110, 112, 115, 116, 117, 119, 122, 123, 125** : Coll.ARCHIVES LARBOR ; **94 et 95** : © P.Dantec/MUSEE DE LA MARINE ; **96** à **125** : ARCHIVES LARBOR ; **96** : © P.Dantec/MUSEE NATIONAL DE LA MARINE ; **97 bas** : © A.Fux/MUSEE DE LA MARINE ; **97 ht** © A.Fux/MUSEE NATIONAL DE LA MARINE ; **97 m** : © A.Fux/MUSEE NATIONAL DE LA MARINE ; **98** et **99** : © L.S Jaulmes/ MUSEE NATIONAL DE LA MARINE ; **101** : © Gérard PIOUFFRE ; **102** : © P.Dantec/MUSEE NATIONAL DE LA MARINE ; **105** : Coll. ARCHIVES LARBOR ; **106** et **107** : © A.Fux/MUSEE NATIONAL DE LA MARINE ; **108** : © P.Dantec/MUSEE DE LA MARINE ; **110** et **111** : © P.Dantec/MUSEE NATIONAL DE LA MARINE ; **113** : Coll.ARCHIVES LARBOR ; **114** : © Gérard PIOUFFRE ; **116** et **117** : © M.Graham-Stewart/BRIDGEMAN - GIRAUDON ; **118** : © MUSEE NATIONAL DE LA MARINE ; **120** et **121** : © L.S.Jaulmes/MUSEE NATIONAL DE LA MARINE ; **123** : © ARCHIVES LARBOR ; **124** : © P.Dantec/MUSEE NATIONAL DE LA MARINE ; **125** : © Gérard PIOUFFRE ; **126** et **127** : © P.Dantec/MUSEE DE LA MARINE ; **129** et pages **131, 133, 135, 137, 139, 141, 143, 145, 147** : Dessin ARCHIVES LAROUSSE ; **130** : © Philip Plisson/Ed PECHEUR D'IMAGES ; **131** reprise page **9** et pages **128** à **133**, **136** à **143** et **147** : © ; P.Dantec/MUSEE DE LA MARINE ; **133** : © Gérard PIOUFFRE ; **134** et **135** : © P.Dantec/MUSEE NATIONAL DE LA MARINE ; **136** : © P.Dantec/MUSEE NATIONAL DE LA MARINE ; **138** : © P.Dantec/MUSEE DE LA MARINE ; **140** : © MUSEE DE LA PUBLICITE - ARCHIVES LARBOR ; **141** : © SIRPA/SIPA PRESS ; **143** : © P.Dantec/MUSEE NATIONAL DE LA MARINE ; **144** et **145** : © RLM/MAXPPP ; **146** : © P.Dantec/MUSEE DE LA MARINE ; **148** et **149** : © HO/Spanish Armada/REUTERS - PHOTO TAKEN/MAXPPP ; **150** à **167** : © Coll.ROGER VIOLLET ; **150 bas g** : © K.Amsler/Jacana/HOA-QUI ; **150 bas g** : reprise page **9** et reprise pages **151** à **154** et **156** à **160** et **163** à **165** et **167** : **Le dieu Neptune crée le cheval** : Coll.ARCHIVES LARBOR ; **153** : © M.Denis - Huot/HOA-QUI ; **155** : © KHARBINE / TAPABOR ; **157** © BRIDGEMAN - GIRAUDON ; **158** Musée Calvet © ARCHIVES LARBOR ; **160** © ARCHIVES LARBOR ; **161** Coll. ARCHIVES LARBOR ; **162** : © Maisonneuve/SIPA ; **163** : Dessin Chantal Beaumont - ARCHIVES LAROUSSE ; **164** : © A.Fux/MUSEE DE LA MARINE ; **165** : © Diaz Albert/Miami Herald/SIPA ; **166** : © AKG-IMAGE ; **168** et **169** : © B.Mahé/VANDYSTADT ; **170 bas g** : reprise page **9** et pages **171** à **173**, **177** à **179**, **182** à **187** : **Coupe de l'America** : © F.Pace/DPPI ; **171** : © D.Forster/DPPI ; **173** : © A.Fux/MUSEE DE LA MARINE ; **174** et **175** : © Marineprès/DPPI ; **176** et **177** : MUSEE DE LA MARINE ; **179** : © J.Vapillon/DPPI ; **180** et **181** : © Philip Plisson/Ed. PECHEUR D'IMAGES ; **182** : © CB/VANDYSTADT ; **183** : © B.Stichelbaut/DPPI ; **185** : © J.Vapillon/ DPPI ; **187** : © J.M.Liot/DPPI ; **188** et **189** : © T.Martinez/VANDYSTADT ; **190** : reprise page **9** et pages **194** à **197** et **200** à **205** : **le triomphe de Neptune** : © ARCHIVES LARBOR ; **190** : Coll. ARCHIVES LARBOR ; **191** : © MUSEE DE LA MARINE ; **192** et **193** : © T.Martinez/VANDYSTADT ; **195** : © AFP ; **196** : © P.Dantec/MUSEE DE LA MARINE ; **197** : Coll.ARCHIVES LARBOR ; **198** et **199** : © AFP/Stringer/Scanfoto ; **200** : © Abenhaim/SIPA ; **201** : © ARCHIVES LARBOR ; **202** : © P.Dantec/MUSEE DE LA MARINE ; **203** : © MUSEE DE LA MARINE ; **204** : © AFP ; **206** et **207** : © ARCHIVES LARBOR ; **208** reprise page **9** et de la page **209** à **215** et pages **218**, **219**, **221**, **222**, **223**, **225**, **228**, **230** : **Le callocéphale austral mâle** : © ARCHIVES LARBOR ; **208** à **231** : Coll. ARCHIVES NATHAN ; **208** : © L'ILLUSTRATION/KEYSTONE - France ; **212** : © P.Dantec/MUSEE DE LA MARINE ; **214** : © KHARBINE / TAPABOR ; **216** et **217** : © A.Fux/MUSEE DE LA MARINE ; **218** : © P.Dantec/MUSEE DE LA MARINE ; **220** Dornac Coll. ARCHIVES LARBOR ; **222** : © P.Dantec/MUSEE DE LA MARINE ; **223** : © P.Dantec/MUSEE DE LA MARINE ; **224** : © KEYSTONE ; **226** et **227** : © P.Dantec/MUSEE DE LA MARINE ; **229** : © P. Dantec/ MUSEE DE LA MARINE ; **230** : Ph. Nadar - Coll.ARCHIVES LARBOR ; **231** : © E.Quemere/PHOTONONSTOP

N° projet 10097546

Achevé d'imprimer en août 2003

sur les presses de Grafica Editoriale Printing, Bologne (Italie)